CASIMIR STRYIENSKI

Soirées
du
Stendhal Club

DOCUMENTS INÉDITS

Préface de L. BÉLUGOU

PARIS
SOCIÉTÉ DV MERCVRE DE FRANCE
XXVI, RVE DE CONDÉ, XXVI

MCMV

IL A ÉTÉ TIRÉ DE CET OUVRAGE :

*Sept exemplaires sur papier de Hollande,
numérotés de 1 à 7.*

JUSTIFICATION DU TIRAGE : 479

Droits de traduction, de représentation et de reproduction réservés pour tous pays, y compris la Suède et la Norvège.

SOIRÉES DU STENDHAL CLUB

DU MEME AUTEUR

ÉDITIONS DES ŒUVRES POSTHUMES DE STENDHAL :

Journal. 1 vol., 3e édition (en collaboration avec François de Nion). Charpentier-Fasquelle.
Vie de Henri Brulard. 1 vol. Charpentier-Fasquelle.
Souvenirs d'Egotisme. 1 vol. Charpentier-Fasquelle.
Lamiel. 1 vol. Quantin.

ŒUVRES DE LA COMTESSE POTOCKA :

Mémoires. 1 vol. in-8°, 8e édition. Plon.
Voyage d'Italie. 1 vol. in-12. Plon.

SÉNAC DE MEILHAN : *L'Emigré*, publié en collaboration avec Frantz Funck-Brentano. 1 vol. in-8°. Fontemoing.

R. C. CHRISTIE : *Etienne Dolet, le Martyr de la Renaissance* (traduction de l'anglais). 1 vol. in-8°. Fischbacher.

La Mère des trois derniers Bourbons, Marie-Joséphine de Saxe et la Cour de Louis XV. 1 vol. in-8° (2e édition). Plon. (Ouvrage couronné par l'Académie Française).
Le Gendre de Louis XV, Don Philippe, Infant d'Espagne et duc de Parme. 1 vol. in-8°. Calmann-Lévy.

Deux Victimes de la Terreur, (la princesse Lubomirska et Mme Chalgrin). 1 vol. in-12 (2e édition). Dujarric.

AVANT-PROPOS

Il est sans doute superflu de faire valoir l'intérêt d'un ouvrage dont Stendhal est l'objet, et l'auteur, M. Casimir Stryienski ; le public peut s'attendre à y rencontrer plus d'une pièce rare et curieuse. L'éditeur du *Journal*, des *Souvenirs d'Egotisme*, de *Brulard*, de *Lamiel*, est un habile dépisteur de trésors, et cette fois encore, il comble l'exigence des plus difficiles. Deux chapitres inédits de la *Chartreuse de Parme*, un fragment de nouvelle, un essai dramatique, deux plans de romans, des lettres inédites et la fameuse *Consultation pour Banti* : tels sont les principaux articles de ce recueil de Stendhaliana. M. Stryienski a eu la bonne idée de le compléter par l'addition de quelques études personnelles très nourries et très suggestives sur des questions de beylisme, et le tout, grâce à une adroite ordonnance des matériaux, compose une lecture singulièrement vivante.

Je n'a pas le projet d'analyser l'ouvrage en détail et de montrer le prix de chaque morceau envisagé séparément : il y faudrait un volume entier de commentaires. On se bornera ici à quelques réflexions sur deux chapitres qui appellent une attention spéciale. L'un est relatif aux plagiats de Stendhal ; l'autre est celui qui a pour titre : La duchesse de Bérulle et Banti.

M. Stryienski est au premier rang parmi les Stendhaliens, la chose est notoire, mais sa dévotion beylique n'est pas un culte idolâtre et exclusif ; ce dilettante aimable est à cent lieues du sombre fanatisme de quelques-uns ; il a un sens trop fin de la mesure pour ne pas répugner aux partis pris de commande, aux admirations forcées et toutes d'une pièce. La sympathie, chez lui, n'exclut pas la possibilité d'un sourire ironique ; si, en sa présence, le fils de Jupiter commettait quelque faute, il oserait se moquer du fils de Jupiter. Rien de servile dans son attitude en face de Beyle ; il n'hésite pas à railler ses prétentions quand elles sont injustifiées ; il s'amuse de ses pitoyables fautes d'anglais, et quand il découvre quelque chose de plus fort qu'une peccadille, il ne songe pas à en masquer la gravité ou à l'atténuer. Stendhal eût aimé ce caractère ; il ne détestait rien tant que les ménagements. « Critique-moi ferme, écrivait-il à l'un de ses amis ; continuons à nous moquer en conscience l'un de l'autre, tout le reste est fade. »

Si M. Stryienski a un goût médiocre pour le rôle d'apologiste et sa complaisante partialité, en revanche il a un goût très vif pour les documents ignorés ou peu connus. Produire au jour quelque révélation piquante, voilà sa grande passion, passion tyrannique à quoi il est prêt à tout sacrifier, au besoin Stendhal lui-même. En somme et tout bien considéré, on touche ici peut-être la raison dernière de son beylisme. Il aime aussi la comtesse Potocka, et Sénac de Meilhan, et Marie-Josèphe, et d'autres encore, mais surtout il aime en eux la satisfaction de son plaisir favori, et il ne préfère Stendhal que parce qu'il lui a offert une mine plus riche de textes précieux et inédits.

« Il est triste, dit Colomb, en commençant la revue des ouvrages d'un écrivain dont on a été l'ami particuculier, de se trouver dans l'obligation d'avouer qu'il s'est rendu coupable d'une sorte de plagiat. » On sait que la *Vie de Haydn*, le premier ouvrage de Beyle, est une réminiscence trop fidèle des *Haydine* de Carpani ; celui-ci cria au voleur, et de façon à être entendu ; mais Alexandre-César Bombet, devenu M. de Stendhal, persista à imprimer indistinctement les souvenirs de ses lectures pêle-mêle avec ses propres pensées. « Il a vu beaucoup par lui-même, dit Gœthe ; il sait aussi très bien mettre en œuvre ce qu'on lui rapporte, et surtout il sait très bien s'approprier les écrits étrangers. Il traduit des passages de mon *Voyage d'Italie*, et affirme avoir entendu raconter l'anecdote par une Marchesina. » Le morceau le plus connu de *Rome, Naples et Florence*, le récit du Colonel, est reproduit mot pour mot de la *Revue d'Edimbourg* ; Lanzi est mis à contribution sans vergogne, les Nouvelles Italiennes sont des adaptations, et si la liste doit se borner à ces noms, c'est probablement faute de connaître assez de documents pour la continuer.

M. Stryienski ne cache pas sa joie d'instruire un si beau procès ; il en narre avec complaisance toutes les phases, produit les dits et contre-dits, et finalement plaide les circonstances atténuantes ; mais on sent bien que la grande affaire, pour lui, c'est la production des pièces ; il est satisfait de pouvoir étaler une documentation irréprochable, le reste est accessoire. Le procédé lui paraît plein de désinvolture, et puis Beyle manquait d'invention, au surplus, Molière n'a-t-il pas dépouillé Cyrano de Bergerac? Au fond, s'il excuse Beyle, s'il réclame l'indulgence, c'est qu'il lui est reconnaissant de lui avoir procuré la matière d'un chapitre curieux et substantiel.

Cet inventaire minutieux des plagiats *connus* de Beyle, serré comme un réquisitoire, tranche définitivement la question. Il est établi que Stendhal, comme Molière, prend son bien où il le trouve, et n'est pas scrupuleux sur la distinction du tien et du mien. Accordons à l'indignation légitime des gens vertueux qu'il lui manque le sentiment d'une certaine probité vulgaire.

Qu'importe et que nous importe ? La conduite morale d'un individu n'a d'intérêt immédiat que pour ses contemporains ; ceux-ci qui ressentent les bons ou les mauvais effets de certaines dispositions, blâment ou approuvent à leur convenance — et avec raison ; la postérité n'entre pas dans ces querelles ; elle n'en retient que l'anecdote, et encore dans la mesure où elle pose ou résout quelque problème psychologique. Une tare morale devient prétexte à réflexions sur le mécanisme de l'esprit humain. Du reste, les appréciations morales sont presque toujours empreintes d'étroitesse ;

créées en vue d'une préservation sociale, elles sont généralement sommaires, peu nuancées et ne tiennent pas compte des circonstances : c'est pourquoi elles ne sont jamais instructives.

Il nous est fort indifférent que Stendhal n'ait pas certaines vertus des petites gens, s'il a possédé d'autres mérites éclatants dont les petites gens ne peuvent même concevoir l'idée ! Et si nous trouvons notre compte aux larcins de Stendhal, nous serons disposés à la plus extrême indulgence, et dirons volontiers : *Felix culpa !* Or l'exposé si lumineux de M. Stryienski en permet pas le doute à cet égard : ce qu'il emprunte, il le rend plus clair, plus vivant, plus rapide, il lui donne la marque de son génie. Et en ce sens on doit renverser les termes de la proposition, et non pas dire qu'il se pare de plumes étrangères, mais bien plutôt qu'il leur donne du prix en s'en revêtant. Que nous veut ce M. Carpani? Personne ne songeait à lire ses lourdes et insipides *Haydine* ; on le vole, mais ce faisant on met en circulation et on rend utilisables des idées dont nul ne songeait à se servir sous la forme où elles étaient offertes. A-t-il subi quelque préjudice? Bien au contraire, puisqu'il a crié et qu'on l'a entendu ; il a donc obtenu au delà de ses mérites, et la morale est sauve par-dessus le marché.

Qui s'aviserait aujourd'hui d'aller chercher dans les tomes poudreux de la *Revue d'Edimbourg* ce tableau de l'ancienne France, que Stendhal a rendu célèbre en l'adoptant? Tout récemment, un critique belge, je pense, a pris la peine de rechercher dans les œuvres de

Taine les emprunts faits à Stendhal, et il aboutit à cette conclusion surprenante que le *Voyage en Italie* est un plagiat. Quelle énormité ! On pourrait montrer de même que toutes les idées essentielles de Nietzsche sont dans Stendhal, que le *nietzschéisme* est une simple transcription allemande du beylisme, qu'aura-t-on prouvé ? Cela empêchera-t-il que Nietzsche soit un événement européen, le plus considérable qui se soit produit depuis Gœthe ? Comme si, pour appliquer à ces grands hommes une comparaison de Zarathustra, l'on diminuait la profondeur de leur puits en indiquant les sources qu'ils ont captées et dont ils l'alimentent : ils n'en puisent pas moins à leur propre puits. Mais en même temps, ils réfléchissent vers leur maître ces rayons empruntés, et il brille alors avec plus d'éclat. Les idées de Stendhal grandissent au travers de ceux qui les ont butinées, et de toute la hauteur où ils ont atteint.

A qui appartient une idée ? A qui l'énonce en premier lieu, ou à qui lui donne la vie en la mettant en circulation ? La réponse n'est pas douteuse. Les questions de priorité littéraire n'ont guère qu'une importance industrielle, et sont à débattre entre les ayants droit ; la postérité a d'autres soins que de les départager. Lorsqu'elle intervient pour cet office, ce n'est pas avec beaucoup de discernement. Tous les bons mots passés et présents sont attribués à l'homme d'esprit du jour ; quoi qu'on fasse, Boileau sera toujours pour le public l'auteur du vers connu :

La critique est aisée et l'art est difficile

qui, cependant, est de Destouches. Qu'est-ce à dire, sinon qu'un nom peut devenir le *lieu*, le point de ralliement d'un certain nombre de façons de sentir et de penser qui ne trouvent que là leur expression harmonieuse et leur achèvement.

Cela s'entend, pourra-t-on dire, mais il reste que Stendhal n'indique pas ses sources : voilà le point. — Il n'est pas impossible de l'expliquer. Bien entendu, il s'agit d'une interprétation psychologique, non d'un plaidoyer justificatif : le jugement moral est au gré de chacun.

D'abord il n'est pas exact qu'il cache toujours ses sources ; il lui arrive même fréquemment de citer ses autorités, soit que sa pensée demeure sans cela incomplète dans le raccourci où il l'enferme, soit qu'il conseille la lecture dont il a eu à se louer lui-même. Presque toujours il *démarque*, non par gloriole et vanité, mais pour dramatiser l'expression ; le tableau de la France devient le récit du colonel Forsyth ; le procédé toujours le même consiste à fondre, à rendre vivant et alerte, ce qui est traînant et mou.

En second lieu, il ne fait pas mystère de ses emprunts à ceux de ses amis qui ont pénétré le mystère de ses pseudonymes. « Le manque d'esprit d'Alfieri est de moi, tout le reste est de l'*Edinburgh Review*. *Id.* pour le Paris d'autrefois ; c'est vous qui me l'avez indiqué... J'étais aux deux tiers de mon journal quand vous me fîtes lire l'article sur Mme du Deffant et celui d'Alfieri de l'*Edinburgh Review* ; pour mettre ces idées en circulation, je les ajoutai... Voilà que je trouve dans le n° 63 de l'*Ed. R.* un article sur Crabbe précédé d'une dissertation sur l'esprit d'observation qui, sans s'en douter, *ne songe plus aux rangs* ; voilà Stendhal tout pur, et il volerait cela s'il en avait l'occasion. Molière disait en copiant Cyrano : je prends mon bien où je le trouve. — Si mes livres arrivent à 1890, qui songera au grain d'or trouvé dans la boue ? » Dans *Racine et Shakespeare*, il dit tout à coup : « Je vais encore traduire l'*Edinburgh Review*, » et en note : « n° 54, p. 277. Tout ce qu'il y a dans cette brochure est traduit de l'allemand ou de l'anglais. »

S'il prend son bien où il le trouve, c'est un peu parce qu'il n'est pas un littérateur comme les autres. Il a autrefois ambitionné la gloire littéraire, mais ayant reconnu qu'il n'a pas le génie comique, il ne la recherche plus. Ses contemporains « sont trop bêtes pour le comprendre ». Le métier d'auteur lui semble avili. Il publie ses ouvrages sous des noms de guerre, jamais il ne les signe. Il écrit « pour se désennuyer le matin » ; il écrit « sous la dictée de son cœur » une espèce de journal de ses pensées ; sa terreur serait d'être pris pour un homme instruit. Il a la haine du pédantisme ; le cuistre allemand, avec ses phrases bourrées de citations et hérissées de guillemets, est sans doute l'animal auquel il redoute le plus d'être comparé. A cet égard, Nietzsche lui est en tous points semblable et ne procède pas autrement. Les livres de Stendhal ressemblent à ce qu'on nous dit qu'était sa conversation : un feu d'artifice éblouissant de traits, de finesses rapides, de profondes maximes, d'observations étonnantes : là est le secret de l'étrange fascination qu'il exerçait et qu'il exerce. Mais dans une conversation, un homme de goût ne fournit ses références que lorsque la chose est absolument nécessaire ; il n'aurait garde de ralentir l'intérêt par l'étalage d'une documentation intempestive ; il songe à plaire, ou à émouvoir, ou à instruire ; s'il lance une idée, peu importe le cerveau où elle s'est produite d'abord ; la conversation l'a fait naître, elle appartient au cercle où on la discute. Toute autre exégèse serait déplacée et serait ennuyeuse. A un autre point de vue, Beyle ne se pique pas de l'exactitude d'un chartiste. « Je supplie le lecteur, si jamais j'en ai, de se souvenir que je n'ai de prétention à la véracité qu'en ce qui touche *mes sentiments* ; quant aux faits, j'ai toujours eu peu de mémoire. » La plume à la main, ou dictant à son secrétaire, il n'est attentif à rien, sinon à noter avec exactitude « ce qui se passe dans son cœur », il est, par excellence, *subjectif*, et si par rencontre il trouve dans un livre le mot, le fait, le passage, voire le chapitre qui exprime de façon adéquate son état intime, il le prend sans vergogne, estimant inutile de chercher plus loin ; pour rendre avec clarté ce qu'il sent, tous moyens lui sont bons. Qu'un moraliste proteste avec des mines pudiques, il n'y a aucun mal à cela. Mais si vraiment Stendhal est redevable à son « immoralité » de ce qu'il n'est jamais ennuyeux, alors tant pis pour la morale !

§

Laissons cette casuistique. Nous signalerons à l'examen des amateurs l'extraordinaire *Consultation pour Banti* : à notre goût c'est la perte du recueil. Il ne suffit pas de lire même attentivement cette pièce unique en son genre, on devra la reprendre en s'attardant, et l'on pourra la relire vingt fois : la vingtième lecture fournira de nouvelles découvertes, de nouveaux sujets d'étonnement et de méditation.

Le document est de 1811 ; Stendhal avait alors 28 ans ; depuis deux années il était amoureux de celle qu'il désigne dans son *Journal* sous le nom de comtesse Palfy, la duchesse de Bérulle de la *Consultation*, mais il n'avait pu encore prendre sur lui de se déclarer. Il voyait bien qu'on était sensible à ses égards, il aurait pu profiter de mainte occasion où les dernières barrières étaient renversées, l'audace nécessaire lui avait toujours au moment opportun fait défaut. Il était avec elle comme il fut toujours avec les femmes qu'il aimait : « muet, immobile, stupide, peu aimable et quelquefois offensant à force de dévouement et d'absence de moi. » Les tête-à-tête étaient silencieux, embarrassés ; il se reprochait après sa sottise, mais toujours à l'instant décisif la peur de déplaire le paralysait. C'est alors que déterminé à en finir, il mit par écrit toute l'affaire, avec la sécheresse, la netteté et l'exactitude d'un rapport administratif. « Doit-il ou ne doit-il pas avoir la duchesse ? » Et il apporta dans l'examen

de cette grave question ses habitudes de méthode et cet esprit de clairvoyance qui lui fit découvrir, le seul peut-être à cette époque, que Daru, le grand Daru, l'auxiliaire et le serviteur en apparence dévoué de Napoléon, avait dans sa vie quelque chose à cacher. Il va donc tâcher de voir clair dans le caractère de la duchesse, de façon à bien connaître ses chances et d'adopter un plan de conduite. Quel est le caractère de la duchesse? Quelle est sa manière d'entendre la religion? Quelle aptitude a son âme à une passion? Comment prend-elle le bonheur et le malheur? En admettant qu'elle eût un amant, qu'exigerait-elle de lui? Gardera-t-elle longtemps Banti? Sera-t-elle jalouse? De quoi rit-elle aux éclats? Quels sont ses rapports avec Banti? On ira chercher dans le texte la réponse à ces différentes questions, et l'analyse, si sûre du caractère de *Burrhus*, le mari de la duchesse. Donnons ici seulement la conclusion : « Donc, si Banti veut jamais l'avoir, il doit attaquer promptement ; car, d'après tout ce que nous avons dit, un amant devient nécessaire à son bonheur, et d'après le caractère de Banti, il serait affreux pour lui qu'un autre se mît à la place qu'il n'aurait pas eu la force de prendre... S'il n'a pas Mme de B., il se le reprochera toute sa vie. »
- Huit années plus tard il ajoutait : « Moyens. Le seul conseil à donner était : Attaque ! Attaque ! Attaque. — (Thinking mûrement et profondément to *M*). »

Il n'était pas homme à manquer à une consigne qu'il s'était une fois imposée, « il eut » la duchesse : la liaison ne fut pas de longue durée, mais ce fut une belle aventure, et il la classait dans la suite parmi les grandes passions de sa vie.

La *Consultation* me paraît être un document capital, non seulement parce qu'il projette une lumière inattendue sur l'entente que Stendhal avait des passions, mais aussi parce qu'il fournit un exemple topique et *ramassé* de la façon dont il comprenait l'analyse. Il est convenu que le trait significatif de Beyle est l'esprit d'analyse : la proposition a été souvent répétée, mais on s'est abandonné toujours à une étrange confusion. Le besoin de s'analyser, a-t-on dit, voilà le penchant qui a le plus tyrannisé Stendhal ; et on le représente multipliant les expériences, compliquant ses plaisirs, et par là conduit au plus désolant nihilisme. Sans le vouloir, M. Barrès a beaucoup accrédité cette légende. La maxime de l'*Homme libre* (1), « sentir le plus possible en s'analysant le plus possible » paraît à beaucoup le comble du beylisme. Il existe à la vérité des analystes de cette forme, mais c'est principalement parmi les hypocondres et les mélancoliques qu'ils se

(1) M. Barrès était analyste par fantaisie juvénile et surabondance de sève ; il aiguisait et exerçait à ce jeu ses facultés si riches, et leur trouvait en même temps une direction. — Je ne veux pas dire par là que ses premières compositions fussent un simple jeu littéraire. Tout au rebours, la fraîche ardeur d'enthousiasme qui s'y cache indique la recherche sérieuse « d'une raison de vivre et d'une discipline. » L'enfant qui joue, les psychologues le savent, fait l'apprentissage de sa force et l'éducation de son caractère. Mais l'auteur de l'*Homme libre* n'est plus à l'âge de la complète illusion ; son esprit délié n'est pas dupe de son hochet : de là l'ironie.

rencontrent, en général, chez les êtres étiolés ou de sang appauvri qui ont horreur de l'action. Ces valétudinaires, incapables d'agir, prônent douloureusement la vanité de l'effort ; ils se renferment dans les limites de leur « moi », par incapacité d'en sortir. Ils tâchent d'en tirer le meilleur parti possible, et ils croient amplifier leurs pauvres sensations en les raffinant par l'analyse. Ils étendent démesurément leur personne, au point d'y comprendre tout l'Univers, qui devient pour eux une série possible d'états d'âme, une sorte d'album bariolé, sur lequel ils laissent errer des regards mourants. Et ce spectacle dans un fauteuil leur semble, de bonne foi, seul digne d'une créature délicate.

Il est visible que Stendhal vivant, robuste, énergique, et de complexion plutôt gaie, sans vague à l'âme, ne comprend pas l'analyse de la même façon. Il pense et il dit qu'elle augmente nos peines et diminue nos plaisirs ; il se gardera donc de se la proposer comme un but. S'il l'emploie, c'est un moyen dont il use pour ne pas s'égarer dans la chasse au bonheur, et pour lui le bonheur ne consiste pas à se promener avec une langueur dolente dans l'enceinte réduite de son moi : il n'oublie pas de vivre à se regarder vivre. Il ne donne d'attention à son âme qu'autant qu'il faut pour ne pas s'abuser sur ses facultés, pour obtenir d'elles tout le service qu'elles peuvent rendre, et ne pas espérer d'elles un service qu'elles ne sauraient fournir. Il est convaincu que sans esprit juste il n'y a pas de bonheur possible. Il écrit : « La vraie science en tout, depuis l'art de faire couver une poule d'Inde jusqu'à celui de faire le tableau d'*Atala* de Girodet, consiste à examiner avec le plus d'exactitude possible les circonstances des faits : » Voilà cette logique Stendhalienne, sur laquelle on s'est tellement mépris. Elle est, avant tout, un instrument d'action, non de contemplation. Avec son éducation idéologique et la pénétration qu'il avait de bonne heure acquise, il réalisait à un haut degré cette union d'une tête froide et d'un tempérament fougueux, qu'il se proposait comme idéal.

On est frappé de l'analogie qui existe entre ce caractère et celui qu'il nous décrit sous le nom de Julien Sorel, ce Julien si calculateur et maître de lui, si prompt à se reprendre jusque dans l'abandon complet, et l'on s'explique la réputation d'être odieux, méchant, hypocrite qu'il a auprès des gens raisonnables. Mais nous voilà de nouveau sur le seuil de la morale, restons-en deçà.

§

Nous ne voulons plus ajouter que quelques mots au sujet de la *Correspondance* de Stendhal. Ici encore les préjugés vertueux de R. Colomb ont un peu partout émondé et corrigé, parfois même — ce qui est plus fort — ajouté. M. Stryienski donne quelques exemples amusants des déformations imposées à la pensée de Beyle, et son chapitre fait éclater aux yeux la nécessité d'une nouvelle édition restituée dans son texte intégral. La *Correspondance*, en effet, il ne faut pas l'oublier, est un ouvrage des plus précieux, tant au point de vue de la connaissance intime de Stendhal, que par l'intérêt propre de certaines lettres. Nulle part, mieux que dans la *Correspondance*, on ne saisit mieux sur le vif et dans les moindres détails cette personnalité si riche, si complexe et si attirante ; sans compter qu'on y trouve éparses quelques-unes de ses meilleures pages et les plus suggestives. Elle était la lecture préférée de Nietzsche, et avec le regain de faveur que Stendhal va prendre, la phalange stendhalienne se grossissant de toute la clientèle de Nietzsche, il n'y a pas à douter que les nouveaux adeptes n'aient pour la *Correspondance* l'estime qu'avait leur maître.

Les Stendhaliens n'auront jamais assez de reconnaissance à M. Stryienski pour les services inappréciables qu'il leur a rendus ; tout récemment encore n'a-t-il pas inventé M. Ad. Paupe, de qui l'on doit maintenant tant espérer ? L'ouvrage qu'il offre aujourd'hui au public est la digne continuation de ses publications précédentes (1) ; souhaitons qu'il ne s'en tienne pas là. Certains indices pourraient faire craindre que sa fantaisie capricieuse ne le tienne désormais éloigné du champ où il a moissonné ses premiers succès ; le présent recueil, à quelques égards, a des airs de liquida-

---

(1) Y a-t-il vraiment un *Stendhal Club* ? M. Chuquet semble l'admettre ; un écrivain hongrois l'affirmait catégoriquement l'an dernier dans le *Pesther Lloyd*. Pourtant il y a des incrédules : la publication des fastes de cette mystérieuse confrérie en convertira plusieurs, mais je pense que tous ne se laisseront pas persuader.

tion ; mais ce qui nous rassure, c'est qu'il n'est pas commode de renoncer à Beyle quand on l'a une fois approché, et M. Stryienski a pénétré trop avant dans son intimité pour lui être jamais plus d'une saison ou deux infidèle.

L. Bélugou.

I

COMMENT STENDHAL TRAVAILLAIT

LES DOSSIERS DE STENDHAL

A Arthur Chuquet,
Membre de l'Institut.

Stendhal est un esprit de xvIII^e siècle égaré dans les temps héroïques de Napoléon. Entre autres marques de cette race frondeuse et révolutionnaire, il a la désinvolture, et il a surtout ce talent qui permettait à des hommes tels que Voltaire ou Fontenelle de s'inspirer des idées d'autrui et de se montrer originaux dans cette imitation. C'était une habitude, Chateaubriand et Stendhal l'ont prise... inconsciemment.

I

Le premier ouvrage de Beyle: *Lettres écrites de Vienne en Autriche sur le célèbre compositeur Joseph Haydn,* suivies d'une vie de Mozart, etc. (Paris, Didot, 1814, in-8°), publié sous le pseudonyme singulièrement bourgeois de Louis-Alexandre-César Bombet, est une véritable supercherie. Pour ses débuts, il a fait mieux que ses devanciers.

La vie de Haydn est une fort habile adaptation des *Haydine* de Carpani. Beyle a essayé de déguiser ses emprunts, son *démarquage*, par des changements, des additions et des transpositions qui rendent difficile la recherche des passages que l'on voudrait comparer. Dans Carpani, les lettres sont au nombre de seize ; dans Bombet, il y en a vingt-deux, parce que plusieurs ont été coupées et entièrement remaniées.

Toutefois Beyle se garde bien d'avouer qu'il s'est servi des *Haydine*. Il se contente de se ménager une excuse en glissant subrepticement, dans une note de la page 275, cette vague déclaration : « Il y a plusieurs biographies de Haydn. Je crois, comme de juste, la mienne plus exacte. Je fais grâce au lecteur des bonnes raisons sur lesquelles je me fonde. Si cependant quelque homme instruit attaquait les faits avancés par moi, je défendrais leur véracité. Quant à la manière de sentir la musique, tout homme en a une à lui, ou n'en a pas du tout. *Au reste, il n'y a peut-être pas une seule phrase dans cette brochure qui ne soit traduite de quelque ouvrage étranger...* L'auteur a fait ce qu'il a pu pour ôter les répétitions qui étaient sans nombre dans les *Lettres originales*, écrites à un homme fait pour être supérieur dans les beaux-arts, mais qui venait seulement de s'apercevoir qu'il aimait la musique. »

Or, Joseph Carpani avait publié ses *Haydine* à Milan en 1812, chez Bucinelli, et, comme Beyle avait daté ses prétendues lettres de l'année 1808, c'était Carpani qui pouvait passer pour le traducteur de Stendhal. D'où la colère assurément très légitime de l'Italien plagié ; nous en avons l'écho dans deux lettres datées du 18 et du 20 août 1815, écrites de Vienne par la victime de Stendhal à « M. Louis-Alexandre-César Bombet, Français, soi-disant auteur des *Haydine* ». Ces lettres parurent à Padoue dans le *Giornale dell' Italiana Letteratura* et rendirent public le plagiat de Beyle. Carpani épuise dans ces épîtres le vocabulaire de l'injure et du mépris ; il dément la plupart des assertions de Stendhal et ne lui laisse aucune porte ouverte ; ce sont des coups de massue.

Beyle dit dans son volume qu'il assista en 1808 à la seconde exécution de la *Création* dans la maison du prince Lobkowitz, en présence de cinq cents personnes. Or, c'est dans la salle de l'université qu'eut lieu cette cérémonie musicale, et l'assistance se composait de plus de 1500 personnes.

Beyle dit qu'en 1799 une messe de Haydn le guérit d'une fièvre contractée à Vienne ; le fait appartient à Carpani — l'on sait, du reste, qu'à cette époque Beyle était encore à Grenoble et allait quitter sa ville natale pour la première fois.

Dans ses *Lettres*, Beyle déclare que Salieri, Weigl, Frieberth, Griesinger et Marianue Kuszbeck lui ont fourni des notes sur Haydn. Cependant ces mêmes personnes, dans un acte authentique (déposé à Vienne entre les mains du Maestro Salieri, portant la date du 2 août 1815, et imprimé dans la même revue de Padoue que les deux lettres de Carpani), affirment : « qu'elles n'ont jamais vu ni connu M. Louis-Alexandre-César Bombet, qu'elles lui ont d'autant moins fourni ces notes qu'elles attestent les avoir données à M. Carpani, quand il écrivait ses *Haydine*, et ont signé ».

Cette démarche est déjà assez comique, mais Carpani ne s'en tint pas là, il eut recours à la publicité du *Constitutionnel* pour confondre son plagiaire, lequel se défendit avec quelque maladresse ainsi que nous allons le voir.

Voici les pièces du procès, empruntées au *Constitutionnel* du 20 août et du 1ᵉʳ octobre 1816 :

« Nous avons inséré, dit un rédacteur de cette feuille, une réclamation de M. Joseph Carpani, qui accusait M. Bombet de s'être approprié des lettres sur Haydn. Frappé des raisons alléguées par M. Carpani, nous avons conseillé à M. Bombet de remettre amicalement au réclamant sa propriété.

« Depuis, M. Bombet nous ayant écrit à son tour pour renvoyer à son adversaire l'accusation de plagiat, l'impartialité nous fait un devoir de faire connaître sa demande au public. Les mêmes motifs nous prescrivent d'insérer la réponse de M. Carpani. Elle respire un peu la franchise et la brusquerie allemandes, mais nous devons respecter le texte et le donner dans toute sa pureté.

« A Monsieur Bombet,

« J'ai cru, Monsieur, vous avoir moralement tué par mes deux lettres imprimées, auxquelles après huit mois vous n'avez su que répondre ; mais point du tout, vous vivez encore, j'en suis fâché, d'autant plus que vous persistez dans votre crime littéraire, en vous appropriant *mes lettres sur Haydn* et en m'accusant à votre tour de plagiat dans le *Constitutionnel* du 26 mai. Cela passe les bornés, monsieur Bombet ! Plus opiniâtre qu'Anthée, vous vous relevez de terre, et me forcez à redevenir Hercule. Eh bien ! me voici en attitude, et prêt à vous terrasser définitivement. « Ce qui est bon à prendre est bon à garder. » Certainement, vous me le prouvez trop ; mais il faut aussi savoir garder ; il faut légitimer son vol, au moins en apparence. Tous les usurpateurs ont sauvé la décence, ce que vous ne faites pas. Que voulez-vous que dise le public d'un soi-disant auteur qui, ayant reçu d'un autre cette apostrophe publique : *Monsieur, vous m'avez escamoté mon ouvrage, et en voici les preuves*, au lieu de combattre ces preuves, après huit mois de méditation, se contente de répéter hardiment par la voix d'un journal accrédité : *Oui, c'est moi qui suis l'auteur du livre en question, et M. Carpani est un plagiaire ?* Perlet s'est sauvé devant ses juges, ne sachant que dire pour se justifier. Vous auriez dû l'imiter. Oui, Monsieur, il ne suffit pas d'avoir du front, il faut des preuves dans un procès comme le nôtre. J'ai donné les miennes, faites-nous jouir des vôtres. Détruisez les faits que j'allègue. Escaladez le ciel. Osez l'impossible. Le public a besoin de rire ; et, ma foi, tout peut manquer à votre étrange prétention, hors le sublime du ridicule. Dans mes lettres précédentes, ayant pitié de vous, je vous avais conseillé de vous taire, maintenant j'exige que vous parliez. Je vous en somme même. Mais comme vous êtes un esprit de la classe des récalcitrants, je parie que vous tromperez l'attente du public et mes droits et que vous vous tairez. En tout cas, que vous parliez ou non,

« J'ai l'honneur d'être et serai toujours l'auteur de *vos lettres sur Haydn.*

« Joseph Carpani.

« Vienne, en Autriche, ce 20 juin 1816. »

Beyle, ou plutôt Bombet, se donne pour un émigré, capitaine de grenadiers de l'armée royale, éloigné de sa patrie depuis vingt ans, obligé de fuir Vienne en 1809 devant les Français et de se réfugier avec les plus nobles familles de la ville dans les montagnes de Salzbourg.

Fort de son pseudonyme, Stendhal répondit, non pas directement à son accusateur, mais au rédacteur du *Constitutionnel.* La cause était mauvaise, voyons comment l'accusé va se défendre. Ce document inconnu, enfoui qu'il est dans un journal vieux de près de quatre-vingt-dix ans, a toute la saveur de la nouveauté. C'est là du Stendhal presque inédit, et quel Stendhal !

« Rouen, 26 septembre 1816.

« Monsieur,

« M. Louis-Alexandre-César Bombet, mon frère, étant à Londres, fort vieux, fort goutteux, fort peu occupé de musique, et encore moins de M. Carpani, permettez que je réponde pour lui à la lettre de M. Carpani que vous avez insérée dans votre numéro du 20 de ce mois. [Il se trompe, c'est le 20 du mois passé.]

« J'ai lu l'hiver dernier les deux lettres italiennes adressées par M. Carpani à M. Bombet, et qui furent annoncées dans votre journal. Elles me portèrent à lire ce que M. Carpani appelle ses *Haydine*, gros volume interminable sur le compositeur Haydn. Je démêlai, à travers beaucoup de paroles et de détails sans intérêt, que plusieurs faits de la vie de Haydn, consignés dans le livre en question, avaient été *dérobés* par M. Bombet. Comment se tirer de ce mauvais pas ? Je m'en consolais, et je crus en conscience l'honneur de mon frère à couvert lorsque je me mis à réfléchir que Hume n'était point le plagiaire de Rapin-Thoiras, pour avoir dit, après lui, qu'Elisabeth était fille de Henri VIII ; que M. Lacretelle n'était point le plagiaire de M. Anquetil pour avoir traité après lui le sujet de la guerre de la Ligue.

« Je fus plus que consolé, et presque joyeux, quand je me fus dit que Hume et M. Lacretelle avaient envisagé leur sujet d'une manière différente, et souvent opposée à celle de leurs prédécesseurs ; que ces deux historiens avaient tiré des mêmes faits des conséquences inaperçues avant eux ; qu'enfin ils avaient fait oublier leurs devanciers. Je crains bien que ce ne soit là le cas de ce pauvre M. Carpani, qui, l'hiver dernier, était si fier de pouvoir tirer quelques plaisanteries du nom et des prénoms de M. Bombet, et qui, aujourd'hui, s'annonce comme un Hercule, parce que, dit-il, on n'a su que lui répondre. M. Carpani dit qu'il a déployé des preuves terribles contre M. Bombet ; il voudrait une réplique en forme. Ce combat ferait peut-être penser un peu aux *Haydine* de notre *Athlète* qui moisissent à Milan chez Buccinelli. M. Bombet et M. Carpani peuvent faire leurs preuves ensemble et de bon accord. Le moyen est simple. Que M. Carpani fasse traduire trente pages de ses *Haydine*, qu'il choisisse lui-même ces pages et qu'il en fasse imprimer en regard trente des *Lettres sur Haydn* de M. Bombet ; ces dernières seront encore au choix de M. Carpani lui-même.

« Le public jugera.

« S'il fallait d'autres preuves, je dirais que l'ouvrage de M. Bombet, imprimé chez Didot, ne contient que 250 petites pages sur Haydn, tandis que celui de M. Carpani se compose de près de 550 pages : je demanderais à M. Carpani s'il revendique aussi la *Vie de Mozart*, l'excellente digression littéraire sur Métastase, la *Lettre sur l'état actuel de la musique en France et en Italie*, la *Lettre de Montmorency sur le beau idéal*. Je le prierais de nous faire connaître ses droits sur les questions que M. Bombet a approfondies le premier touchant les vraies causes des plaisirs produits par les arts, et particulièrement par la musique ; sur les jugements exquis que M. Bombet nous donne sur les grands compositeurs ; je prierais encore M. Carpani de nous dire s'il aurait la charmante prétention d'avoir servi de modèle au *style plein de grâce, plein d'une sensibilité sans affectation, et qui n'exclut pas le piquant qui, peut-être, est le premier mérite de l'ouvrage de M. Bombet.*

« Mais je m'aperçois qu'à mon tour je deviens un Hercule, que je pille M. Carpani, que je tombe dans le sérieux et dans l'ennuyeux. M. Bombet, qui n'aime pas ce style moderne, et qui pour tout n'a eu garde de dérober le sien à M. Carpani, M. Bombet, qui est mon frère aîné, me fera sûrement de grands reproches de la liberté que je prends d'ennuyer le public en son nom. Ainsi je m'arrête, je renouvelle à M. Carpani le défi des trente pages ; ce n'est qu'en y répondant qu'il prouvera sa bonne foi.

« J'ai l'honneur, etc.

« H. C. G. BOMBET. »

Il est certain que Beyle a mis beaucoup du sien dans les *Lettres sur Haydn* ; elles sont d'une allure charmante *sinon d'un style plein de grâce*, telles pages sur Vienne, par exemple, n'ont pu être écrites que par lui, mais il n'en est pas moins vrai qu'il a pillé Carpani, et que, tout en agrémentant les faits et les idées, il les a empruntés à son terrible accusateur. Selon le mot de Romain Colomb, dans ses notes inédites, il est triste d'avouer en commençant la revue des ouvrages de Stendhal, qu'il s'est rendu coupable d'une *hâblerie*, d'une *supercherie*.

Enfin Carpani publia en 1824 une *Déclaration* dans laquelle on voit qu'il avait réussi à découvrir le nom réel de son plagiaire et qu'il menaçait de révéler ce nom à toute l'Italie si, par aventure, le criminel faisait la récidive. « Sappia codesto figlio dell'Isera spumante, che, io, quando occorrà, pronuncierò tutto intero il suo nome, ed egli ne avrà allora dal Pubblico Italiano tutta quell' aggiunta di epiteti che varranno gli in disonore quello di un Bombet. » (*Majeriane*, Padoue, 1824, page 214.)

La *Vie de Mozart*, qui accompagnait les *Lettres sur Haydn* dans ce même volume de 1814, est, Stendhal le déclare, traduite de l'allemand Schlichtegroll.

Le titre est fidèle : *Vie de Mozart traduite de l'allemand par* M. Schlichtegroll. Voici la lettre dédicace, datée de Venise, le 21 juillet 1814 : « Vous désirez, mon cher ami, une notice sur la Vie de Mozart. J'ai demandé ce qu'on avait de mieux sur cet homme célèbre, et j'ai eu ensuite la patience de traduire pour vous la biographie qu'a donnée M. Schlichtegroll. Elle me semble écrite avec candeur. Je vous la présente, excusez son air simple. »

Ce nom de Schlichtegroll parut si bizarre que l'on crut à une mystification. Sainte-Beuve, en 1854, écrivit deux articles sur Stendhal (*Causeries du Lundi*, IX) et voulut tirer la chose au clair ; il s'adressa à M. Anders, de la Bibliothèque Impériale, qui, dans une note substantielle, mit la question au point. La *Vie de Mozart* était réellement tirée d'un ouvrage de Schlichtegroll, auteur très connu en Allemagne, et qu'on a eu tort de prendre en France pour un homme de paille. Outre certains ouvrages de numismatique et d'archéologie, Schlichtegroll a publié pendant dix ans une *Nécrologie contenant les détails biographiques des hommes remarquables morts dans le courant de l'année*, c'est dans le tome II de la deuxième année (Gotha, 1793) que se trouve l'article sur Mozart (pp. 82-112). La traduction de Beyle est très libre ; ici encore, il a supprimé et ajouté beaucoup. Il a, en outre, divisé cette biographie en chapitres. Les quatre premiers seulement contiennent des détails pris dans Sclichtegroll ; les trois derniers sont remplis d'anecdotes tirées d'un ouvrage allemand que Beyle n'indique pas, mais qui a été traduit en français sous le titre suivant : *Anecdotes sur W. G. Mozart, traduites de l'allemand* par Ch. Fr. Cramer, Paris, 1801, in-8° de 68 pages. Stendhal a emprunté à cette brochure une quinzaine de pages.

II

Ce premier acte de la comédie ne manque point de piquant, mais le second en a plus encore, et, outre l'intérêt stendhalien, il nous offre une surprise très amusante.

La scène cette fois est en Angleterre et l'accusateur est l'un des périodiques les plus célèbres.

Dans son volume XXIX, p. 237, novembre 1817, l'*Edinburgh Review* rendait compte de *Rome, Naples et Florence en 1817*, par M. de Stendhal, officier de cavalerie, un volume in-8°, Paris, 1817. Cet ouvrage est chronologiquement le second que publia Henry Beyle. Le critique de l'*Edinburgh Review* était très bienveillant et insistait particulièrement sur la justesse d'un passage relatif à Alfieri, commençant à la page 194 du livre de Beyle, et précédé de ces simples mots : *Traduction du cahier du comte*. Cette traduction allait jusqu'à la page 205 et était imprimée entre guillemets.

De plus, une longue discussion sur l'état de la société française avant la Révolution valait à Stendhal les éloges les plus vifs.

Deux ans plus tard, dans son numéro XXXII, p. 320, octobre 1819, la même revue anglaise publiait un nouvel article sur Stendhal à propos de l'*Histoire de la peinture en Italie*, et, en une petite note fort curieuse, révélait à ses lecteurs que cet écrivain continental était un plagiaire, ou du moins n'indiquait pas ses sources.

En effet le beau développement sur Alfieri était emprunté presque mot pour mot à une étude publiée dans le volume XV de l'*Edinburgh Review*.

Il y avait mieux. La discussion sur l'état de la société française au xviii° siècle était également traduite et avait été puisée dans ce même numéro XV (article sur les lettres de Mme du Deffand).

Ce n'était pas tout ; Beyle avait commis d'autres larcins et glané çà et là maints passages dans la collection de l'*Edinburgh Review*, celui-ci, entre autres, que sa brièveté relative permet de citer ici. Les phrases soulignées sont des additions, on verra ainsi le *travail* de Stendhal.

They write, not because they are full of a subject, but because they think it is a subject upon which, with due pains and labour, something striking may be written. So they read and meditate — and having, at length, devised some strange and paradoxical view of the matter, they set about establishing it with all their might and main.	Ils (les Allemands) écrivent non pas parce qu'ils sont tourmentés par leurs idées sur un sujet, mais parce qu'ils pensent avoir trouvé un sujet sur lequel, en prenant les peines convenables, et faisant les recherches nécessaires, l'on peut parvenir à imaginer quelque chose de brillant ; c'est dans ce sens qu'ils lisent et méditent. A la longue, ils parviennent à quelque point de vue étrange et paradoxal ; *alors l'œuvre du génie est faite* ; il ne s'agit plus que de l'établir avec *toute l'artillerie d'érudition et de philosophie transcendante.*
The truth is, that they are	Dans le fait, c'est un peu-

naturally a slow, heavy people ; and can only be put in motion by some violent and often repeated impulse, under the operation of which they lose all controll over themselves — and nothing can stop them short of the last absurdity.	ple *bon,* lourd et lent qui ne peut être mis en mouvement que par quelque impulsion violente et souvent répétée. *Leurs auteurs, par exemple, lorsqu'ils en sont à leur second volume,* perdent tout jugement, tout pouvoir sur eux-mêmes et rien ne peut les empêcher de tomber dans les absurdités les plus outrées.
Truth, in their view of it, is never what *is,* but what, according to their system, *ought to be.* (*Edinburgh Review,* vol. XXVI, p. 67, February 1816 : *Essay on Schlegel*).	La vérité n'est plus pour eux *ce qui est,* mais ce qui, d'après leur système, *doit être.* *Rome, Naples et Florence en 1817.*

On ne saurait nier la chose ; c'est une traduction, même assez servile, quoique élégante et bien faite. Mais Stendhal, on le verra, avait une manière à lui d'expliquer tout cela.

Toutefois on ne peut réprimer quelque hilarité, quand on pense que la revue anglaise ne s'était pas reconnue tout de suite, et, sans le savoir, s'était décerné des compliments à elle-même ; les éloges qu'elle adressait à Stendhal s'adressaient à l'un de ses propres critiques. La note ajoutait explicitement : « Il est très flatteur pour nous de voir nos opinions sur la littérature et sur les mœurs du continent adoptées par un écrivain d'une grande vivacité et de hautes prétentions, mais il nous eût été encore plus agréable si les sources avaient été indiquées. »

En une lettre datée de Rome, 28 septembre 1816 (*Souvenirs d'Egotisme*), Beyle parle à son ami Crozet de ses lectures. « Un hasard, le plus heureux du monde, dit-il, vient de me donner connaissance *of 4 or 5 Englishmen of the first rank and understanding*. Ils m'ont illuminé, et le jour où ils m'ont donné le moyen de lire *the Edinburgh Review* sera une grande époque pour l'histoire de mon esprit ; mais en même temps une époque bien décourageante. Figure-toi que presque toutes les bonnes idées de l'*Histoire de la peinture en Italie* sont des conséquences d'idées générales et plus élevées, exposées dans ce maudit livre. *In England, if ever the H* (1) y parvient, on la prendra pour l'ouvrage d'un homme instruit et non pas pour celui d'un homme qui écrit sous l'immédiate dictée de son cœur. »

De la part de celui qui avait pillé Carpani et les brillants essayistes anglais, cet aveu est vraiment naïf. L'on se fait une étrange idée du cœur de Beyle qui, dans cette circonstance, était réduit au rôle assez facile de traducteur.

Que Stendhal ait retrouvé dans l'*Edinburgh Review*

(1) H. — *Histoire de la Peinture en Italie.*

des idées qui lui étaient chères, rien de plus naturel, mais de là à retranscrire des pages entières en les habillant à la française sous prétexte que les jugements des autres étaient les siens, il y a loin. Et enfin reste toujours la question des sources à indiquer, question non résolue par Beyle.

Ce procédé désinvolte était une habitude — presque un tic ; dans cette même *Histoire de la peinture en Italie*, on trouve de nombreux passages de Lanzi (1). Les extraits suivants se passeront de commentaires :

RÉFLEXIONS GÉNÉRALES SUR LA RENAISSANCE DE L'ART

Lanzi	*Stendhal*
... Ce fut seulement dans la seconde moitié du xiii° siècle que l'on commença à sortir de l'enfance de l'art ; et le premier pas que l'on fit vers un style nouveau fut le perfectionnement de la sculpture. La gloire en appartient aux Toscans, etc.	... Vers la fin du xiii° siècle, un œil attentif commence à distinguer un léger mouvement pour sortir de la barbarie. Le premier pas que l'on fit vers une manière moins imparfaite d'imiter la nature fut de perfectionner les bas-reliefs. La gloire en est aux Toscans, etc.

Et ainsi de suite toute une page où l'on peut suivre Lanzi pas à pas. Autre exemple :

(1) Ces passages de Lanzi m'ont été obligeamment indiqués par mon ami Paul Arbelet, qui prépare un volume sur *Stendhal et l'Italie*.

| *Lanzi* | *Stendhal* |

Si l'on convient que Cimabue fut le Michel-Ange de cette époque, il faut ajouter que Giotto en fut le Raphaël... Il donna aux formes plus de symétrie, au dessin plus de douceur, au coloris plus d'harmonie. Ces mains roides, ces pieds en pointe, ces yeux effarés qui tenaient encore du goût et de la manière des Grecs, tout devint plus vrai, plus rapproché de la nature... celles (ses compositions) dont les proportions sont moins grandes, sont celles qui plaisent le plus...

Si Cimabue est le Michel-Ange de cette époque, Giotto en est le Raphaël. . . . . Une certaine symétrie qui plait à l'amateur éclairé, et surtout un dessin moins anguleux et un coloris plus moelleux que chez ses rudes prédécesseurs.... Ces mains grêles, ces pieds en pointe, ces visages malheureux, ces yeux effarés, reste de la barbarie apportée de Constantinople, disparaissent peu à peu... Je trouve que ses ouvrages plaisent d'autant plus qu'ils sont de moindre dimension...

Voici, pour finir, une maxime à laquelle Stendhal s'est contenté de donner quelque concision.

| *Lanzi* | *Stendhal* |

Lorsque l'homme est mécontent de ce qu'il apprit dans son enfance, il dirige naturellement ses pas de ce qui est grossier à ce qui l'est

Dans les arts, quand l'homme est mécontent de son ouvrage, il va du *grossier* au moins grossier, il arrive au *soigné* et au *précis* ; de là il moins, et de là il parvient à la régularité, à la précision. Ensuite il s'ouvre un chemin vers ce qui est grand et sublime, et il finit par ce qui est facile.

passe au *grand* et au *sublime*, il finit par le *facile*.

III

A propos du volume sur *Rome, Naples et Florence en 1817*, nous avons encore les plaintes du plus grand esprit allemand du xix° siècle, de Gœthe.

Le poète a parlé maintes fois avec Eckermann de Stendhal, dont les publications ne le laissaient pas indifférent. On ne s'étonnera point qu'un des jugements les plus exacts que nous ayons sur le *Rouge et le Noir* soit de Gœthe ; toutefois tenons-nous-en à l'ouvrage incriminé. Dès l'année 1818, Beyle avait attiré l'attention de l'auteur de *Faust*. Le 8 mars 1818, le poète fit copier pour Zeller deux longs passages de Stendhal sur le compositeur Mayer et sur la musique en Italie. « Ces détails, disait-il, sont extraits d'un livre rare (R. N. et F.) qu'il faut absolument que tu te procures. Le nom est emprunté : ce voyageur est un français plein de vivacité, passionné pour la musique, la danse, le théâtre. Ces deux échantillons te montrent sa manière libre et hardie. Il attire, il repousse, il intéresse, il impatiente, et enfin on ne peut se séparer de lui. On relit toujours ce livre avec un nouveau charme, et on voudrait en apprendre par cœur certains passages. Il semble être un de ces hommes de talent qui, comme officier, employé ou espion, peut-être tout cela à la fois, ont été poussés çà et là par le balai de la guerre. Il a vu beaucoup par lui-même ; il sait aussi très bien mettre en œuvre ce qu'on lui rapporte, et *surtout il sait très bien s'approprier les écrits étrangers*. Il traduit des passages de mon *Voyage d'Italie* et affirme avoir entendu raconter l'anecdote par une Marchesina. En un mot, c'est un livre qu'il ne suffit pas de lire, il faut le posséder. » Cette indulgence de Gœthe doit nous rendre clément.

N'est-il pas rare d'avoir ainsi sur un petit procès littéraire autant de témoignages curieux? Et dire que, sans le savoir, un critique de la toute-puissante, et toute vivante encore *Revue d'Edimbourg*, et un poète olympien, presque en même temps, nous préparaient la joie de réunir les éléments de cette querelle stendhalienne.

Beyle, cela n'est pas douteux, aimait à faire travailler les autres et à grossir ses volumes à l'aide des documents qu'on lui fournissait ou qu'il trouvait lui-même tout prêts dans les livres — *dans les livres étrangers* surtout, la nuance est importante à signaler.

On sait, par exemple, que le beau récit qui retrace

l'arrivée de Napoléon à Grenoble par La Murè et les lacs de Laffrey (*Mémoires d'un touriste*) n'est pas de Beyle, mais de son ami Crozet, lequel fut aussi son collaborateur pour l'*Histoire de la peinture en Italie*.

Les *Nouvelles Italiennes* sont presque toutes des traductions ou des adaptations de contes inédits dont Stendhal s'était procuré des copies ; ces copies existent, elles furent vendues à la Bibliothèque Nationale par la sœur de Beyle, Mme Pauline Périer-Lagrange. C'est même à propos de ces manuscrits que Mérimée, qui, en souvenir de son ami, s'intéressait à Mme Périer, entra en relation avec Panizzi auquel il les offrit, sans succès du reste ; il n'en est pas moins vrai que cette démarche fut le prétexte des premières lettres qu'ils échangèrent, et qu'elle nous a valu leur curieuse correspondance.

Dans ces contes italiens copiés pour Beyle, il y en a beaucoup que Stendhal n'a pas utilisés, parce qu'il n'en eut pas le temps ; mais la veille de sa mort, il avait signé un traité avec la *Revue des deux Mondes* où il comptait publier ce qui lui restait encore à tirer de cette mine très riche.

L'on trouvera un jour dans ce fonds italien plus d'un épisode de la *Chartreuse de Parme* — ce seront sans doute nos arrière-petits-neveux qui auront à honneur de faire *l'édition savante* de ce livre ; — en attendant, voici une petite étude comparative qui donnera un avant-goût de ce que pourrait être cette édition.

Le récit italien est intitulé : *Acte de vengeance commis par le cardinal Aldobrandini sur la personne de Girolamo Longobardi, gentilhomme romain.* Et c'est au chapitre XIII de la *Chartreuse de Parme* que Stendhal a intercalé l'aventure. Nous mettrons en regard la traduction littérale et le texte de Stendhal.

RÉCIT ITALIEN	CHARTREUSE
Il se trouvait alors à Rome une certaine Anna Félicie Brachi, chanteuse de grande réputation, qui, à la douceur de la voix et au talent de l'art musical, joignait une beauté surnaturelle...	En même temps que lui (Fabrice), se trouvait à Bologne la fameuse Fausta F....., sans contredit l'une des premières chanteuses de notre époque.
Elle était entretenue par Longobardi, qui veillait sur elle avec un soin jaloux.	Pour le moment, ce miracle de beauté était sous le charme des énormes favoris et de la haute insolence du jeune comte M.....
Par les dires élogieux de toute sa cour, le cardinal, ayant ouï vanter les charmes et la beauté de la donzelle, désira ardemment la connaître ; dans cette intention, étant passé devant la demeure d'Anna, il aperçut celle-ci accoudée à la fenêtre...	Notre héros se livra à l'enfantillage de passer beaucoup trop souvent devant le palais Tanari, que le comte M..... avait loué pour la Fausta...
Un jour la cantatrice, dûment convaincue par le manège de son galant rouge que celui-ci était bien épris, ra-	Elle parla au comte M..... d'un attentif inconnu. — Où le voyez-vous ? dit le comte furieux.

conta toute l'intrigue au seigneur Girolamo Longobardi,
son amant...

Le jour de St-Mathieu, il
s'achemina vers l'église Ste-
Marie de la Paix... et s'y
dissimula dans le fond d'une
chapelle de manière à tout
voir sans être vu...

Effrayée, la chanteuse con-
fessa tout, alléguant pour
cause de son obstination à se
taire la crainte de querelles
entre son amant et le cardinal...

— Dans les rues, à l'é-
glise...

Le comte M..... courut à
Saint-Jean, y choisit sa place
derrière un des tombeaux qui
ornent la troisième chapelle
à droite ; il voyait tout...

— Eh bien ! tout ce dont
vous vous plaignez est la
pure vérité ; mais j'ai essayé
de vous le cacher, afin de ne
pas jeter votre audace dans
des projets de vengeance
insensée...

Dans la *Chartreuse de Parme*, l'aventure tourne au comique. Fabrice passe pour être le fils du prince, il parvient à échapper aux espions armés du comte M..., et, grâce à Mosca, on arrête, au lieu de Fabrice, un savant arrivé du Nord « pour écrire une histoire du Moyen Age ».

Dans le conte italien, tout finit par une tragédie sanglante : « Un matin, on trouvait fichée sur une pique, en pleine place Saint-Pierre, la tête de l'infor- tuné Girolamo ». Le cardinal est reconnu pour être l'auteur de ce crime. Mais, neveu du pape, il échappe au tribunal et aux juges ; il est simplement privé de tous ses titres, charges et bénéfices.

Il faut bien avouer que Stendhal est tout à son avantage dans cette dernière épreuve, *the last and not the least*. Il ne fait pas autre chose que Shakespeare dans *Othello* ou dans *Jules César*; le poète anglais dramatisait le récit de Cintio ou celui de Plutarque, Stendhal, lui, *psychologise*, si l'on peut dire, la brutalité et la rudesse de son modèle. Il traduit, mais bientôt il se substitue au conteur, il imagine des incidents, complique l'imbroglio et surtout *analyse* les actions. Il fait vraiment œuvre originale.

§

Et c'est un soulagement de terminer sur cette constatation ce chapitre un peu noir de critique comparée.

Ce qui est dangereux quand il s'agit de biographie ou d'idées générales ne l'est vraiment plus quand il s'agit d'une œuvre de pure fiction. Le don de l'invention avait été refusé à Stendhal, — c'est même pour cela que tout ce qu'il a écrit est si précieux, car l'on sent qu'*il n'invente rien*; — force lui a été, puisqu'il a voulu faire du roman, de prendre, à droite et à gauche, la contexture de ses récits. Et s'il a poussé les choses un peu loin, s'il a traité Carpani, les critiques de la *Revue d'Édimbourg*, Gœthe et Lanzi, avec un peu trop de désinvolture, comme s'il avait été question d'un simple *scenario*, alors que les *idées* étaient en jeu et même les mots, il n'en reste pas moins un plagiaire presque inconscient, persuadé en tout cas de son innocence, puisqu'il ajoutait toujours du nouveau à ses traductions et fondait habilement ensemble des éléments très divers.

Il y a enfin une circonstance atténuante : c'est que le vrai plagiaire s'approprie ce qu'il a pillé dans les ouvrages d'autrui, et principalement dans les ouvrages d'un auteur de son pays et de sa langue. Mais il n'y a guère plagiat d'une littérature à une autre, quand on fait office d'imitateur intelligent, de traducteur habile ; le seul point délicat, c'est qu'il faut au moins reconnaître, sinon révéler, ses emprunts. Là-dessus Stendhal nous échappe, il faut l'avouer : mais nous ne sommes pas le jury, la postérité pour lui ne doit pas être un tribunal correctionnel, et il est inutile de faire une longue énumération de : *attendu que...* pour prouver quoi ? que Stendhal est un voleur, qu'il n'a pas eu une idée à lui ? On ne nous croirait pas et l'on aurait raison de ne pas nous croire.

C. S.

LA DUCHESSE DE BERULLE,
BANTI ET BURRHUS

CONSULTATION EN FAVEUR DE LA DUCHESSE DE BÉRULLE POUR BANTI (1)

3 avril 1811.

Le 3 avril 1811, me promenant à Monceaux, je rencontrai l'aimable Banti, rêvant seul, au milieu des bosquets. Je le trouvai plus pensif qu'à l'ordinaire. Il parut d'abord fâché de me trouver sur son chemin,

(1) *Ces pages ont été écrites en 1811. Elles comblent en partie la lacune qui sépare le 3 mai 1810 du 18 juillet 1811 dans le Journal de Stendhal. Stendhal les relit en 1819. De cela, on a pour marques diverses notes consignées en marge du manuscrit et qu'on lira ici au bas des pages et la note suivante qui figure sur la couverture du cahier :* « Relu avec beaucoup d'utilité et pour la première fois je crois, huit ans après, le 28 avril 1819, je trouve

mais sortant peu à peu de sa rêverie, il m'en confia le sujet et me priant d'y songer, il me proposa la question suivante :

Dois-je ou ne dois-je pas avoir la duchesse ?

Je lui promis de répondre à sa demande, et, comme je m'intéresse à lui, je vais essayer de mettre mes raisons par écrit pour les lui communiquer demain. Ainsi :

Banti doit-il ou ne doit-il pas avoir la duchesse ?

L'âme de Mme de B., dégoûtée des jouissances de vanité que sa fortune lui procure depuis six ans, a besoin de quelque sensation nouvelle et occupante. Elle commence à ne plus trouver de plaisir à faire sa cour (1). Ceci n'est pas très sûr, mais ce qui l'est, c'est que le goût de la danse commence à lui passer ; probablement, crainte de ne plus danser aussi bien : sa danse est changée, elle marche plutôt qu'elle ne danse, ce qui est absolument contraire à sa manière d'il y a deux

Banti bien singulier, bien faible, bien timide et la pauvre Alexandrine bien malheureuse d'aimer un homme à visions. — 29 avril 1819. Mad for Métilde. »

Sous le nom de Banti, Stendhal se délivre à lui-même une consultation pour savoir s'il doit ou ne doit pas avoir la duchesse de Bérulle.

La duchesse de B... est la madame Z... du Journal de Stendhal, page 354 : « Tout cela se termina en six minutes, dit-il, deux mois après, et je l'ai eue un an de suite, six fois par semaine. »

(1) La cour de l'Empereur,

ans. Elle dit souvent qu'elle s'ennuie au bal, elle en sort toujours à minuit ; il y a deux ans, elle parlait sans cesse du plaisir qu'elle y avait, elle dansait 19 à 20 contredanses et en sortait à 4 heures.

C'est une femme de 27 ans, assez d'embonpoint, cheveux châtain foncé, sourcils noirs et très fournis, œil petit et assez ardent, aimant beaucoup le mouvement. Tout annonce un tempérament ardent, du moins c'est l'opinion des personnes qui la connaissent. Ses traits annoncent de la force, de la rondeur et de la gaieté dans le caractère.

Voici maintenant les traits que nous croyons, ainsi que Banti, discerner dans ce caractère.

Elle a été élevée dès sa plus tendre enfance dans les liens de la méthode la plus exactement observée, d'une méthode qui n'a jamais souffert d'exceptions. Elle a été élevée par une mère ressemblant beaucoup à Mathilde de *Delphine*. Cette mère est actuellement une grande femme sèche de 55 ans. « Vous tireriez plutôt du sentiment et de l'esprit du bois de mon fauteuil, que de Mme Mathilde », disait le comte C. de R. ; c'est en effet une femme de fort peu d'esprit, voyant mourir sans sourciller tout ce qui l'entoure, accomplissant toujours ses devoirs à l'heure dite, ne s'ennuyant jamais, ayant toujours une figure riante, mais qui n'offre pas la moindre apparence du sentiment. Pour elle, les mots de bonheur ou de malheur provenant des affections n'existent pas, elle appelle folie tout ce qui fait notre bonheur ou notre malheur, et on sent qu'elle l'appelle folie parce qu'elle le croit folie (1).

Sa fille et elle sont des femmes aussi peu dissimulées que le monde le comporte.

Voilà la femme qui a élevé la Duchesse sans tendresse et sous l'empire des règles les plus strictement observées. Une religion sèche et dogmatique est la règle inaltérable des actions de la mère. Elle ne va jamais au spectacle, s'est brouillée à jamais avec une de ses sœurs qui a divorcé.

J'ai eu toutes les peines du monde à tirer ces faits de Banti, qui paraît sentir une vive amitié pour la mère et une reconnaissance mêlée de beaucoup d'amour pour la fille. Il voit tous ces faits du beau côté, et je lui faisais de la peine par mes questions qui lui découvraient, malgré lui, ce qu'elles pouvaient avoir de moins louable. Je ne l'ai amené à me les détailler qu'en le poursuivant quatre heures durant par mes raisonnements (2).

La mère jeûne tout le carême, elle passe sa vie à lire des livres de piété à des heures réglées que rien ne lui fait changer, à faire des visites à ses filles et à quelques connaisances, et à faire le soir deux ou trois parties de whist ou de boston où elle se trompe en donnant, quoiqu'elle donne depuis quarante ans.

(1) Vrai. Relu pour la seconde fois peut-être, 8 ans après, le 28 avril 1819.

(2) *Cet alinéa a été barré en 1819 par Stendhal.*

Accomplir chaque jour la distribution du temps qu'elle s'est faite le matin, c'est son bonheur. Elle prétend qu'elle n'aime pas le monde, que c'est son mari qui l'aime ; elle reçoit le .... de chaque semaine ; elle a huit ou dix parties composées de gens qui veulent faire leur cour au duc et à la duchesse.

Son mari, d'un caractère très sanguin, a été le plus aimable, le plus gai, le plus f..... des hommes : il était financier riche et aurait été fermier g^{nl} sans la révolution. Il est entièrement éteint et a l'hilarité de l'enfance (radote gaiement). Ce mari n'a jamais causé à sa femme d'autre chagrin que d'e.....r ses femmes de chambre.

Sa famille et lui passaient quatre mois de l'année à la ville et huit mois à la campagne. C'est là que la mère élevait ses filles dans les règles strictes dont j'ai parlé. Le père les aimait, était gai avec elles et ne se mêlait pas de leur éducation. On dit qu'il les embrassait, et il les embrasse encore, avec volupté.

CARACTÈRE DE LA DUCHESSE

1° *Religion*.

Le trait marquant du caractère de la Duchesse est d'accomplir sur-le-champ et sans nulle peine tout ce qui est commandé par le devoir : ainsi, aller tous les jours chez une sœur malade, faire régulièrement des visites à des parents ennuyeux, sont pour elle des choses toutes simples.

Elle a beaucoup de religion, disent tous ses amis. Cette religion nous paraît une suite des habitudes que son éducation lui a fait contracter et d'où cependant elle est un peu tirée par la force des circonstances où elle se trouve. Ainsi cette religion nous paraît un mur qui n'a pas de fondement et que la première volée de canon peut faire crouler. Elle aimait le bal et elle a bien vite pris son parti sur ce point, elle y va pendant tout le carême ; il nous semble donc qu'elle peut faire beaucoup d'actions contraires à la religion, mais sans renoncer à ses pratiques, sans même renoncer à en parler. C'est une religion qui n'a rien de moral.

Son mari plaisante continuellement sur la religion, toutes les fois qu'il se laisse aller au penchant naturel de son esprit qui est la *plaisanterie qui fait sourire parce qu'elle rappelle une circonstance de notre vie ou ce que nous savons.* Cette plaisanterie est sans pointe et sans finesse. C'est le sourire produit par une citation, un vers sérieux appliqué à une circonstance plaisante, etc...

2° *Aptitude de son âme à une passion.*

Cette aptitude n'est pas fort grande, la rêverie mélancolique lui est tout à fait inconnue ; son activité l'en a éloignée jusqu'ici : il est probable qu'une passion étant pour elle une chose nouvelle l'intéresserait beaucoup. Je suis parvenu à produire en elle un peu de rêverie sur l'amour, par la lecture des romans.

Il me semble que Mme de B. commence à être susceptible d'ennui, probablement elle commence à avoir l'idée d'un bonheur supérieur au sien. Cet état a été amené par les circonstances, ainsi que nous l'avons dit, et beaucoup par Valmont qui lui a fait goûter des romans. Ce qu'il y a de certain, c'est qu'elle énonce des maximes sur le bonheur qui étaient loin de son caractère il y a quelques années. En général, quand elle parle, elle a un peu l'air de réciter sa leçon. Cet air était frappant il y a quelques années lorsqu'elle parlait de romans, d'amour, de bonheur. Actuellement, au contraire, elle a un petit air rêveur.

3° Comment prend-elle le bonheur et le malheur ?

Le malheur par un accès de larmes : elle fait des visites et deux heures après il n'y paraît plus. On sent que son éducation l'a entièrement éloignée du genre sentimental de s'exagérer ses malheurs et de les exagérer aux autres. Elle y pense très peu, elle n'y pense que lorsqu'elle pleure. Dans les grandes occasions, elle pleure deux ou trois jours de suite, naturellement, sans aucune feinte, comme on est malade.

Le bonheur augmente son activité et l'aisance de son esprit : nous croyons qu'il n'y a pas de bonheur capable de la faire pleurer. (Les faits nous manquent là-dessus.)

Avril 1811.

4° *Quelles sont ses maximes relativement au bonheur et jusqu'à quel point peut-on croire qu'elle suivrait ses maximes ?*

Ses maximes, qu'elle répétait beaucoup (d'une manière pédante) il y a quelques années, sont qu'on ne peut trouver de bonheur que dans la sagesse et la pratique de la religion. Elle a vu, sans se l'avouer peut-être à elle-même, que ce qui rendait heureux était de s'occuper fortement de quelque chose, et, comme les femmes sont environnées d'une atmosphère d'amour par les romans, les romances, la musique, le spectacle, les anecdotes, les plaisanteries des hommes, nous pensons qu'elle croit (toujours sans bien se l'avouer à elle-même) que le bonheur est dans l'amour. Cette croyance est encore fortifiée par la curiosité, puisqu'il est probable qu'elle n'a jamais éprouvé l'amour ; il nous semble qu'elle arrive seulement à la puberté (f..... avec plaisir d'âme et plaisir des sens réunis, jusqu'ici elle n'a guère eu que le plaisir des sens).

Ainsi, nous pensons qu'elle ne suivrait pas du tout ses maximes.

5° *En admettant qu'elle eût un amant, qu'exigerait elle de lui ?*

Prudence et constance. Les faits nous manquent entièrement.

6° *Quelle influence son mari aurait-il sur le combat livré avant la prise de l'amant, c'est-à-dire les devoirs conjugaux seraient-ils d'un grand poids dans la balance ? Quelle idée aurait-elle de Banti manquant à la reconnaissance envers le Duc ? et d'abord verrait-elle que Banti manque à la reconnaissance ?*

Il nous semble que les combats ne seraient pas si partiels ; il y en aurait un livré entre l'amour et tous les liens retenants. Nous ne croyons pas qu'on puisse attendre qu'elle se donne : elle sera emportée dans un moment de trouble, à la campagne, l'été, à huit heures du soir, deux heures après un bon dîner où elle aura beaucoup parlé. Elle croit Banti un homme qui a éprouvé et inspiré les sentiments les plus violents, et qu'aucun sentiment, de crainte ou de devoirs quelconques, ne peut arrêter dans la satisfaction de ses passions. Elle n'opposera point à Banti les liens de la reconnaissace, ce n'est point une femme à mettre tant d'esprit dans sa défaite, et, une fois qu'elle se sera avoué son amour pour Banti, elle sentira qu'il faut que cet amour marche aux conditions du caractère de cet amant impétueux.

7° *Gardera-t-elle longtemps Banti ?*

Trop longtemps : par la position de sa société, Banti est le seul amant qu'elle puisse avoir. Banti a été amené à cette situation par les droits de sa naissance et par quatre ans de soins.

Sera-t-elle jalouse ?

Nous pensons qu'oui. Elle se dirait : « Banti a eu beaucoup de femmes, il est fait pour en avoir, il en a l'habitude et moi j'ai 27 ans et six enfants (1). »

8° *Une fois l'amant pris, n'aurait-elle pas des remords qui augmenteraient sa passion et la difficulté de la quitter ? Haïrait-elle l'amant qui la quitterait ? Comment le haïrait-elle ? à quel degré ? ou bien, en conserverait-elle un tendre souvenir ?*

Les remords sont probables, surtout si l'amant lui fait des infidélités.

(1) Si jamais Mme de Bérulle surprend cette consultation, l'effet sera probablement de la rendre sage à jamais, en lui inspirant une méfiance extrême pour tous les hommes. (Moyen à employer par un mari.)

Sur la deuxième question, oui, autant qu'elle est susceptible de haine, ce qui est bien peu. Sa haine consiste à ne pas parler des personnes haïes. Dans ce cas, elle serait augmentée par la crainte de l'indiscrétion de l'amant. Il y a des gens dont elle dit ouvertement et avec vérité, qu'elle ne les aime pas, par exemple, les fats.

Elle n'aime pas Pacé, qui s'est permis des sarcasmes contre her mother.

Elle est jalouse of Pacé's wife ; mais tous ses sentiments haineux ont très peu de consistance : elle plaisante toujours très gaiement with Pacé.

9° *Conjectures sur l'état actuel des idées de M. de Bérulle au sujet des rapports de Banti avec Mme de B.*

L'intimité qu'il commence à accorder à Banti semble prouver qu'il n'a aucune espèce de soupçons. Il regarde sa femme comme éprouvée, il a eu des craintes et depuis il ne lui a connu aucune faute.

10° *De quoi Mme de B. rit-elle aux éclats ?*

11° *Quel genre d'empire a-t-elle sur M. de Bérulle ? Est-ce par finesse qu'elle l'amène à son but ou par gaieté l'emportant naturellement ? Se fait-elle un caractère pour lui ? En a-t-elle une haute idée ? Y a-t-il de la tendresse dans ses manières avec lui ? Quelles attentions a-t-elle pour lui ? En rit-elle en son absence ?*

Lorsqu'elle est entrée dans la famille, elle a eu pour antagoniste sa belle-mère, qui a toutes les idées étroites des bourgeoises d'une petite ville, fortifiées par une vie passée exactement dans les pratiques d'une religion sèche. Elle a élevé ses filles sans jamais les caresser et sans jamais rire avec elles, mais elle a fait trente ans de suite les honneurs d'une grande maison où se trouvaient souvent de grands seigneurs. Mme de B. entrant dans cette famille a eu pour antagoniste ce caractère dont les petites idées étaient d'accord avec la timidité de son mari. Elle a eu recours à sa conseillère naturelle, sa mère, et là peut-être a commencé leur intimité, car il paraît que dans toute sa jeunesse, Mme de B. a été vue avec une espèce d'aversion par sa mère. Elle dit quelquefois que sa jeunesse n'a pas été heureuse, de manière que je suis convaincu que dans ses entretiens si souvent répétés avec her mother, the husband est toujours regardé comme un homme qu'il s'agit de mener et dont il faut disputer les actions à l'influence de sa mère et de sa propre timidité. Cette manière de voir un homme, passée en habitude, exclut toute sympathie d'amour (1).

(1) *En marge de cet alinéa, on lit de la main de Colomb et au crayon :* Mme Z.

Sa femme l'a toujours regardé comme un homme trop âgé, et il avait la simplicité bourgeoise et inlovelacienne de le lui répéter dix fois par jour en l'embrassant. Il frémissait à chaque instant de la journée de la crainte que sa femme ne fût pas sage. The mother of the wife s'est facilement aperçue de cette crainte et s'en est servie pour le mener. Ainsi on lui a parlé des égards, des plaisirs qu'il fallait accorder à une jeune femme pour qu'elle n'en cherchât pas de dangereux, etc. L'habitude est contractée maintenant, la crainte d'être affiché par sa femme a cessé et il ne reste plus que celle d'être boudé, d'avoir des scènes intérieures lorsqu'il vient de travailler 12 ou 15 heures de suite (1). Il peut s'excuser facilement pour les choses de la maison et de la société en les regardant comme au-dessous de lui et se consolant par la pensée des grandes affaires dont il s'occupe tous les jours, et cependant il nous semble évident qu'elle ferait employer un général de brigade que the husband croirait inhabile (2).

The husband a horreur de tout ce qui sent trop le grand seigneur, des livrées, des chevaux, des voitures. Voici comment nous expliquons cette horreur.

Il a été un jeune philosophe du xviii⁰ siècle jusqu'à 26 ou 27 ans, mais sans profondeur et sans mélancolie,

(1) C'est-à-dire de se fâcher 12 ou 15 heures et c'est ce qui le fait actuellement céder aux volontés de sa femme.
(2) Elle cache fort bien son empire.

et toujours avec une timidité d'esprit venant de la timidité du caractère.

Cette timidité a été fortifiée par sa prison en (1) Angleterre et par le voisinage de la mort. Tout cela a produit chez lui une horreur du faste, sa femme au contraire le voit avec plaisir. Elle est parvenue à avoir raison là-dessus : ce n'est pas en lui le chagrin de se séparer des écus, il a conservé de son éducation philosophique la générosité ; il envoie très bien 10 louis à une femme malheureuse.

Ainsi, c'est par un calcul suivi rondement que Mᵐᵉ de B. l'emporte sur son mari. Elle est incapable de se faire un caractère.

Elle a une haute idée de son mari dans les fonctions qu'il remplit auprès de Sa Majesté (2), mais elle croit qu'il manque de finesse et d'élégance, et on n'a jamais une bien grande idée de l'esprit d'un homme qu'on mène.

Ils sont toujours en public sur le ton plaisant, cette plaisanterie n'a ni force ni finesse. Les objets ordinaires en sont la jalousie, rentrer tard, rentrer accompagnée par de jeunes princes, the husband ayant fait une partie avec de jeunes femmes. Leur ton est celui

---

(1) *En marge du manuscrit, ici, une note de Colomb au crayon :* pour détourner. *Stendhal n'a donc écrit cette invention des pontons et d'une mort entrevue que pour donner le change sur la personne, objet de cette dissection anatomique.*

(2) *Cet alinéa a été barré à partir de ce mot.*

de l'amitié : il y a quelques élans de tendresse de sa part, comme de lui donner de petits coups sur le *arse*, en passant les portes.

Lorsqu'il se fâche eu revenant de travailler, elle fait tous ses efforts pour le calmer ; là tout est froid et raisonnable.

Il paraît qu'elle en rit, quand l'occasion s'en présente, avec sa mère, mais elle ne voit pas son mari tout à fait d'en haut, elle le regarde, a peur de sa colère, et elle répond à un conseil qu'elle trouve utile : « Oui, oui, c'est bien aisé à dire, mais moi j'aime ma paix. »

12° *Tendresse maternelle.*

Elle aime ses enfants froidement et raisonnablement et comme pour remplir tous ses devoirs, elle les a sans cesse avec elle ; ils l'ennuient par leur tapage, leurs demandes, leurs questions, etc.

Elle me disait qu'elle ne voulait pas s'attacher au comte Alfred, son fils aîné, parce que « ces attachements si vifs portent malheur ». Là-dessus elle raconta le véritable trait (ou plutôt ce qui passe à ses yeux pour un très grand trait) de mère, qu'elle fit à la mort de son fils aîné. Elle s'élança de son lit toute nue, traversa plusieurs pièces où elle pouvait rencontrer des domestiques, et alla se jeter sur le corps de ce pauvre petit enfant auquel on avait oublié de fermer les yeux.

RAPPORTS DE MADAME DE BÉRULLE AVEC BANTI

Mlle de V. put remarquer à son mariage (1802) un homme qui vint l'embrasser sans l'avoir jamais vue ; il venait souvent chez son beau-frère, quelquefois chez son mari, avec l'uniforme du régiment où il servait.

Elle demanda ce que c'était que ce jeune homme, the husband dut lui répondre, avec le ton de la colère, que c'était une mauvaise tête qui venait de donner sa démission, et Pacé, qui cherchait à briller par ses récits, lui en fit une foule de nos aventures à Milan et surtout de sa fameuse affaire pour Mme Martin avec le général D. ; nous croyons qu'elle ne pensa pas à Banti et qu'elle en eut l'opinion énoncée par son mari (une mauvaise tête).

En 1805, Banti voulut devenir colonel, elle écrivit à Mme Cheminade, son amie, que son mari ni elle ne feraient rien pour une mauvaise tête. Banti écrivit à son ami C..., qui la montra à sa sœur, une lettre pleine de sentiment et d'esprit sans excès. Cette lettre, réellement bien faite, passa sous les yeux de Mme de B. : Banti arriva à Paris en 1806 et y continua ses amours avec Mlle Adèle et fit un peu sa cour à Mme de B. : beau début de commencer à faire la cour à une femme, étant l'amant déclaré d'une autre ! Banti était toujours avec Pacé et passait pour être de moitié dans toutes ses parties volantes. Ce trait d'être l'amant déclaré d'Adèle a ennobli à jamais le colonel aux yeux de la Duchesse.

D'ailleurs, Pacé avait conté à Mme de B. toute l'histoire de Banti avec Mlle L[ouason] ; ainsi, pendant ce court séjour de trois mois, Banti fut aux yeux de Mme de B. une mauvaise tête, capable de tout faire pour l'amour et aimant les filles.

Banti partit comme capitaine pour l'Espagne, il était à Burgos lorsqu'au milieu de l'hiver Mme de B. vint rejoindre son mari à Madrid. Tout à coup à ce voyage, Mme de B. fut pour Banti d'une bonté tendre qui le fit tomber des nues, au point de lui dire au milieu de tout le salon : « Venez donc, mon cher capitaine, que nous fassions la conversation ensemble. » The brother en fut jaloux (1). Le lendemain elle partit pour Madrid et me rencontra à 15 lieues en avant de Burgos (2), où j'étais allé faire préparer des chevaux pour elle. Elle parut très sensible à cette attention, mais quand nous nous trouvâmes seuls la nuit dans le salon des voyageurs, nous ne sûmes que nous dire.

Elle demeura dix-huit mois à Madrid et Banti n'alla pas la voir. Elle revint à Paris. Banti y revint deux mois après, en décembre 1808. Elle l'accueillit avec une

(1) Vrai, 27 avril 1819.
(2) *Par prudence, tout le commencement est sous le nom de Banti à la troisième personne, mais le je revient presque aussitôt.* — (N. de l'Ed.)

amitié vive qui l'étonna de plus en plus et lui offrit un appartement dans son palais. Banti commença alors à lui faire une cour plus serrée ; il la traitait comme une femme qu'on aime timidement et sans trop songer à l'avoir. La faveur continua à être très marquée jusqu'au 6 avril, que Banti nommé (1) à la fois chef d'escadron et chevalier de la Légion, reçut l'ordre d'aller à Donauwerth.

L. et d'autres plats gredins fins qui environnaient le général croyaient que Banti l'avait. Celui-ci pendant tout son séjour à Paris avait affiché beaucoup d'élégance.

Pas de données sur les adieux.

Banti arriva à Vienne, y mena une vie heureuse, y fut blessé près du duc ; il avait écrit à la Duchesse quatre à cinq lettres où la tendresse perçait assez, elle avait répondu avec beaucoup d'amitié. Son mari fut blessé, elle accourut à Vienne.

Banti, allant la voir pour la première fois, se présenta devant elle avec tout le respect possible, mais elle le reçut avec un intérêt tendre, et agit comme si elle avait voulu l'amener par ses actions et ses paroles à une plus grande familiarité. Elle lui demanda avec inquiétude s'il était bien guéri (2). Elle s'empara de lui et ils visi-

(1) *Pour détourner.* — *C'est* adjoint au commissaire des guerres, *qu'il faut lire.* — (C. S.)

(2) Trait de naturel et de bonté singulière, car il s'agissait de la vérole, rien moins que cela. 1819.

tèrent ensemble les monuments, les promenades et les environs de Vienne. Banti se conduisit avec elle d'une manière noble, polie, gracieuse, et mit dans sa conduite et ses actions de la chaleur et du brio. Banti était connu pour avoir des maîtresses à Vienne, elle le savait, ce qui augmenta encore à ses yeux sa réputation de galant. Sa bravoure, son sang-froid, son air d'ignorer le danger dans des circonstances où elle en voyait, durent fortifier ses anciennes idées au sujet de Banti, et durent lui faire paraître sous un point de vue brillant les anciennes histoires de Banti qui, peut-être, n'étaient dans sa tête que comme anecdotes détachées.

Il me semble que, pendant tout ce séjour de Vienne, la duchesse fit à Banti autant d'avances qu'en comporte le caractère que nous lui supposons. Elle sembla du moins oublier toute prudence, elle lui donna souvent devant tout le monde des preuves d'une préférence bien marquée, elle fit croire par sa conduite à plusieurs personnes de sa société que Banti l'avait, elle lui donna mille occasions de se déclarer, était toujours seule avec lui, avait l'air tendre, etc., et, après trois mois de séjour, l'embrassa à son départ avec expression et en le serrant dans ses bras (1).

Banti à son retour d'Espagne, au commencement

---

(1) Avis. Banti fut timide, amoureux de l'amour sans le savoir, il s'arrêtait à chaque pas pour jouir et aussi la manqua *par bêtise*, et faute d'attaquer. 1819.

de 1811, a demandé le grade de colonel (1) et l'a obtenu six mois après, uniquement par l'influence du général dont il devait la protection uniquement à Mme de Bérulle.

La physionomie de la conduite ci-dessus s'est marquée dans le voyage de Vienne, dans celui d'Ermenonville où nous remarquons le coup d'œil du canard, les plaisanteries pleines de gaieté lorsqu'elle était couchée sur le lit, où nous remarquons l'extrême faute de Banti qui ne profita pas d'une occasion où sa timidité était presque vaincue et où l'âme de Mme de B., tendrement émue, paraissait ne plus songer aux règles sévères de sa conduite : Banti a souvent répété cette faute plus ou moins : leurs tête-à-tête sont silencieux et froids. Arrive-t-il une troisième personne, tous deux deviennent tendres. Le tête-à-tête est désagréable (2) pour Banti, qui a toujours beaucoup de remords de n'avoir rien à dire. Elle s'aperçoit probablement de l'existence de ce froid, qu'en pense-t-elle ? Dieu le sait.

La réponse à cette question résoudrait enfin le problème.

(1) *Lire :* Auditeur au Conseil d'Etat. — (C. S.)

(2) Bêtise incroyable de Banti, on avait mis toute hypocrisie au diable. Nous étions entre nous avec deux femmes faciles, sans esprit, et Lecoulteux qui allait bien. 1819. (N. DE ST.) *Lecoulteux de Canteleu qui, déjà auditeur comme Beyle, fut nommé en même temps que lui, le 22 août 1810, « inspecteur de la comptabilité du mobilier et des bâtiments de la Couronne ».* — (C. S.)

D'abord.

Vu ce que From oaks (1) lui a dit des belles shepherds (2), qu'il lui a peintes comme n'étant pas impassibles, vu l'assiduité à l'Opera buffa et les conjectures qu'elle a exprimées plusieurs fois sur le motif, vu le sombre nuage qui couvre toute la société de Banti, vu la persuasion où elle est qu'il ne va qu'aux endroits où il trouve du plaisir,

M*me* de B. doit penser que Banti a une maîtresse ou plusieurs femmes et trouve celles de sa société ou trop tristes ou trop assujettissantes.

Je crois (moi écrivain) qu'elle regarde Banti comme un homme qui ne veut pas l'avoir, qu'elle a aimé Banti, que peut-être elle l'aime encore, qu'elle lui a fait (je ne sais si c'est avec intention formelle) à peu près toutes les avances que comporte son caractère, et que, voyant Banti reculer pour ainsi dire, elle aura essayé de se vaincre, que, n'ayant peut-être qu'un vif désir, sans amour véritable, le combat n'aura pas été très pénible, ni bien sensible aux yeux de Banti ; que d'ailleurs elle aura appuyé sa résolution de toutes les idées de devoir, de religion, de parenté, de reconnaissance de Banti envers le général, etc.

Que si elle aime encore Banti et ne lui en veut pas de sa froideur, c'est non seulement parce qu'elle le regarde comme un ami noble et vrai, mais encore

---

(1) *De chêne.* — (C. S.)
(2) *Bergères.* — (C. S.)

parce que ses regards tendres et quelquefois ses attentions marquées lui font peut-être penser qu'il l'aime, et qu'il retient son amour.

La disposition la plus heureuse qu'elle pût avoir et qu'elle a peut-être, serait qu'elle crût que Banti s'éloigne de sa société parce qu'il a formé le projet mûrement délibéré de ne pas lui faire la cour, quelque envie qu'il en eût : ses courtes et assez rares visites, ce froid dans le tête-à-tête, dont nous parlions, pourraient lui montrer un homme qui craint de s'abandonner ; surtout si on y ajoute sa réputation d'homme passionné.

Le froid semblerait démontrer que la duchesse aime Banti, et qu'elle a besoin de parler d'autre chose que de choses indifférentes.

Donc,

Si Banti veut jamais l'avoir, il doit attaquer promptement ; car d'après tout ce que nous avons dit, « un amant devient nécessaire à son bonheur », et, d'après le caractère de Banti, il serait affreux pour lui qu'un autre se mît à la place qu'il n'aurait pas eu la force de prendre.

GRAND AVANTAGE POUR BANTI D'AVOIR MADAME DE B.

Il pourra suivre son caractère et ne pas être obligé de s'ennuyer dans les visites de cérémonie par semaine, chose qu'il ne peut pas se promettre de faire. Exemple : le duc de Ro. et Mme Ga.

Même en travaillant à l'objet de sa passion, Banti serait vexé par le remords de ne pas faire sa cour, et de manquer ainsi de belles missions et les occasions de connaître les hommes.

S'il n'a pas Mme de B., il se le reprochera toute sa vie.

[*Ce qui précède est de 1811, ce qui suit de 1819.*]

MOYENS

Le seul conseil à donner était
    Attaque !
    Attaque !
    Attaque !

29 avril 1819.

Thinking mûrement et profondément to M.

BURRHUS (1)

24 avril 1811.

Le caractère de Burrhus devient de plus en plus historique ; un rare talent, une probité unique, une pureté révolutionnaire extrêmement rare, tels seront

---

(1) *Le* Burrhus *du titre et le* Z... *du texte désignent le comte* P..... D..., né à Montpellier le 12 janvier 1767. (C. S.)

dans l'histoire les traits principaux de cet homme remarquable.

Pour éclaircir mes idées à son sujet, je vais penser la plume à la main ; je prie au nom de l'honneur qu'on n'aille pas plus loin dans cette confession du cœur.

Son père, homme adroit et peu sensible, n'avait pas de fortune. Il quitta Grenoble, sa patrie, pour la faire. Il voulait aller en Amérique. Le hasard le fit secrétaire général de M. de...., intendant de Montpellier. Cet intendant ne voulait pas tenir maison, M. D. la tint ; il se maria à une femme riche, dévote, et de peu d'esprit. Cette femme a fait toute sa vie son devoir à l'heure prescrite. Elle avait 30 personnes à dîner trois fois la semaine, quoiqu'elle n'aimât pas le monde. Lui, travaillait beaucoup ; il faisait beaucoup par lui-même.

Z. naquit vers 1768. Il se distingua de très bonne heure, par son application. Il fut envoyé très jeune au collège de Tournon où il se distingua par son application. Il y fit beaucoup de vers ; il y contracta le goût de la vie d'homme de lettres. Nul trait de caractère ou de folie, nul amour bien fort, rien qui annonce l'homme passionné, mais un amour tenace pour le travail.

Il était toujours le premier de ses classes. Son amour pour le travail s'explique par l'envie de se distinguer, le plaisir de savoir, l'habitude des petites jouissances de vanité littéraire, souvent répétées, le plaisir de parler de choses que tout le monde ne sait pas. C'est bien là le plaisir des savants du second ordre (autres que les génies inventeurs).

Z. sortit du collège à 16 ans avec l'envie d'être homme de lettres. De retour à Montpellier, il fut bientôt le membre le plus marquant d'une petite société littéraire, composée de jeunes gens. Il travaillait les jours et les nuits à composer des pièces en vers et en prose, qu'il lisait dans cette société. Nulle mélancolie, nulle misanthropie, nul amour de la solitude, rien d'exagéré, au contraire, beaucoup de politesse et d'urbanité. Ce caractère se laissait mener facilement par ses parents.

Il voulait être homme de lettres ; son père, qui ne séparait pas l'idée du bonheur de celle des richesses et des distinctions, combattit ce goût avec persévérance, et enfin acheta pour lui peu de temps avant la révolution, et pour la somme de 120 mille francs, une charge de C (1).

Il fallait solliciter le travail ; c'était une faveur que d'être employé ; son père obtenait souvent de ces petites faveurs pour lui. Les travaux dont il fut chargé entraînaient presque toujours des rapports, des pièces à rédiger.

(1) Commissaire des Guerres. On obtint une dispense d'âge, car M. D... n'avait que 17 ans. (C. S.)

M, Z. aimait le travail, il mettait de l'amour-propre à bien écrire, il eût été honteux de présenter un rapport mal fait, il se trouva donc tout naturellement, au bout de quelque temps, avoir du goût pour son état.

Ce goût fut fortifié par des succès. Le ministre lui écrivit de Paris 2 ou 3 compliments.

Les premiers troubles de la Révolution chassèrent sa famille de M. Elle vint à Paris ; il y vint aussi, son goût pour l'état d'homme de lettres le tiraillа un peu ; mais il fut bientôt employé à l'armée de Bretagne, il avait 24 ans, environ, tout juste l'âge exigé par l'ordonnance. Il eut, à ce sujet, un compliment du ministre.

Son père détestait la Révolution ; lui, au contraire, nourri de Voltaire et de Raynal, aimait les idées nouvelles ; de là un peu de froid entre eux.

Sans avoir les idées d'Helvétius, qui probablement lui auraient paru trop hardies, il aimait un gouvernement libre.

Quelle était sa théorie ? Probablement les ouvrages de Montesquieu et de Rousseau, un amour vague de la liberté, sans vue de moyens de la faire exister, beaucoup de respect et d'amour pour les gouvernements de Rome et de la Grèce.

Un bon livre sur ce sujet, à la portée de tout le monde, lui eût fait moins d'impression qu'un bouquin ignoré ayant la moitié moins d'esprit, mais qui l'aurait ramené à son premier plaisir, celui auquel son âme était habituée : le plaisir de savoir ce que tout le monde ne savait pas. C'est le plaisir du savant de l'Académie des inscriptions.

Il travailla beaucoup dans son métier de Commissaire des guerres en Bretagne, exerça les vertus républicaines en faisant lui-même des travaux pénibles, et comme tels réputés bas. Echauffé par ce genre d'énergie, il eut quelques traits de fermeté envers des généraux ou des représentants du peuple. Exemple. Il allait en uniforme à une manutention. Il voyait qu'on ne chargeait pas assez vite du pain cuit sur des fourgons. Il se mettait à porter des sacs lui-même. En faisant cela, il sentait qu'il s'exposait au mépris de quelques badauds, mais qu'il était digne de la haute estime des vrais citoyens. Son cœur gagnait une victoire, était en train de vaincre, se sentait imitant les grands hommes, se sentait grand ; ce sentiment était d'autant plus net, qu'il n'était appuyé sur aucune combinaison difficile. Que dans ce moment un grossier général républicain vînt lui ordonner une absurdité, il savait fort bien lui dire qu'il n'était pas sous ses ordres.

Au milieu de cette activité qui a formé son caractère en ajoutant au caractère de savant le sentiment de pouvoir avoir une grande activité physique, de pouvoir exécuter, il écrivit à un de ses amis, en lui rendant compte de sa position : « Si nos amis les Anglais viennent, ils seront bien reçus ».

Ce trait comique qui est bien dans le genre de son esprit faillit lui coûter la tête. Il fut mis en prison, et obtint avec beaucoup de peine d'être transféré à Orléans, sous la garde d'un sans-culotte (il a immortalisé cette circonstance de sa vie par son *Epître à mon sans-culotte,* qui ira certainement à la postérité).

Il ne s'abandonna nullement aux idées sombres. En général, il faut dire, une fois pour toutes, que les idées à la Chateaubriand, le sombre de René, etc., sont tout ce qu'il y a de plus opposé à son caractère.

Il aime l'approbation de la majorité des hommes ; pour mieux dire, il y conforme toutes ses actions : ainsi la gaîté qu'il montre dans l'épître qu'il composa en prison, le genre d'occupation qu'il y choisit (il y traduisit Horace), montrent un homme qui regardait une mort tranquille comme un devoir et qui était encore fortifié dans cette idée par la lecture des anciens. Il n'était pas de ceux qui s'exaltaient alors la noblesse de leur mort, et il ne la liait pas à la grandeur des circonstances et aux affaires publiques. Son premier amour de la gloire littéraire, la seule qu'il eût désirée, lui revint dans cette occasion, et le porta à des entreprises qui n'exigeaient que du travail et du savoir.

Il est probable que cette occupation lui procurait un calme qui lui aurait entièrement manqué sans elle.

Il en sortit vers l'âge de 26 ans. Avoir traduit H. à cet âge-là, dans un temps d'effervescence, montre un homme froid beaucoup plus savant que sensible. J'ai souvent pensé qu'une place d'académicien des Inscriptions, ou de chancelier de France (s'il se fût appliqué au droit) convenait parfaitement à son caractère.

Il retourna en Bretagne Commissaire Ordonnateur.

Il avait toujours été timide et gauche avec les femmes. Il devint à Rennes amoureux de M^llo R. de P. au point de vouloir l'épouser. Comme elle n'avait pas de fortune, le père de Z. s'opposa à ce mariage avec force. Z. fut sur le point de l'épouser malgré tout le monde; il pleura, et a cru longtemps que son père l'avait privé du bonheur (voilà les on-dit, tout ceci n'est qu'une suite d'on-dit, les 3/4 peuvent être faux, en général ils exagèrent en mal et en faible).

Avant et après il fut amoureux of the wife of his principal, lady P. Cette femme extrêmement coquette et absolument nette de sensibilité avait P.

Z. l'attaquait par des douceurs littéraires : elle manque d'esprit, surtout de connaissances, et devait évidemment être attaquée avec de la fatuité militaire. Cet amour a rempli niaisement les intervalles de ses occupations pendant quelques années de sa vie. Les vers étaient un ridicule aux yeux de cette femme, et il en faisait beaucoup pour elle.

Il continuait à se distinguer dans son métier. Il avait une extrême probité, que toute son éducation avait probablement fait naître, et qui était fortifiée par sa timidité. Ce dernier défaut paraît le seul que l'on puisse reprocher à son administration, mais il entraîne, à mes yeux, un dommage immense.

A l'armée, le corps des Commis des Guerres était méprisé et jalousé ; ces pauvres diables n'étant pas soutenus, n'ayant pas d'instructions nettes, fortes et précises, étaient entravés dans tous les sens. Je crois que M. Z. eût eu des résultats bien plus brillants, s'il eût possédé l'énergie et la vivacité de M. de Belleville par exemple. Mais il aurait peut-être eu quelques différends avec quelque maréchal qui lui aurait cassé le cou. Il suit son penchant en administrant, il ne s'élève pas jusqu'à juger sa manière.

Sa conduite est fort prudente, car l'armée a vécu. Qui voit le défaut de son administration ? Quelques C. ou ordonnateurs ; mais tous disent du mal de lui, et n'osent pas attaquer sérieusement sa manière d'agir ; en résultat, il a une immense réputation de talent et la chose qu'on lui demande a été faite.

M. Petiet fut nommé M. de la G. ; il fut son S. G. ; il fit tout ce qui était travail ; M. Petiet représentait et recevait avec obligeance ; tous les frottements désagréables venaient de M. Z. qui, excédé des mauvaises raisons et de la mauvaise foi des solliciteurs, prit l'habitude de les brusquer d'une manière atroce. Il ne fermait jamais sa porte, par haine de l'insolence, se mettait en colère au 2e pétitionnaire, et se fâchait tout rouge, et avec des mouvements de fureur, avec les 30 ou 40 personnes auxquelles il donnait audience tous les jours. Son père attaquait constamment ce défaut, mais sans succès.

Cet homme si terrible en affaires avait dans la société et en parlant de vers une politesse dans laquelle évidemment rien ne vient du cœur, mais qui est fort recherchée et même maniérée. Ainsi il approche un fauteuil au premier venu.

M. Petiet fut renvoyé ; M. Z. fit un superbe compte-rendu. Il fut envoyé en Helvétie, il fit fort bien son métier, et gagna, je ne sais trop comment, l'amitié d'un grand général, qui a d'autres qualités que la probité [probablement Masséna].

Le comment serait décisif (ce qu'il y a de sûr, c'est que sa probité aura été sans tache), mais il a peut-être fermé les yeux sur le pillage de...

En Helvétie il eut trois mois de loisir qu'il employa à parcourir ce beau pays. Il conçut le projet d'en écrire l'histoire ; il fut ému, mais d'une émotion plus littéraire que d'une âme sensible, en voyant le champ de bataille où 1400 Suisses avaient repoussé des milliers d'Autrichiens. Il songeait plus au beau chapitre que cela ferait dans son histoire, et aux particularités, dont il se souvenait avec un plaisir d'amour-propre, qu'à répandre les larmes d'admiration de l'homme libre. Il n'a pas pu s'occuper de cette histoire, mais toutes les fois qu'il est dégoûté de sa manière de vivre, il voit le bonheur à habiter la Suisse. On lui offrit le Ministère de la guerre qu'il accepta. Mais une révolution fit tomber ce projet : il reçut la lettre flatteuse qui le nommait Ord. de l'armée d'Italie. Il n'y alla pas, je ne sais comment.

Il fut Secrétaire Général du Ministre Berthier et gagna son amitié comme travailleur infatigable et comme homme d'un caractère fort doux. Le trait de mille écus et de la vente des magasins. Il fut tribun et revint un peu à ses occupations littéraires, il corrigea et publia Horace. Cette vie était fort douce pour lui. Il fut Conseiller d'Etat, Intendant des pays conquis à Vienne en 1805, Intendant à Berlin et à Vienne en 1809, enfin Ministre (tout cela appartient à l'histoire ; je ne rapporterai pas des réparties pleines de sel et d'esprit).

Mais quel est son caractère ?

Ame. Faible et froide, susceptible de se mettre en colère et de pleurer un peu.

Esprit (nombre, rapidité, et force des combinaisons)
Il comprend lentement (pour un homme vif), avec peine, et se fâche, s'impatiente quand on veut lui faire comprendre quelque chose, surtout après les déjeuners assommants de l'armée. Nulle idée nouvelle, et de l'éloi-

gnement pour les idées nouvelles, même en littérature..

Caractère. Non ferme, his brother making [4 mots en anglais illisibles] une personne à laquelle il serait habitué lui ferait signer une lettre contre ses principes, il la signerait en se fâchant et disant : « Vous le voulez, vous venez ici me forcer la main, et bien soyez content. » Et il signe.

En le flattant sur la littérature, on se rend intime (parce qu'il littératurise avec vous, que vous lui fournissez la jouissance d'amour-propre dont il a besoin), on acquiert quelque influence, mais pas sa confiance.

Il n'a nul plaisir à épancher ses sentiments, et nul besoin. Très probe par éducation et par manque de fermeté.

Nullement rusé, il décore cela du nom d'honnêteté parfaite, d'absence d'intrigue, a peur des intrigues, a peu de talent pour comprendre une intrigue, y ferait des balourdises, manque d'une finesse commune dans la société, paraît ne pas observer des rapports fort simples. Etait hors de lui en entendant le Prince dire des douceurs au général H.

Son compliment à M. de Fré.

Peu de chaleur en parlant, cependant animé, a l'air animé.

Colère. Se met en colère tout rouge, souvent et pour des riens. La colère est le sentiment d'un obstacle qui

-nous paraît grand, c'est la vue subite du malheur, nous nous trouvons arrêtés tout à coup par une chose que nous croyons faite.

(Le manuscrit de cette *consultation* fait partie de ma collection d'autographes de Stendhal. — C. S.)

LES SOURCES DU « ROUGE ET NOIR »

Les Impressions d'audience *de Michel Duffléard nous donnent la clef de :* Le Rouge et le Noir ; *ces pages jusqu'ici inconnues nous fournissent les documents dont Beyle se servit pour écrire l'histoire de Julien Sorel. Les grandes lignes du roman, les personnages principaux :* Mme *de Rénal, et même Mathilde de la Môle, sont indiqués dans ce procès-verbal.*

LE PROCÈS DE JULIEN SORÉL

**Cour d'assises de l'Isère : 15 septembre 1827
Accusation d'assassinat commis par un séminariste dans une église**

Séance ouverte à 9 heures du matin, suspendue à 2 heures après midi, reprise à 3 heures, terminée à 10 h. 1/2.

Jurés

MM. Bonnard, chef du Jury ; R.-P. Dumas ; Allemand ; Berthet ; R. P. Guignard ; R. P. Duffléard ; R. P. Moulezin ; Breton de Champ ; Chauront ; Bardousse de la Côte ; Comte de Paladru ; R. P. Aprin.

Conseillers

MM. Ventavon, président ; Goussolin ; Morel ; Burdet Bernard.

M. de Guernon-Rauville, procureur général.

Mᵉ Massonnet, défenseur.

C'est le 15 septembre 1827 qu'ont commencé les débats de cette cause extraordinaire. Le long travail qu'a dû exiger la relation complète de ces débats, telle qu'elle va paraître dans la *Gazette des Tribunaux*, expliquera et justifiera suffisamment un retard de quelques jours. Les dépositions des témoins, les réponses de l'accusé, ses explications sur les motifs de son crime, sur les passions dont son âme était dévorée, offriront aux méditations du moraliste une foule de détails pleins d'intérêt, et que nous ne devions pas sacrifier à une précipitation inutile.

Jamais les avenues de la Cour d'assises n'avaient été assiégées par une foule plus nombreuse. On s'écrasait aux portes de la salle, dont l'accès n'était permis qu'aux personnes pourvues de billets. On devait y parler d'amour, de jalousie, et les dames les plus brillantes étaient accourues.

L'accusé est introduit et aussitôt tous les regards se lancent sur lui avec une avide curiosité.

On voit un jeune homme au-dessous de la moyenne, mince et d'une complexion délicate ; un mouchoir blanc, passé en bandeau sous le menton et noué au-dessus de la tête, rappelle le coup destiné à lui ôter la vie, et qui n'eut que le cruel résultat de lui laisser entre la mâchoire inférieure et le cou deux balles dont une seule a pu être extraite. Du reste, sa mise et ses cheveux sont soignés ; sa physionomie est expressive ; sa pâleur contraste avec de grands yeux noirs qui portent l'empreinte de la fatigue et de la maladie. Il les promène sur l'appareil qui l'entoure ; quelque égarement s'y fait remarquer.

Pendant la lecture de l'acte d'accusation et l'exposé de la cause, présenté par M. Le Procureur général de Guernon-Rauville, Berthet conserve une attitude immobile. On apprend les faits suivants : Antoine Berthet, âgé aujourd'hui de 25 ans, est né d'artisans pauvres mais honnêtes ; son père est maréchal-ferrant dans le village de Brangues. Une frêle constitution, peu propre aux fatigues du corps, une intelligence supérieure à sa position, un goût manifesté de bonne heure pour les études élevées, inspirèrent en sa faveur de l'intérêt à quelques personnes ; leur charité plus vive qu'éclairée songea à tirer le jeune Berthet du rang modeste où le hasard de la naissance l'avait placé, et à lui faire embrasser l'état d'ecclésiastique.

Le curé de Brangues l'adopta comme un enfant chéri, lui enseigna les premiers éléments des sciences, et, grâce à ses bienfaits, Berthet entra en 1818 au petit séminaire de Grenoble. En 1822, une maladie grave l'obligea de discontinuer ses études. Il fut recueilli par le curé, dont les soins suppléèrent avec succès à l'indigence de ses parents. A la pressante sollicitation de ce protecteur, il fut reçu par M. Michoud qui lui confia l'éducation d'un de ses enfants; sa funeste destinée le préparait à devenir le fléau de cette famille. M^{mo} Michoud, femme aimable et spirituelle, alors âgée de 36 ans, et d'une réputation intacte, pensa-t-elle qu'elle pouvait sans danger prodiguer des témoignages de bonté à un jeune homme de 20 ans dont la santé délicate exigeait des soins particuliers? Une immoralité précoce dans Berthet le fit-il se méprendre sur la nature de ces soins? Quoi qu'il en soit, avant l'expiration d'une année, M. Michoud dut songer à mettre un terme au séjour du jeune séminariste dans sa maison.

Berthet entra au petit séminaire de Belley pour continuer ses études. Il y resta deux ans, et revint à Brangues pendant les vacances de 1825.

Il ne put rentrer dans cet établissement. Il obtint alors d'être admis au grand séminaire de Grenoble;

mais, après y être demeuré un mois, jugé par ses supérieurs indigne des fonctions qu'il ambitionnait, il fut congédié sans espoir de retour. Son père, irrité, le bannit de sa présence. Enfin, il ne put trouver d'asile que chez sa sœur, mariée à Brangues.

Ces rebuts furent-ils la suite de mauvais principes inconnus et de torts de conduite graves ? Berthet se crut-il en butte à une persécution secrète de la part de M. Michoud qu'il avait offensé ? Des lettres qu'il écrivit alors à Mme Michoud contenaient des reproches violents et des diffamations. Malgré cela, M. Michoud faisait des démarches en faveur de l'ancien instituteur de ses enfants.

Berthet parvint encore à se placer chez M. de Cordon en qualité de précepteur. Il avait alors renoncé à l'Eglise ; mais, après un an, M. de Cordon le congédia pour des raisons imparfaitement connues et qui paraissent se rattacher à une nouvelle intrigue. Il songea de nouveau à la carrière qui avait été le but de tous ses efforts, l'état ecclésiastique. Mais il fit et fit faire de vaines sollicitations auprès des séminaires de Belley, de Lyon et de Grenoble. Il ne fut reçu aucune part ; alors le désespoir s'empara de lui.

Pendant le cours de ces démarches, il rendait les époux Michoud responsables de leur inutilité. Les prières et les reproches qui remplissaient les lettres qu'il continua d'adresser à M. Michoud devinrent des menaces terribles. On recueillit des propos sinistres :

Je veux la tuer, disait-il dans un accès de mélancolie farouche. Il écrivait au curé de Brangues, le successeur de son premier bienfaiteur : « Quand je paraîtrai sous le clocher de la paroisse, on saura pourquoi. » Ces étranges moyens produisaient une partie de leur effet. M. Michoud s'occupait activement à lui rouvrir l'entrée de quelque séminaire; mais il échoua à Grenoble; il échoua de même à Belley où il fit exprès un voyage avec le curé de Brangues. Tout ce qu'il put obtenir, fut de placer Berthet chez M. Trolliet, notaire à Morestel, allié de la famille Michoud, en lui dissimulant ses sujets de mécontentement. Mais Berthet, dans son ambition déçue, était las, selon sa dédaigneuse expression, de n'être toujours qu'un magister à 200 francs de gages. Il n'interrompit point le cours de ses lettres menaçantes; il annonça à plusieurs personnes qu'il était déterminé à tuer Mme Michoud en s'ôtant la vie à lui-même. Malheureusement, un projet aussi atroce semblait improbable par son atrocité même ; il était pourtant sur le point de s'accomplir !

C'est au mois de juin dernier que Berthet était entré dans la maison Trolliet. Vers le 15 juillet, il se rend à Lyon pour acheter des pistolets; il écrit de là à Mme Michoud une lettre pleine de nouvelles menaces ; elle finissait par ces mots : « votre triomphe sera, comme celui d'Aman, de peu de durée ». De retour à Morestel, on le vit s'exercer au tir; l'une de ses deux armes manquait feu ; après avoir songé à la faire réparer, il la remplaça par un autre pistolet qu'il prit dans la chambre de M. Trolliet alors absent.

Le dimanche 23 juillet, de grand matin, Berthet charge ses deux pistolets à doubles balles, les place sous son habit, et part pour Brangues. Il arrive chez sa sœur, qui lui fait manger une soupe légère. A l'heure de la messe de paroisse, il se rend à l'église et se place à trois pas du banc de Mme Michoud. Il la voit bientôt venir accompagnée de ses deux enfants dont l'un avait été son élève. Là, il attend, immobile... jusqu'au moment où le prêtre distribua la communion... « Ni l'aspect
« de la bienfaitrice, dit M. le Procureur général, ni
« la sainteté des lieux, ni la solennité du plus sublime
« des mystères d'une religion au service de laquelle
« Berthet devait se consacrer, rien ne peut émouvoir
« cette âme dévouée au génie de la destruction. L'œil
« attaché sur sa victime, étranger aux sentiments reli-
« gieux qui se manifestent autour de lui, il attend avec
« une infernale patience l'instant où le recueillement
« de tous les fidèles va lui donner le moyen de porter
« des coups assurés. Ce moment arrive, et, lorsque
« tous les cœurs s'élèvent vers le Dieu présent sur
« l'autel, lorsque Mme Michoud prosternée mêlait peut-
« être à ses prières le nom de l'ingrat qui s'est fait
« son ennemi le plus cruel, deux coups de feu succes-
« sifs et à peu d'intervalle se font entendre. Les assis-
« tants épouvantés voient tomber presque en même
« temps et Berthet et Mme Michoud, dont le premier

« mouvement, dans la prévoyance d'un nouveau crime,
« est de couvrir de son corps ses jeunes enfants. Le
« sang de l'assassin et celui de la victime jaillissent con-
« fondus jusque sur les marches du sanctuaire.

« Tel est, continue M. le Procureur général, le for-
« fait qui amène Berthet dans cette enceinte. Nous
« aurions pu, messieurs les jurés, nous dispenser
« d'appeler des témoins, pour constater des faits qui
« sont reconnus par l'accusé lui-même ; mais nous
« l'avons fait pour cette philanthropique maxime,
« qu'un homme ne peut être condamné sur ses seuls
« aveux. Votre tâche, comme la nôtre, se bornera sur
« le fait principal à faire confirmer par ces témoins les
« aveux de l'accusé.

« Mais un autre objet d'une haute gravité excitera
« toute notre sollicitude, appellera nos méditations.
« Un crime aussi atroce ne serait que le résultat
« d'une épouvantable démence, s'il n'était expliqué
« par une de ces passions impétueuses dont vous avez
« chaque jour l'occasion d'étudier la funeste puissance.
« Nous devons donc rechercher dans quelle disposition
« morale il a été conçu et accompli ; si, dans les actes
« qui l'ont précédé et préparé, si, dans l'exécution
« même, l'accusé n'a pas cessé de jouir de la plénitude
« de sa raison, autant du moins qu'il en peut exister
« dans un homme agité d'une passion violente.

« Un amour adultère, méprisé, la conviction que
« Mme Michoud n'était point étrangère à ses humilia-

« tions et aux obstacles qui lui fermaient la carrière à
« laquelle il avait osé aspirer, la soif de la vengeance,
« telles furent, dans le système de l'accusation, les
« causes de cette haine furieuse, de ce désespoir for-
« cené, manifestés par l'assassinat, le sacrilège, le
« suicide.

« L'horreur tout extraordinaire du crime suffirait
« pour captiver notre attention, mais votre sollicitude,
« messieurs les jurés, sera plus puissament excitée par
« le besoin de ne prononcer une sentence de mort, qu'au-
« tant que vous auriez acquis la conviction irrésistible
« que le crime fut volontaire, et le résultat d'une longue
« préméditation. »

On passe à l'audition des témoins.

Quatre personnes ont été assignées pour constater les circonstances pour ainsi dire matérielles de l'évènement du 23 juillet; trois d'entre elles racontent que Berthet resta debout, sans s'agenouiller, pendant toute la durée de la messe, jusqu'à la communion ; sa contenance et l'air de son visage étaient calmes; on le vit tout à coup sortir un pistolet de dessous ses vêtements, et le décharger sur Mme Michoud.

M. Morin, chirurgien et adjoint du maire de Brangues, au bruit de la détonation, descendit précipitamment de la tribune, et aussitôt une seconde détonation se fit entendre, au milieu de l'affreuse confusion qui régnait dans l'église ; il ne vit que Berthet, la figure horriblement souillée par le sang qui jaillissait de sa blessure et par celui qu'il rendait par la bouche. Il s'empressa de l'emmener et de lui apposer un premier appareil, mais bientôt on vint le prier d'accourir auprès d'une seconde victime : c'était Mme Michoud, blessée mortellement ; on l'avait transportée chez elle profondément évanouie et entièrement glacée. Ranimée avec la plus grande peine, elle hésita beaucoup à consentir à l'extraction de la balle ; mais après cette douloureuse opération, le chirurgien s'aperçut qu'il restait une seconde balle, qui avait pénétré jusque dans l'épigastre, et qu'il fallut également extraire.

Berthet reconnaît les pistolets qu'on lui présente. C'est sans aucune marque d'émotion qu'il désigne le plus gros pour celui dont il s'est servi contre Mme Michoud.

M. le Président : Quel motif a pu vous porter à ce crime ?

Berthet : Deux passions qui m'ont tourmenté pendant quatre ans, l'amour et la jalousie.

M. le Procureur général s'attache, pour la circonstance de préméditation, à fixer l'époque de la conception du crime : « Accusé, dit-il, je vous avertis que les interrogatoires que vous avez subis jusqu'à présent sont comme non avenus ; vous avez pu vous tromper ou vouloir tromper, il n'importe : votre défense est restée libre ; je vous demande donc à quelle époque vous avez formé le projet de tuer Mme Michoud. »

Berthet, après avoir hésité, fait remonter sa résolution au voyage qu'il fit à Lyon pour acheter les pistolets. « Mais, ajoute-t-il, jusqu'au dernier moment, j'ai été incertain si je l'exécuterais ; j'ai constamment flotté entre l'idée de me tuer seul et celle d'associer Mme Michoud à ma destruction. » Il convient qu'il avait chargé les pistolets à Morestel, au moment de partir pour Brangues.

M. le Procureur général : Quelles pensées, quelles sensations morales se sont passées dans votre esprit, pendant le trajet de Morestel à Brangues, et jusqu'au moment où vous avez frappé Mme Michoud ? Accusé, nous ne voulons pas vous surprendre ; je vais vous dire le but de la question que je vous fais : votre esprit ne serait-il point aliéné pendant l'espace de temps dont je vous parle ?

Berthet : J'étais tellement hors de moi-même que je pus à peine reconnaître un chemin que j'avais parcouru tant de fois ; je faillis ne pas pouvoir traverser un pont jeté sur ce chemin, tant ma vue était troublée. Placé derrière le banc de Mme Michoud, si près d'elle, mes idées étaient tumultueuses et pleines d'incohérences; je ne savais où j'étais ; le présent et le passé se confondaient pour moi ; mon existence même me semblait un songe ; dans certains moments, toutes mes pensées se réduisaient à celle du suicide ; mais, à la fin, mon imagination me figura Mme Michoud se livrant à un autre ; alors la fureur de la jalousie s'empara de moi, je ne m'appartins plus et je dirigeai mon pistolet sur Mme Michoud ; mais jusque-là, j'avais été si peu décidé à exécuter ma funeste résolution que, lorsque je vis Mme Michoud entrer dans l'église avec une autre dame et lui parler bas, après m'avoir aperçu, comme si elle délibérait de se retirer, je sentis bien distinctement que si elle eût pris ce parti, j'aurais tourné contre moi seul les deux pistolets s'il l'avait fallu ; mais son mauvais sort et le mien voulurent qu'elle restât.

M. le Procureur général : Sentîtes-vous des remords de ce que vous avez fait ?

Berthet : Ma première pensée fut de demander avec empressement des nouvelles de l'état de Mme Michoud. J'aurais volontiers donné ce qui me restait de vie pour être assuré qu'elle n'était pas mortellement blessée.

M. Morin dépose qu'effectivement Berthet témoigne quelques regrets de son action ; du reste, il jouissait de toute sa raison et de tout son sang-froid.

Le cinquième témoin est M. Michoud, âgé de 52 ans, époux de la victime (Mouvement d'attention).

Le témoin : Berthet entra chez moi convalescent et fut l'objet de soins et d'attentions suivis ; son caractère était triste et inquiet ; on le voyait souvent rêveur ; mais on en attribuait la cause à la faiblesse de sa santé ; il n'annonçait ni des penchants désordonnés ni des inclinations perverses. Je voulus par des bontés l'attacher à mes enfants, mais Berthet songeait à reprendre le cours de ses études au petit séminaire de Belley. Un an ne s'était pas encore écoulé que Mme Michoud me fit part que ce jeune homme n'avait pas craint de lui faire des propositions offensantes. Je ne jugeais pas à propos, pour éviter un éclat fâcheux, de parler à Berthet de cette confidence, je préférai attendre le terme de son départ qui était prochain, et qui eut lieu, en effet, au commencement du mois de novembre 1823. Au mois d'août 1825, et de retour de Belley, Berthet venait quelquefois chez moi et jouait aux boules avec M. Jacquin, qui était l'instituteur de mes enfants; ce fut alors qu'il écrivit à ma femme des lettres injurieuses et qui devinrent bientôt menaçantes ; elle me les montra ; je pris le parti de prier M. le curé de Brangues d'intimer à Berthet l'ordre de cesser et ses menaces et les relations qu'il avait avec ma maison. Il ne se conforma point à cette invitation ; il continua d'écrire ; il disait dans une lettre du mois d'octobre : *Ma position est telle que si elle ne change pas, il arrivera une catastrophe.* Je lui fis renouveler par M. Jacquin l'interdiction absolue de ma maison ; il cessa alors entièrement de venir.

Au commencement de novembre, Berthet entra au grand séminaire de Grenoble, et en sortit bientôt pour des motifs inconnus. J'écrivis en sa faveur au supérieur, M. Bossard, qui me répondit par un refus de le recevoir, accompagné de ces expressions : *Il doit se souvenir de l'explication que nous avons eue ensemble.* Son retour dans la paroisse de Brangues fut marqué par le renouvellement des lettres les plus outrageantes à Mme Michoud. Il l'accusait d'avoir donné des renseignements défavorables sur son compte et la priait en même temps de s'intéresser à lui.

Après une année qu'il passa chez M. de Cordon, il écrivit à ma femme qu'il était sorti de cette maison pour des raisons particulières ; il reprit le cours de ses menaces. Je fis une nouvelle démarche auprès du supérieur du séminaire de Grenoble ; M. Bossard répondit qu'il lui était impossible d'admettre au sacerdoce la personne dont je lui parlais ; que cette personne devait aller s'enfermer dans la plus profonde retraite. J'écrivis alors à Belley ; j'y fus même au mois de juillet dernier et, peu de jours avant l'événement, avec le curé de Brangues ; mais le refus des supérieurs fut absolu. La dernière lettre que Berthet ait écrite était datée de Lyon et contenait de criminelles menaces que je ne le croyais pas capable de réaliser ; il terminait par ces mots remarquables : « Il est bien fâcheux que j'aie manqué la carrière à laquelle je me destinais ; j'aurais fait un bon prêtre ; je sens surtout que j'aurais habilement remué le ressort des passions humaines ! »

Berthet : Rien n'est plus faux que la déposition de M. Michoud. Comment, si sa femme lui eût fait la révélation dont il parle, aurait-il fait des instances par l'entremise de M. Sambin pour me faire rester encore un an chez lui ? Comment lui et son épouse auraient-ils pleuré tous les deux à mon départ, et auraient-ils eu l'attention de me faire le don d'une caisse de fruits ? Comment, si Mᵐᵉ Michoud avait eu à se plaindre de moi, m'écrivait-elle à Belley qu'elle avait pris un jeune homme pour l'éducation de ses enfants, mais qu'il ne me ferait jamais oublier d'elle?

Le témoin (avec dédain) : J'aurais été bien bon de verser des larmes !

M. le Président, à l'accusé : Quel était le sujet des lettres que vous écriviez à Belley ?

Berthet : Pendant mon séjour à Brangues, je n'avais jamais cessé d'avoir avec Mᵐᵉ Michoud des relations épistolaires et d'autres... (baissant la voix) que je n'ose nommer. Je la priais de ne pas me donner de successeur à Belley ; je lui faisais un crime d'oublier les serments qu'elle m'avait faits. Mᵐᵉ Michoud me répondait de m'observer dans mes lettres, parce qu'une servante qu'elle avait congédiée avait tout appris à son mari. Pendant les vacances de 1825, à mon retour de Belley, j'écrivais tous les jours à Mᵐᵉ Michoud. Il est faux que M. Michoud m'ait fait défendre l'accès de sa maison. M. Jacquin ne m'a point fait de commission de ce genre ; M. Michoud m'engageait lui-même à venir chez lui (M. Michoud fait un geste de dénégation).

Lorsque j'entrai au séminaire de Grenoble, j'étais plein du désir d'être un homme de bien et de devenir un prêtre vertueux. J'écrivis à M. Michoud. Déterminé à m'humilier de toutes mes fautes, je lui racontais dans le plus grand détail toutes mes relations avec sa femme ; j'allais jusqu'à lui désigner tous les endroits où j'avais pu la voir... (Mouvement dans l'auditoire).

Je voulus ensuite faire une confession générale à M. le Supérieur du Séminaire ; il m'écouta avec la plus grande attention ; puis il me dit que ma conduite avec Mme Michoud avait été trop diabolique pour que je ne dusse pas renoncer à jamais à la pensée de me faire prêtre, que le seul parti que j'eusse à prendre était d'aller au plus tôt m'ensevelir dans une solitude, pour y recommencer une vie nouvelle. Cette sévérité, suivie de mon expulsion d'un établissement où je me plaisais, me jeta dans le désespoir ; un jeune curé, qui connaissait mon histoire, m'encouragea à persister dans mes projets, en me disant que mes égarements passés, effacés par le repentir, n'étaient pas une raison de me rebuter. Il me donna une lettre pour les supérieurs du séminaire de Lyon. Je fis ce voyage et je n'en recueillis qu'un nouveau refus ; on me répondit que le séminaire était entièrement plein, et que d'ailleurs, on recevait difficilement les étrangers. Alors, je revins à Brangues ; j'étais malade, j'allais demander l'hospitalité à ma famille ; mais mon père, furieux, me frappa à coups de bâton et me chassa de sa présence ; je fus obligé de souffrir en silence, je ne voulais pas compromettre la réputation de Mme Michoud.

Je me trouvai sans asile... M. Philibert, curé de St-Benoît (dép. de l'Ain), me proposa alors, de la part de l'évêque de Belley, d'entrer dans son séminaire ; mais il me demanda les motifs de ma sortie du séminaire de Grenoble ; j'eus la franchise de tout lui dire ; M. Philibert me répondit que ces faits lui paraissaient trop graves pour qu'il ne crût pas devoir revenir sur la proposition qu'il venait de me faire. Je pus me placer chez M. de Cordon où je passai un an, pendant lequel j'écrivais continuellement à Mme Michoud, et je l'entretenais de l'amour que je ne cessais de sentir pour elle...

M. le Président : Pourquoi quittâtes-vous la place que vous aviez chez M. de Cordon ?

Berthet : J'étais en proie au dégoût, je n'aimais pas mon état ; toujours absorbé par le même sentiment, je n'étais pas même propre à donner des leçons aux enfants qui m'étaient confiés ; un bois épais était auprès du vieux château que j'habitais ; c'était l'asile où j'allais seul, sans témoin, rêver à Mme Michoud. Mlle de Cordon m'y suivit un jour. «Qu'avez-vous donc, monsieur Berthet, me dit-elle, depuis longtemps vous êtes triste... triste jusqu'à la mort ; s'il était possible de faire quelque chose pour vous... Et croyez-vous que d'autres n'aient pas aussi leurs peines ; moi, qui vous parle, je suis triste aussi. » Alors Mlle de Cordon parut vouloir me... (ici, un mouvement se fit entendre dans l'auditoire, l'accusé balbutie et un léger sourire, mais aussitôt réprimé, se fait remarquer sur ses lèvres.) Mlle de Cordon aimait à causer avec moi, continue-t-il avec embarras, nous nous..., mais je dois dire, reprend Berthet, avec moins d'hésitation, que jamais je n'ai eu avec Mlle de Cordon que des rapports parfaitement honorables. Moi, sans fortune, malade, simple instituteur, aurais-je osé aspirer à une demoiselle digne, par son nom et ses richesses, des plus brillants partis? D'ailleurs la passion qui m'occupait tout entier ne m'aurait pas permis de songer à un autre objet. M. de Cordon vint un jour me trouver et me déclara que les aveux qu'il avait arrachés à sa fille et le soin de son honneur exigeaient que je ne restasse pas plus longtemps chez lui. Je reçus cette annonce avec plaisir ; je ne partis qu'avec un certificat du curé de Cordon rempli de témoignages élogieux (Berthet a dit ailleurs que M. de Cordon se refusa à lui laisser emporter sa malle, qui contenait les lettres de Mme Michoud. Cette malle est restée au château de Cordon).

Je revins à Brangues, continue l'accusé, je m'aperçus bientôt que les sentiments de Mme Michoud étaient changés à mon égard ; avant que j'eusse quitté sa maison, elle m'avait fait des protestations multipliées d'une éternelle constance ; il y avait dans sa chambre à coucher une image du Christ ; souvent, en la contemplant, elle m'avait dit avec passion : « En présence de cette image sacrée, je jure d'être toujours à vous, de n'en pas aimer d'autre ; je vous promets de ne jamais vous oublier, de vous rendre heureux, de m'occuper toujours de votre sort. Ces serments m'avaient fait croire à une longue constance; mais il ne me fut plus possible de douter, à ma sortie du château de Cordon, de la froi-

deur de Mme Michoud. Jacquin était depuis l'instituteur de ses enfants, et je m'apercevais que j'avais été remplacé de deux manières. Alors mes lettres furent chagrines, pleines de mécontentement et de reproches ; je demandais compte à Mme Michoud de ses infidélités ; je lui demandais comment le souvenir de mes malheurs ne venait pas troubler les jouissances qu'elle se permettait avec un autre ; je lui rappelais les expressions de l'une de ses lettres qu'elle m'avait écrites à Belley : « Avec quel orgueil, mon cher ami, j'apprends vos succès ! » — « Maintenant, lui écrivais-je, que je suis le re-
« but de tout le monde, vous pourriez dire avec quelles
« joies j'apprends vos humiliations ! mais votre triom-
« phe sera de courte durée, il sera comme celui d'A-
« man... Si je parviens à entrer au grand séminaire,
« tout s'arrangera, sinon, je ne puis répondre de me
« livrer à quelque chose d'extraordinaire. » Enfin, je fis des démarches pour avoir une place chez M. G..., parent de Mme Michoud. Le refus que j'éprouvai me fit apercevoir qu'on me desservait ; alors mes sinistres pensées me préoccupèrent tout entier.

M. le Procureur général croit devoir rappeler l'attention sur les interdictions que M. Michoud fit à Berthet de reparaître chez lui.

MM. Sambin et Jacquin, présents dans l'enceinte, sont entendus en vertu du pouvoir discrétionnaire.

M. Sambin ne se rappelle pas, malgré les détails que lui donne Berthet, l'avoir engagé à rester un an de plus chez M. Michoud. Il nie positivement avoir été chargé d'aucune mission à cet égard.

M. Jacquin, aujourd'hui étudiant en médecine à Lyon, déclare que M. Michoud le pria de défendre irrévocablement à Berthet l'entrée de sa maison, et en même temps, dit Jacquin, je lui fis des reproches sur des diffamations qu'il se permettait à mon égard, dans ses lettres à Mme Michoud. Alors, il s'emporta, nous eûmes une querelle qui se termina par un cartel ; j'assignai l'heure et lui désignai le lieu, derrière le cimetière de la paroisse. A mon retour, M. Michoud, à qui j'appris ce qui s'était passé, blâma mon imprudence, et voulut néanmoins, absolument, et malgré mes refus, me servir de second ; nous nous rendîmes ensemble au lieu indiqué ; mais nous y attendîmes vainement M. Berthet qui n'y parut pas.

Berthet : Je soutiens que M. Jacquin ne transmit aucune défense ; il ne fut question que des griefs qu'il prétendait avoir contre moi, à raison d'une lettre où ma jalousie reprochait à Mme Michoud ses relations intimes avec lui, lettre que celle-ci lui avait communiquée. Quant au duel, je répondis : ma vie tient à celle de Mme Michoud. Elle saura quand je voudrai mourir ! Mais il n'y eut point de lieu assigné, sans quoi je n'aurais point manqué au rendez-vous.

M. le Procureur général : Berthet, à qui persuaderez-vous, si vous aimiez Mme Michoud, et si, comme vous le dites, vous en étiez aimé, que vous n'eussiez pas accepté la proposition que vous prétendiez vous avoir été faite, de passer encore un an auprès d'elle?

Berthet : Je fus déterminé par le besoin de terminer mes études ; mon père était vieux et malade, et je considérais une place d'instituteur comme ne pouvant me mener à rien.

M. le Procureur général : Ce propos : « Ma vie tient à celle de Mme Michoud », ne serait-ce point le germe de la pensée du suicide et de l'assassinat, qui s'unissaient déjà dans votre âme et que vous avez exécutés ensuite ?

Berthet : Je pensais aux serments que Mme Michoud m'avait faits si souvent ; je me figurais Jacquin dans ses bras : il faut, me disais-je, que Mme Michoud paraisse avec moi devant le Souverain Juge, pour me rendre compte de ses outrages et de ses infidélités.

M. le Procureur général (avec force) : Peu importe l'étrange profanation de ce mélange de l'idée du Souverain Juge avec les pensées de l'adultère et de l'assassinat ; il devient constant que vous préméditiez le crime longtemps à l'avance.

M. Romain Vial, curé de Brangues (ce témoin, dans la force de l'âge et d'une complexion robuste, paraît manquer absolument ou de mémoire ou de bonne volonté. Sa déposition a fréquemment excité l'hilarité de l'auditoire). M. le curé a eu connaissance de toutes les lettres écrites par Berthet à Mme Michoud. Tout ce qu'il en a retenu, c'est qu'elles étaient injurieuses et disgra-

5*

cieuses. Il a fait un grand nombre de démarches pour Berthet, notamment pour le faire entrer dans les respectables maisons de Quinsonnas et de Cordon, ce qui ne l'a pas empêché d'être personnellement l'objet de lettres disgracieuses de son ingrat protégé. C'était toujours dans l'église ou à la porte de l'église que Berthet fixait le théâtre de l'exécution de ses sinistres projets ; il écrivait à M. le Curé : « Quand je paraîtrai sous le » clocher de la paroisse, on saura pourquoi. » Une autre fois, il comparait M. le curé lui-même, on ne sait pourquoi, à Valverde, prêtre espagnol, qui avait conçu le projet de rassembler les Indiens dans une église pour les massacrer à la fois.

M. le Procureur général : Vous avez lu les lettres de Berthet à Mme Michoud. Quel sens leur avez-vous trouvé ?

M. le Curé : Monsieur... (cherchant), ces lettres étaient disgracieuses, ça me fatiguait beaucoup ; je n'y pensais pas, je m'efforçais de les oublier.

M. le Procureur général : Quelle espèce d'impression en avez-vous conservée ? car elles ont dû vous en faire une profonde.

M. le Curé : Oui, mais je ne me souviens de rien.

M. le Procureur général : Vous avez sans doute demandé à Berthet les motifs de sa sortie de la maison Michoud et les causes de son ressentiment contre Mme Michoud.

M. le Curé : Oh ! non, Monsieur.

M. le Procureur général : Voilà à coup sûr une discrétion bien singulière. Je ne puis la concevoir. Vous avez dit tout à l'heure que vous aviez fini par faire des démarches avec peine. Pourquoi avec peine ?

R. A cause des lettres.

D. Vous vous en souveniez donc, elles vous avaient laissé une impression... ?

R. Oui, une impression défavorable.

D. Mais enfin, pourquoi défavorable ?

R. Parce qu'elles étaient disgracieuses (Rire général).

M. le Procureur général : Vous resta-t-il de la lecture de ces lettres l'idée que Mme Michoud eût manqué à ses devoirs ?

R. Oh ! non, non, Monsieur.

M. le Procureur général : Bon, il est donc vrai que rien dans les lettres n'a pu vous faire penser que Mme Michoud se fût écartée de ses devoirs ?

M. le Curé : Monsieur, je n'ai pas pu en juger (Éclats de rire).

M. le Procureur général insiste sur la question qu'il pose pour la troisième fois. M. le Curé revient à une négation positive. On s'en tient là.

M. le curé d'Arandon, confesseur de Berthet, qui paraît doué d'une plus forte tête que son confrère de Brangues, raconte avec énergie les reproches qu'il adressa à l'accusé sur son indigne conduite, qu'il connaissait par les lettres que lui avaient communiquées

M. et Mme Michoud. Il est abominable, lui disait-il, de diffamer une femme que vous dites avoir eu des bontés pour vous ; je ne crois pas à ces prétendues bontés ; mais Mme Michoud eût-elle eu cette faiblesse, vous deviez garder le silence, au lieu d'avoir l'odieuse méchanceté d'aller révéler à M. Michoud des détails infâmes, propres à troubler à jamais son repos. Cessez de prier de m'intéresser à vous, vous ne le méritez pas ; allez plutôt hors du département, dans quelque lieu où vous ne serez pas connu.

M. le Curé rapporte que les lettres qu'il a vues étaient, dans le principe, tendres et passionnées, qu'ensuite elles eurent le ton de l'injure, devinrent outrageantes et pleines de menaces : « Quant à Mme Michoud, dit-il, je l'ai toujours regardée comme une femme honnête ; elle est maintenant signalée peut-être à la France et à l'Europe sous d'autres rapports, mais tous ceux qui la connaissent pensent comme moi.

M. le Procureur général : Quelle opinion aviez-vous de la moralité de Berthet ?

M. le Curé : Pas possible de l'avoir plus mauvaise.

M. le Procureur général : Monsieur le Curé, vous avez trop d'expérience du cœur humain pour ignorer que des sentiments d'une immoralité profonde sont quelquefois conciliables avec des idées religieuses mal conçues. Berthet avait-il véritablement des sentiments de religion ?

M. le Curé : Il en avait de sincères, mais avant l'époque où sa conduite s'était dérangée.

Mme Marigny, amie d'enfance de Mme Michoud, était venue avec elle à l'église le jour fatal. Elle s'évanouit au moment de l'explosion ; revenue à elle, son premier mouvement fut de courir donner des soins à Mme Michoud ; elle la trouva entièrement glacée ; au moment où elle la déshabilla, le sang jaillit avec tant de force de la blessure qu'elle en fut toute couverte.

« Un mois auparavant, dit Mme Marigny, je reçus une lettre de M. Berthet ; sachant que je m'intéressais à lui, comme bien d'autres, il me priait de faire des démarches en sa faveur. Il se plaignait de la fatalité qui s'acharnait à le poursuivre, et terminait par des expressions obscures, par lesquelles il semblait annoncer un homicide et un suicide. J'eus l'occasion de communiquer cette lettre à Mme Michoud qui me dit qu'elle était trop sûre que c'était elle que Berthet voulait désigner. Mme Michoud me parla des menaces dont elle était depuis assez longtemps l'objet de la part de ce jeune homme.

« Quatre ou cinq jours après, M. Berthet vint chez moi et me dit qu'il allait à Lyon ; je lui demandai s'il avait l'espoir de trouver une place dans cette ville.
« Non, répondit-il, j'y vais acheter des pistolets pour
« tuer Mme Michoud et me tuer moi-même après elle.
« J'avais déjà l'intention de la tuer dimanche dernier,
« jour de la Fête-Dieu, avec un fer que j'avais aiguisé ;

« mais maintenant je suis résolu. » Cette affreuse confidence me fit une impression terrible. Comment, l'assassiner ! m'écriai-je. — « Oui, dit-il, elle ne m'a fait que « du mal. » — Mais, monsieur Berthet, au lieu de faire deux malheurs, comme vous y paraissez décidé, vous devriez n'en faire qu'un et vous tuer seul. »

M. le Procureur général : Le conseil était mauvais.

Mᵐᵉ Marigny : J'étais, monsieur, dans un tel état de trouble que j'en fus visiblement fatiguée, car M. Berthet, en me quittant, me fit des excuses d'être venu me faire une pareille confidence ; il me demanda de n'en point parler à Mᵐᵉ Michoud ; mais je me hâtai de l'en instruire.

M. Berthet convient de tous ces faits et ajoute que s'il n'exécuta pas le dessein qu'il avait formé le jour de la Fête-Dieu, c'est que dans l'intervalle il apprit qu'on s'était occupé de lui.

M. le Procureur général, (d'un accent énergique) : Cette explication devient contre vous une charge accablante : Ainsi donc, c'est une place qui était l'objet de toutes vos menaces ; c'est une place que vous demandiez avec le pistolet et le poignard ! Vous n'avez consenti à laisser vivre Mᵐᵉ Michoud après la Fête-Dieu, que parce qu'on vous donna des espérances de vous en procurer une ! Cette conduite est une lâche atrocité !

L'audition des témoins terminée, la séance est suspendue pour être reprise avec les plaidoiries.

M. le Procureur général prend la parole pour soutenir l'accusation. Le fait matériel est avoué ; quant à la volonté libre et réfléchie qui a présidé au crime, l'orateur l'établit sur le calme et la tranquillité patiente de Berthet dans l'église de Brangues. La préméditation lui semble démontrée par les menaces faites d'avance, les confidences de l'accusé à Mme Marigny, les préparatifs de l'assassinat. Quant aux excuses proposées par Berthet, il les réfute successivement. « Devant des juges ordinaires, dit ce magistrat, nous soutiendrons avec avantage que l'on ne peut admettre comme excuses que les faits reconnus tels par la loi ; devant vous, messieurs les Jurés, nous devons tenir un autre langage. Vous ne devez compte qu'à Dieu des motifs de votre conviction ; vous avez à décider si l'accusé est coupable, et ce mot s'applique à la moralité comme au fait matériel ; nous avons donc dû combattre tout ce qui était de nature à modifier à vos yeux la moralité de l'action. »

Le tour de la défense arrive, Berthet se lève et lit un long écrit d'un style élégant et naturel, où, entrant dans de minutieux détails, et s'excusant, sur le péril de sa position, de peindre Mme Michoud comme la corruptrice de sa jeunesse, il raconte par quelle suite de caresses et d'insinuations, elle aurait perdu son innocence et trop instruit son ignorante simplicité, longtemps aveugle, au but qu'on voulait lui faire entrevoir. De ce récit pénible pour ceux qui s'intéressaient à Berthet, et lu avec froideur, il résulte la preuve que s'il fallait admettre la jalousie de l'amour comme l'une des causes impulsives du crime, il existait dans l'âme de l'accusé un second mobile non moins puissant : l'orgueil ambitieux et égoïste déçu. Ce jeune homme, doué par la nature d'avantages physiques et d'un esprit distingué, trop flatté par tout ce qui l'entourait, égaré par ses succès mêmes, s'était, en imagination, créé un avenir brillant d'autant plus glorieux qu'il ne l'aurait dû qu'à ses talents. Le fils du maréchal-ferrant de Brangues s'était fait en perspective un horizon peut-être sans bornes. Voilà que tout à coup une seule et même cause trompe et anéantit ses espérances ; tout lui manque à la fois ; les rebuts humiliants remplacent de toutes parts la bienveillance et les services ; alors, las de la vie, le désespoir le décide à se l'arracher et le pousse en même temps à envelopper dans sa destruction la femme qui, la première, l'avait lancé dans cette funeste carrière. Une pareille destinée inspirait un intérêt involontaire.

« Quel tableau s'offre à vos regards ! » a dit M. Massonnet, son défenseur ; « l'innocence était dans le cœur de Berthet, il surpassait ses rivaux par ses talents ; du sein de l'école s'élevait peut-être un grand citoyen, et vous le voyez maintenant comme anéanti devant vous... Il semble n'être plus pour la société.

« Peut-être si je pouvais céder à ses vœux, je ne viendrais pas le défendre. La vie n'est point ce qu'il désire ; que lui importe la vie sans l'honneur ? La vie... il en a perdu la moitié ; un plomb mortel est là, qui attend son dernier soupir. Berthet s'est condamné lui-même à la mort... vous ne feriez pas une condamnation que secondent ses vains efforts pour s'arracher une existence insupportable. Mais non, Berthet, je dois vous défendre ; vos souhaits de mort attestent aux yeux des hommes que vous êtes digne encore de vivre ; aux yeux du ciel que vous n'êtes pas prêt à mourir.

« Cette cause, messieurs les jurés, est d'une espèce rare dans les annales des cours criminelles ; ce n'est pas avec le texte froid de la loi : *tout coupable d'assassinat sera puni de mort*, que doit être appréciée une action qui ne peut avoir de juges que la conscience, l'humanité, la sensibilité du cœur. Je m'engage à prouver que l'amour est souvent un délire, que la volonté de l'accusé n'était pas en sa puissance, lorsqu'il devint à la fois suicide et homicide.

« Sans doute il nous faudra dévoiler des détails pénibles pour mon ministère, pénibles pour le vôtre, messieurs les jurés, mais il faut bien vous faire connaître comment s'est formé l'orage, le torrent qui entraîna ce jeune infortuné dans le précipice. Pourquoi ne représenterions-nous pas à des juges, et pour la nécessité de la défense, des tableaux d'amour, alors que sans nécessité, et pour le stérile plaisir des spectateurs, tous les jours des amours même incestueux remplissent d'horreur nos scènes tragiques ? Ce qu'il est permis de faire pour exciter la frivole curiosité des hommes, sera-t-il défendu pour les sauver de l'échafaud ? »

L'habile défenseur montre Berthet dominé par sa fatale passion ; il en parcourt toutes les périodes jusqu'au moment où, en proie au délire de la jalousie, il va chercher et immoler sa victime jusque dans le temple de ce Dieu, qu'elle-même choisit pour juge et pour témoin lorsqu'elle jura devant son image de n'être jamais parjure.

M. Massonnet soutient ensuite que le meurtre a été commis sans une véritable volonté : « Il est deux espèces de folies, dit-il, la folie de ceux dont les organes sont à jamais brisés, la folie de ceux dont les organes ne sont qu'instantanément bouleversés par une grande passion. Ces deux folies ne diffèrent que par la durée. Le législateur ne pouvait soumettre à aucune responsabilité pénale les hommes qui sont atteints de l'une ou de l'autre ; semblables à des aveugles perdus sans conducteurs sur une route inconnue, les malheurs qu'ils causent sont des accidents et jamais des crimes... L'infortuné Berthet est un funeste exemple des égarements irrésistibles de l'amour. Ah! messieurs les jurés, si j'interrogeais dans ce moment ce sexe sensible qui est venu dans cette enceinte gémir sur les malheurs de la passion qu'il sait si bien inspirer, si je faisais un appel à ses émotions, sans doute il unirait sa voix à la nôtre pour vous recommander des doctrines que l'amour justifie, que la loi humaine ne saurait condamner. »

M. le Procureur général improvise avec une énergique chaleur une réplique très remarquable. Il parcourt de nouveau toutes les parties de la cause : « Berthet, dit-il, vient de nous dévoiler toute la turpitude de son âme ; non, il n'éprouvait pas d'amour quand il frappa Mme Michoud d'un coup meurtrier. Ne profanons pas le nom d'une passion qui peut être honnête. Sent-il la mort, celui qui diffame l'objet qu'il prétend aimer ? Celui qui, bassement méchant, va porter le désordre dans un ménage bien uni, exciter le désespoir dans l'âme de l'époux qu'il a indignement outragé, et goûter un infernal plaisir à retourner le poignard dans sa plaie ; celui qui, dans son maladroit système de défense, ose dérouler publiquement un tissu des plus odieuses infamies contre sa bienfaitrice ?

« Berthet, au moment suprême, lorsqu'il se trouve exposé à être traduit devant le Souverain Juge, qu'il osait invoquer naguère, Berthet se défend par les plus noires calomnies, par des imputations que tout dément. Votre raison, messieurs les Jurés, vous a dit que Mme Michoud est demeurée pure ; elle s'est refusée surtout à croire qu'il fût possible que le délire d'une passion adultère aveuglât au point de prendre Dieu à témoin de serments crimimels, d'attester l'image de Dieu qui consacra la sainteté du mariage ; mais Berthet voudrait entraîner dans la ruine l'honneur d'une femme qu'il aimait, dont il a dit avoir été aimé. Il voudrait léguer la honte et le désespoir à deux époux, dont la seule faute fut de mal placer leurs bienfaits ; mais l'infamie, dont il cherche à couvrir une famille respectable, retombe tout entière sur sa tête pour l'accabler.

« Allons plus avant, messieurs les jurés, sondons les derniers replis de cette âme perverse, qu'y découvrons-nous ? L'ambition déçue, l'amour-propre blessé d'un homme envieux qui s'irritait de voir Mme Michoud favoriser Jacquin plus que lui. Pourquoi donc, s'il était tourmenté par la jalousie de l'amour, pourquoi ne choisissait-il pas son rival pour lui faire porter le poids de sa vengeance ? Mais non, c'est à Mme Michoud seule qu'il s'adresse ; il lui demande la vie ou une place ! C'est le couteau sur la poitrine qu'il exige des services ! Berthet, détrompé de ses rêves ambitieux, convaincu trop tard qu'il ne peut atteindre le but que son orgueil s'était proposé, Berthet désespéré veut périr, mais en mourant sa rage veut entraîner une victime dans la tombe qu'il creuse pour lui-même ! »

Après la réplique de M. Massonnet, et le résumé de M. le Président, les jurés entrent en délibération. Quelque temps après ils reparaissent et, à la sombre empreinte qui se fait remarquer sur leurs figures, on présage la terrible sentence de mort. Berthet est déclaré coupable de meurtre volontaire avec préméditation. L'accusé est introduit, et la cour prononce le fatal arrêt, qu'il entend sans la plus légère apparence d'émotion.

Le surlendemain, Berthet a fait appeler dans son

cachot M. le Président des assises pour lui faire des révélations importantes. Là, il lui a remis une déclaration écrite de sa main, dans laquelle il déplore le système de diffamation où le soin de sa défense l'a entraîné aux débats. Il déclare que la jalousie qui le dévorait l'a porté à supposer que Mme Michoud avait été coupable.

Effectivement, il n'avait encore formé aucun recours contre son arrêt; mais depuis lors, il s'est pourvu en cassation et a adressé au roi une demande en grâce.

DÉCLARATION DE BERTHET

L'humble mais honnête réputation de la famille à laquelle j'appartiens m'aurait fait préférer une perpétuité de travaux forcés à l'échafaud. Ce choix n'a pas été en mon pouvoir; la Cour m'a frappé de la peine de mort; mais à l'infamie qui doit être le terme de mes jours malheureux, je ne peux pas ajouter le secret reproche d'avoir diffamé une dame infiniment respectable et que recommande à la société la pratique de toutes les vertus morales. Ici je parle sans espoir d'adoucissement et je déclare que Mme Michoud doit être entièrement disculpée de toutes les fausses imputations dont je l'ai faite l'objet en présence de la Cour et du public assemblé. Mon repentir sincère, mon devoir et ma conscience avec laquelle je veux m'accorder avant de paraître devant Dieu, ont pu seuls m'obliger à rendre un hommage éclatant aux vertus de Mme Michoud. Une passion qui m'a frayé le chemin de l'échafaud, la jalousie, me faisait croire le jeune Jacquin plus heureux que moi ; elle me portait à croire Mme Michoud coupable. Si, rétractant tout ce que j'ai avancé d'injurieux à une si honnête femme, je ne puis entièrement lui rendre l'honneur que lui mérite son innocence, je la prierai au moins d'accepter mes larmes et mon repentir ; je la prierai de pardonner un jeune homme bien sincèrement revenu de son égarement et de ses erreurs, un jeune homme qu'ont égaré une passion et des sentiments qu'elle n'a jamais partagés, un jeune homme qui montera sur l'échafaud avec la douleur de ne pouvoir la louer assez longtemps, de ne pouvoir réparer le scandale qu'il a donné ; avec la douleur de couvrir d'infamie, de déshonorer à jamais une famille pauvre mais honnête, et qui a toujours bien mérité de ses voisins. »

Antoine-Marie Berthet, dans son cachot, est condamné à la peine de mort.

Le jugement a reçu son exécution le 23 février 1828.

(Trouvé dans les papiers
DE MICHEL DUFFLÉARD,
l'un des jurés.) (1) .

(1) Manuscrit de la Bibliothèque de Grenoble.

DEUX ROMANS

[Stendhal n'a écrit que le plan, et quelques passages très courts, de ces deux romans.

Mais les fragments que l'on va lire nous révèlent la méthode de travail de Beyle et nous livrent le jugement qu'il portait sur l'un de ses chefs-d'œuvre : *Le Rouge et le Noir*].

I

A IMAGINATION (1)

L'âme passionnée, le jeune Jean-Jacques s'attache aux prédictions de son imagination, Robert ne fait que ce qu'il voit.

On a souvent pensé à faire un jeune homme mon-

(1) A Imagination = sans imagination, A étant ainsi privatif.

tant vers la fortune à travers les circonstances d'un monde de telle époque, par exemple, le monde de 1811: Cambacérès, le Conseil d'Etat, la Cour des Tuileries, etc.

L'auteur voulait, il y a dix ans, faire un jeune homme tendre et honnête, il l'a fait ambitieux mais encore rempli d'imagination et d'illusion dans Julien Sorel (1).

Il prétend faire Robert absolument sans imagination autre que celle qui sert à inventer des tours pour parvenir à la fortune ; mais il ne s'amuse pas à se figurer la fortune et ses plaisirs. L'expérience lui a déjà appris que ces imaginations-là ne se réalisent point ; *alors comme alors*, dit-il, c'est sa maxime favorite.

En embrassant la plus jolie femme, il ne voit que ce que le plus sec des jockeys ne saurait nier, c'est-à-dire la beauté et la valeur de ses pendants d'oreilles. Ne devant aucune jouissance à son imagination, Robert est fort attentif à la commodité de son fauteuil, à la bonté de son dîner, au confortable de son appartement, etc, etc.

Robert à quatorze ans est un petit coquin complet, quant au cœur. Il vole des bonbons aux étalages des petits marchands avec Carière, son camarade, âgé de seize ans. Celui-ci n'a point d'amitié pour Robert, mais sa vanité espère des jouissances de l'habileté de Robert. L'auteur raconte que Carière est bâtard d'une

(1) Ce plan fut donc écrit vers 1840.

femme de chambre voleuse. Carière est donc honnête, en grande partie par défaut d'esprit ; *on croit en ses promesses*. Voilà comment il est utile à Robert ; Carière s'acquitte bien de tous les détails, il a, en grande partie, le même mérite que Robert : sa lorgnette n'est jamais ternie par le souffle de l'imagination.

Il voit ce qui est dans son intérêt, mais il est pétri de petite vanité. Le comique est fourni par cette faiblesse. Robert aussi n'est pas sans vanité, mais il la nie. Le comique est fourni par Carière.

Bertrand, le cœur le plus simple, exécute les ordres de Robert sans les comprendre.

Pour que le Robert fasse effet, il faut qu'on le voie agir.

Donc il ne faut pas que sa fortune soit faite.

On le verra faire cette fortune.

. . . .

II

UNE POSITION SOCIALE

Septembre 1832 — Juillet 1833.

« *Je lègue ce manuscrit à M. Ab. Constantin* (1),

(1) Peintre en miniatures, dont les travaux les plus importants

mon voisin, avec prière de ne le montrer qu'en 1880. »

Rome, 4 octobre 1832.

Testament.   H. BEYLE.

*
* *

STYLE. — Il faut mettre plus de nombre que dans le *Rouge*, que cela entre davantage dans l'oreille.

*
* *

PLAN. — La duchesse ne veut de Roizard que comme consolateur.

Elle n'avait qu'une peur, c'est qu'il la regardât avec amour.

Plus tard Roizard se dit : c'est de l'amour qu'elle veut tout bonnement, et, parbleu ! je ne l'aimerai pas.

Son étonnement quand il découvre que ce n'est pas de l'amour qu'elle veut.

Suis-je donc trop vieux ? se dit-il. Alors il prend de l'amour.

*
* *

D'abord descriptions des trois caractères ; des caractères sortiront les événements.

(des copies d'après les maîtres) se trouvent au musée de Turin.

Arrêter les caractères bien nettement ; les événements seulement en masse, admettre les détails à mesure qu'ils se présentent (12 décembre 1832). Raison : car l'on ne pense jamais aussi profondément aux détails qu'au moment où l'on écrit le livre. Dans le fait, sans me l'être dit d'avance, c'est ainsi que j'en ai agi pour le *Rouge*.

Au lieu de commencer le livre par la diable de description selon la méthode de Walter Scott, on pourrait débuter par l'analyse suivante du caractère de la duchesse, telle que je l'ai écrite pour moi en septembre 1832. Je trouve ces deux pages fort bonnes le 12 décembre, reprenant ceci après l'avoir oublié complètement pendant les batailles de V [idau].

Après ces deux pages commencer la description de la rue du Palais, et de la soirée ou réception de la duchesse.

DUCHESSE. Mme la duchesse (1) de Vaussay avait plus de trente ans, c'était un être passionné. Elle était emportée par un tempérament de feu à se livrer avec fureur à toutes les jouissances, mais elle avait toujours eu la plus haute idée du *devoir*, même elle n'en avait pas une idée raisonnable, mais elle s'était fait une idée superstitieuse, une idée dont le fond n'avait jamais été examiné, et dont sa facilité d'être émue s'était emparée.

(1) La duchesse paraît être Menta de la *Vie de Henri Brulard*, cette Menta dont on peut lire la si curieuse lettre dans : *Comment a vécu Stendhal*, 1 vol. Dujarric, 1900.

Elle avait eu, disait-on, plusieurs amants, et je le croirais sans peine ; son âme avait de la vie et du mouvement ; mais toujours elle avait été enlevée par les manœuvres habiles de quelque homme habitué à avoir des femmes, ou par la passion aveugle de quelque âme vraiment touchée. Jamais elle n'avait aimé la première, jamais elle n'avait voulu se donner, mais pleine de remords de sa faute, qu'elle ne pouvait envisager de sang-froid, elle croyait pouvoir l'effacer en conjurant le remords par un dévouement parfait à l'homme qui était devenu son maître. Dans sa bonne foi elle se croyait encore liée par un devoir impérieux, quand son esprit ne pouvait lui cacher que l'homme à qui elle gardait tout son cœur déjà en attrapait un autre.

Roizard. *For me*. En un mot Roizard est Dominique idéalisé (1).

Jusqu'à quel point doit aller le ton de familiarité de l'auteur qui raconte le roman ? L'extrême familiarité de Walter Scott et de Fielding prépare bien à le suivre dans ses moments d'enthousiasme. Le ton du *Rouge* n'est-il pas trop romain ?

4 octobre 1832.

(Bibl. de Grenoble)

(1) Colomb, dans sa *Notice* a cité le portrait de Roizard qui est Stendhal lui-même.

DEUX CHAPITRES INÉDITS
DE LA CHARTREUSE DE PARME

A Paul Arbelet.

Dix mois après la publication de la *Chartreuse de Parme*, en 1840, Balzac écrivit pour la *Revue Parisienne* un article resté fameux. Depuis la mort de Beyle (1842), les critiques se sont lentement succédé : Auguste Bussière dans la *Revue des deux Mondes* (1843), Sainte-Beuve en 1854, Hayward dans l'*Edinburgh Review* (1856), Taine dans la *Nouvelle Revue de Paris* (1864), Paul Bourget dans la *Nouvelle Revue* (1880), ont apporté chacun une pierre au monument qui, aujourd'hui, est de construction solide et glorieuse. Beyle avait deviné juste : Je serai lu vers 1880, disait-il.

Mais l'article de Balzac est le plus beau document stendhalien que nous ayons. Il est le premier, et il est peut-être le plus désintéressé.

Nous avons aussi la lettre que, de Civita-Vecchia,

Stendhal écrivit au romancier, lettre-manifeste des plus curieuses, dans laquelle Beyle parle en toute franchise — il n'avait pas besoin de mettre un masque en s'adressant à l'auteur du *Père Goriot*. « J'ai été bien surpris, hier soir, monsieur. Je pense que jamais personne ne fut traité ainsi dans une *Revue*, et par le meilleur juge de la matière. *Vous avez eu pitié d'un orphelin abandonné au milieu de la rue.* Rien de plus facile, monsieur, que de vous écrire une lettre polie, comme nous en savons faire vous et moi. *Mais, comme votre procédé est unique, je veux vous imiter et vous répondre par une lettre sincère.*

« Recevez mes remerciements des conseils encore plus plus que des louanges. »

Les louanges sont, en effet, compensées par d'excellents conseils.

Le côté faible de la *Chartreuse*, dit Balzac, est le style, en tant qu'arrangement de mots, car la pensée éminemment française soutient l'édifice. La phrase longue, ajouta-t-il, est mal construite, la phrase courte est sans rondeur. M. Beyle « écrit à peu près dans le genre de Diderot qui n'était pas écrivain, mais la conception est grande et forte, mais la pensée est originale et souvent bien rendue. Ce système n'est pas à imiter. *Il serait trop dangereux de laisser les auteurs se croire de profonds penseurs* ».

On connaît la réponse de Stendhal : « En composant la *Chartreuse*, pour prendre le ton, je lisais chaque matin deux ou trois pages du Code civil, afin d'être toujours naturel. » Il ne veut pas, par des moyens factices, fasciner l'âme du lecteur. Il déclare cependant qu'il va corriger le style de son roman, mais qu'il sera bien en peine ;

et là-dessus, il s'explique. « Si la *Chartreuse*, dit-il, était traduite en français à la mode, par Mme Sand, son succès serait assuré, mais pour exprimer ce qui se trouve dans les deux volumes actuels, il lui en eût fallu trois ou quatre. Pesez cette excuse. »

A l'égard du fond, Balzac fait des critiques fort justes, qui se résument en cette phrase : « Dans sa manière simple, naïve et sans apprêt de conter, M. Beyle a risqué de paraître confus. *Le mérite qui veut être étudié, court le risque de rester inaperçu.* » Et il souhaite, dans l'intérêt du livre, que l'auteur commence par sa magnifique esquisse de la bataille de Waterloo et, en revanche, développe quelques autres parties.

Et, bravement, Stendhal se met à l'œuvre, il retombe dans les mêmes erreurs, et continue à guerroyer contre la syntaxe, *naturellement*.

J'ai eu la joie de découvrir dans les soixante-dix volumes des manuscrits stendhaliens de Grenoble deux chapitres inédits de la *Nouvelle Chartreuse*, enfouis et perdus en cet océan.

La lettre à Balzac est du 30 octobre 1840 ; et ces fragments sont : l'un du 6 novembre 1840, et l'autre du mois de décembre de la même année. Il n'y a donc aucun doute, Beyle tenait la promesse qu'il avait faite d'ajouter quelques épisodes à son roman.

I

LE COMTE ZORAFI, JOURNAL DU PRINCE DE PARME

« Le comte Zurla (1), ministre de l'Intérieur, mena chez Mme Sanseverina le comte Zorafi, c'était le journal de Parme.

« Dans les réunions où il se trouvait, ce silence, souvent pénible dans les réunions officielles, ne pouvait s'introduire, et, dans un pays qui a une police terrible et une prison d'Etat dont on aperçoit la tour haute de cent quatre-vingts pieds au bout de chaque rue, toutes les réunions de plus de deux personnes peuvent passer pour officielles.

« Ce qu'on peut dire à la louange de Zorafi, c'est qu'il n'était pas plus espion qu'un autre seigneur de

(1) Conversation du comte Mosca avec la duchesse Sanseverina, après la visite de cette dernière à Ernest IV, prince de Parme : « J'ai fait donner ce portefeuille au comte Zurla-Contarini, un imbécile, bourreau de travail, qui se donne le plaisir d'écrire quatre-vingts lettres chaque jour. Je viens d'en recevoir une ce matin sur laquelle le comte Zurla-Contarini a eu la satisfaction d'écrire de sa propre main le numéro 20,715. »

(*Chartreuse*, chapitre VI).

la cour ; c'est qu'au fond il était ridicule, mais nullement méchant. Tout autre seigneur de la cour n'eût pas vu, impunément pour ses amis, tous les jours, le souverain. Zorafi se croyait ministre et avait peur du comte Mosca. Et toutefois il était obligé, dix fois par mois peut-être, d'en dire du mal. Lorsque le comte (Mosca) avait eu un succès marqué dans une affaire, il était assuré d'être blâmé le lendemain par le journal du prince.

« Le comte Zorafi était un homme d'esprit qui ne pouvait pas souffrir d'avoir cinquante napoléons dans son bureau. Dès qu'il se voyait cette somme ou même une beaucoup moins importante, il songeait à la dépenser. Par exemple, le jour où nous lui ferons l'honneur de le présenter au lecteur, il viendra d'acheter pour quarante-cinq napoléons un lustre anglais magnifique. L'acquisition faite, ne sachant où le placer et s'en souciant déjà moins, il avait prié Prinote, le fameux marchand bijoutier, de le garder dans son magasin.

« Ce comte avait passé sa jeunesse à faire des sonnets en style emphatique et dont le public de Lombardie avait été fou au point de les comparer aux sonnets de Monti. Maintenant, à propos de je ne sais quoi, quelqu'un avait hasardé en public que ce style tellement emphatique était emphatique avec le caractère simple de Napoléon ; il n'avait fallu que ce mot pour faire tomber dans le mépris les sonnets de Zorafi.

« Et, chose étonnante ! Zorafi qui avait exactement le caractère d'un enfant vaniteux n'avait point montré de chagrin. De plus, ce qui était plus sérieux que la chute de ses sonnets, il avait à peine huit à dix mille livres de rente et il en dépensait vingt-cinq.

« Malgré ces 25,000 livres, il avait souvent des dettes, et ces dettes étaient payées tous les ans par une main inconnue.

« Qu'était donc Zorafi ? Il était le *Journal du Prince*.

« Il était comte comme tout le monde l'est en Italie, mais de plus il avait joui du premier renom littéraire pendant au moins dix ans. Zorafi n'était nullement méchant, ou du moins n'avait que la colère d'un enfant. Il avait le plus bel accent siennois et parlait comme un ange. Les phrases coulaient avec une facilité parfaite, il parlait de tout avec grâce, en un mot rien ne lui eût manqué si de temps en temps il eût joui de quelque idée à placer dans ses phrases.

« Depuis peu, le prince avait donné une voiture à Zorafi, mais c'était sous la condition de faire au moins vingt-cinq visites en un jour.

— Il ne me convient pas encore d'imprimer un journal, lui avait dit le prince en lui faisant cadeau de la voiture attelée et ornée d'un cocher et d'un laquais. Un journal fait par un homme de votre espèce aurait une foule d'abonnés, eh bien ! ayez une foule d'amis et dites-leur avec l'esprit qui vous distingue les articles que vous imprimeriez, si vous aviez le privilège du journal. Un jour vous l'aurez ce journal, et il vous rendra 50,000 livres de rente. Car je vous donnerai beaucoup de liberté, vous parlerez des mesures adoptées par mon gouvernement.

« Dès qu'on eût remarqué cette manie de Zorafi, on l'écouta dans le monde comme ailleurs on lit le *Journal officiel*. »

Où ce portrait aurait-il trouvé sa place ? Sans doute au chapitre VI, au milieu des premières notes sur la cour de Parme, quand il est question de la crise ministérielle et que Mosca parle de l'apparition d'un journal ultra-monarchique. Balzac, dans son article, insiste sur la perfection des *portraits* de Stendhal. Le rôle du prince, dit-il, est tracé de main de maître, et c'est *le Prince*. On le conçoit admirablement comme homme et comme souverain...... La critique ne peut rien reprocher au plus grand comme au plus petit personnage de la *Chartreuse* ; ils sont tous ce qu'ils doivent être. Là est la vie et surtout la vie des cours, non pas dessinée en caricature comme Hoffmann a tenté de le faire, mais sérieusement et malicieusement.

On voit que le portrait du comte Zorafi n'aurait pas déparé la collection et aurait trouvé grâce devant Balzac. Nous y relevons un trait charmant qui n'est pas nouveau chez Stendhal, mais qui est renouvelé : « il parlait de tout avec grâce... rien ne lui eût manqué si de temps en temps il eût joui de quelque idée à placer dans ses phrases ». C'est là un thème favori de Beyle, sur lequel il a brodé de bien jolies variations, et le comte Zorafi rappelle plus d'un des personnages importants qui s'agitent autour du Marquis de la Môle ou dans la petite ville de Verrières.

Stendhal écrivait à Balzac : « Je vais faire paraître, au foyer de l'opéra, Rassi et Riscara, envoyés à Paris comme espions, après Waterloo, par Ranuce Ernest IV.

« Fabrice, *revenant d'Amiens*, remarquera leur regard italien et leur *milanais serré*, que ces observateurs ne croient compris de personne. »

Nous n'avons pas le récit du séjour des espions à Paris, mais Stendhal a esquissé un épisode bien amusant du passage de Fabrice del Dongo à Amiens.

Ici reportons-nous au début du chapitre v de la *Chartreuse*, à ce court passage : « Pendant les quinze jours que Fabrice passa dans l'auberge d'Amiens, *tenue par une famille complimenteuse et avide*, les alliés envahissaient la France. » L'épisode en question paraît être le développement de la phrase que j'ai soulignée.

Ce second fragment est intitulé :

II

L'AVANT-SCÈNE RACONTÉE PAR BIRAGUE DANS LA SOCIÉTÉ DE Mme LE BARON A AMIENS, SIX SEMAINES APRÈS WATERLOO.

« Fabrice, bien reçu dans cette maison qui lui semblait fort agréable, cherchait à ne jamais parler de la bataille puisque les souvenirs de ce genre attristaient le colonel ; mais comme il pensait sans cesse aux détails dont il avait été témoin, il y revenait quelquefois ; alors le colonel plaçait le doigt sur sa bouche en souriant et parlait d'autre chose. En revanche, Fabrice avait soin de ne jamais rien dire qui pût faire deviner par quelle suite de hasards il avait été emmené dans les environs de Waterloo. Les dames surtout le mettaient sans cesse dans la nécessité de trouver des réponses polies et qui ne leur apprissent rien sur ce qu'elles désiraient savoir. A chaque instant, par des phrases qui trahissaient l'intérêt le plus vif, elles le mettaient comme dans la nécessité de leur apprendre quelque chose ; mais il se tirait bien de la gageure et les dames ne savaient absolument rien, sinon qu'il s'appelait Vasi (1), et encore avaient-elles de fortes raisons de croire que ce nom était supposé.

« Le Colonel Le Baron (2), sa femme et les dames de leur société étaient donc dévorés de curiosité, les

(1) « Boulot avait été le nom du propriétaire de la feuille de route que la geôlière de R... lui avait remise... Outre la feuille de route du hussard Boulot, il conservait précieusement le passeport italien d'après lequel il pouvait prétendre au double nom de Vasi, marchand de baromètres. Quand le caporal lui avait reproché d'être fier, il avait été sur le point de répondre : moi fier ! moi Fabrice Valserra, *Marchesino* del Dongo qui consens à porter le nom d'un Vasi, marchand de baromètres !!! » *Chartreuse*, chapitre iv.

(2) *Ibid.*

aventures de ce jeune homme devaient être bien extraordinaires.

« Tout ce que je puis vous certifier, leur répétait le colonel, c'est qu'il est doué du plus vrai courage, le plus simple, le plus naïf pour ainsi dire. Quand j'ai eu la gaucherie de le mettre en vedette au bout du pont de la *Sainte* (1) et qu'il s'est battu un contre dix, je parierais qu'il tirait du sabre pour la première fois.

— Et son passe-port que vous êtes allé vérifier à la municipalité porte bien : Vasi, marchand de baromètres, portant sa marchandise ?...

« Ces dames, ce jour-là, lui firent mille questions affectées sur les baromètres, il s'en tira en riant et fort bien ; on le consulta sur l'état du baromètre de la maison qu'on lui mit entre les mains, il se rappela le ton qu'en pareille circonstance aurait pris le comte Pietranera, et, autorisé par les plaisanteries qu'on lui disait, répondit sur le ton de la galanterie la plus vive. Sa figure était si modeste et ce ton faisait un contraste si singulier avec ses façons ordinaires qu'il ne fut point mal reçu, les dames riaient aux éclats. Le soir même le colonel leur dit :

— Le hasard vient de me donner un moyen de trouver la position de notre jeune homme ; vous connaissez cette figure de déterré qui lui est arrivée d'Italie, cet homme est avocat et s'appelle Birague, mais de

(1) *Chartreuse*, chapitre IV.

plus, il meurt de peur ; il parle mal français, mais j'espère que son baragouin pourra ne pas vous déplaire, car il est tellement poussé par la peur que chacune de ses phrases dit quelque chose. Ce matin, cet avocat qui, depuis quelques jours, me suivait toujours de l'œil au café, a enfin trouvé un prétexte pour, comme il dit, me présenter ses respects ; j'ai sur-le-champ pensé que peut-être vous daigneriez ne pas être rebutées par son langage qui du reste ressemble beaucoup à celui de votre jeune favori ; en conséquence, j'ai engagé cette figure étrange à prendre le thé ce soir avec nous, et, si vous m'y autorisez, je vais envoyer Beloir le prendre au café.

« Dix minutes après, le dragon Beloir annonça dans le salon : M. Birague, avocat.

« La conversation ne dura pas moins de deux heures, les dames comblaient d'attentions et de prévenances le pauvre avocat qui se mettait en quatre pour leur plaire, mais ce fut en vain qu'elles cherchèrent à tirer de lui quelque chose de relatif à Fabrice ; elles étaient impatientées de sa discrétion, qui ne manquait pas de formes polies, lorsque le colonel s'écria :

— Il faut convenir, mon cher avocat, que vous êtes un homme bien brave, comment avez-vous osé pénétrer en France dans les circonstances présentes ? On veut bien m'accorder dans l'armée quelque réputation de bravoure, mais je veux bien vous avouer qu'à votre place (et je vous le dirai franchement, parlant un français aussi différent de celui que parle le naturel du pays), jamais je ne me serais hasardé à pénétrer dans un pays aussi agité. Enfin je vois que vous avez fait la conquête de ces dames, vous avez enfin un air de sincérité qui me plaît et je veux bien vous accorder ma protection. L'oncle de Madame est maire d'Amiens ; je dois vous avouer que puisque vous n'êtes pas recommandé par quelque ambassadeur, votre sort est entre ses mains. M. le Maire Leborgne a un caractère féroce, jamais il ne voudra croire que vous êtes venu à Amiens pour votre santé, etc., etc.

« Les dames saisirent fort bien l'indication donnée par le colonel ; elles mirent tous leurs soins à donner à l'avocat milanais une haute idée du caractère cruel du bon M. Leborgne, maire d'Amiens. Birague était plus pâle que son linge, que la cravate blanche et l'énorme chapeau qu'il avait arborés ce soir-là pour être présenté à des dames ; mais il se voyait si bien traité qu'enfin sur les onze heures il se hasarda à demander au colonel s'il avait des chevaux. Le colonel lui demanda si, à l'heure qu'il était, il voulait faire une promenade, qu'il n'avait que deux chevaux, qui même étaient deux rosses, mais qu'il les offrait de bon cœur.

— Je me garderais bien de sortir de la porte à l'heure qu'il est et de m'exposer à me voir faire des questions par les agents de la police, mais je trouve une humanité si respectable dans votre cœur et dans celui de ces bonnes dames que j'ose vous faire une demande; permettez-moi de passer la nuit dans le magasin à foin de vos chevaux : comme c'est une idée qui me vient à l'instant, le terrible maire Leborgne ne saurait en être instruit et je passerais du moins une nuit tranquille. Je loge avec son Excellence, M. Vasi, mais il a eu l'imprudence, à la vérité bien avant mon arrivée, de ne plus vouloir recevoir la famille Duprez qui est très piquée et qui, je n'en doute pas, aimerait à se venger. Je n'ai point caché mon sentiment là-dessus à M. Vasi, j'ai osé lui dire que cette démarche fut imprudente de sa part; mais votre expérience, monsieur le colonel, a dû vous apprendre quelle est l'imprudence de la jeunesse. M. Vasi m'a répondu qu'il eût été asphyxié par l'ennui, s'il eût continué à se revoir les soirs dans la famille Duprez.

« Dans l'état actuel des choses, les Duprez qui, sans doute, désirent se venger, n'oseront pas s'attaquer à un homme tel que M. Vasi, mais ils s'en prendront à un pauvre diable comme moi, etc., etc.

« Le colonel finit par donner à M. Birague une lettre de recommandation adressée à M. le Maire d'Amiens et dans laquelle il déclarait qu'il répondait corps pour corps de M. Birague, honnête avocat de Milan, et qu'il avait connu lorsqu'il était en garnison dans cette ville.

— Portez toujours cette lettre sur vous avant de rentrer au *Grand Monarque*, et brûlez tous les papiers manuscrits ou imprimés que vous pouvez avoir dans votre chambre; passez une nuit tranquille, mais vous voyez que je réponds de vous, venez demain et racontez-moi toute votre histoire afin que, si le Maire m'interroge avec sévérité, je puisse faire semblant de vous connaître depuis longtemps; ne dites rien à M. Vasi de tout ce que je veux bien pour vous.

« On peut juger si cette soirée fut amusante pour ces dames, mais elles craignirent d'avoir fait trop de peur à M. Birague.

— Il est évident que la figure de cet homme était incroyable, disait Mme Le Baron.

— Mais, répondait une de ses amies, il est de plus en plus probable que notre jeune protégé Vasi est un homme de conséquence dans son pays.

« Le colonel eut besoin de manœuvrer pendant huit jours; M. Birague parlait tant qu'on voulait de ce qui lui était personnel, mais il était impénétrable sur ce qui avait rapport à Fabrice. Mme Le Baron et ses amies lui donnèrent à déjeuner un jour que le colonel était absent et elles se jouèrent avec tant de cruauté de la peur de M. Birague que celui-ci finit par leur dire en pleurant :

— Eh bien ! je vois que vous êtes de braves dames, je vois que vous ne voudriez pas me perdre, vous avez un crédit immense sur M. le maire d'Amiens, donnez-moi votre parole de m'obtenir un passe-port pour l'Angleterre signé par M. le Maire et je pourrai du moins me réfugier à Londres en cas de danger ; mon père m'a ordonné de passer par Londres afin de pouvoir rentrer à Milan sans craindre le baron Binder, chef de la police du pays ; c'est un homme du genre de votre Maire, il n'est pas facile de sortir de ses prisons, une fois qu'on y est entré.

— Eh bien, s'écria M{mo} Le Baron, si vous êtes sincère avec nous, je vous donne ma parole que demain vous aurez le passeport pour Londres; nous ne voulons pas de mal à M. Vasi, bien loin de là, voilà Madame, dit-elle en montrant la plus jeune de ses amies, qui a pour lui un tendre sentiment.

« Birague fut un peu étonné de l'éclat de rire qui suivit cet aveu ; il eut assez de peine à répondre avec quelque clarté aux cent questions dont il fut accablé à la fois.

« Ces dames savaient déjà que Vasi était un nom supposé, que Fabrice del Dongo était le second fils du marquis del Dongo, second grand-majordome, major du royaume lombardo-vénitien, l'un des plus grands seigneurs du pays, dont son père, à lui, Birague, était intendant. A l'annonce du débarquement de Napoléon au golfe de Granti, en juin, malgré l'alarme de sa tante et de sa mère, Fabrice s'était enfui du magnifique château de son père situé à Grianta, sur le lac de Côme, à six lieues de la Suisse.

« Birague en était là de sa relation, lorsque le colonel rentra ; on lui répéta ce que Birague avait déjà dit ; comme son régiment avait été longtemps en garnison à Lodi, à quelques lieues de cette ville, il connaissait tous les personnages de la cour du prince Eugène.

— Quoi, s'écria-t-il, cette comtesse Gina Pietranera dont vous parlez à ces dames comme de la tante de Fabrice, c'est cette fameuse comtesse Pietranera, la plus jolie femme de Milan du temps du vice-roi et qui faisait la pluie et le beau temps à la cour ?

— C'est elle précisément, mon colonel.

— Et quel âge peut-elle avoir maintenant ?

— Vingt-sept ou vingt-huit ans ; elle est plus belle que jamais, mais elle est tout à fait ruinée, son mari a été assassiné dans un prétendu duel, et la comtesse a été outrée de ne pouvoir venger sa mort : le général était à la chasse dans la montagne de Bergame avec des officiers du parti ultra ; lui, comme vous savez, quoique appartenant à une famille d'antique noblesse, avait toujours servi dans les troupes de la République cisalpine ; il y eut un déjeuner pendant cette chasse, un des officiers ultra se permit de plaisanter sur la bravoure des troupes cisalpines ; le général lui donna un soufflet, le déjeuner fut interrompu ; comme on n'avait d'autres armes que des fusils, on se battit au fusil, le pauvre général tomba raide mort, percé de deux balles ; mais la rumeur exacte de ce duel fut si grande à Milan que tous les officiers qui y avaient été présents, furent obligés d'aller voyager en Suisse (1). Le chi-

(1) Nous trouvons ici le développement de ce passage laco-

rurgien du pays qui avait fait la levée du corps du général constata que la balle qui lui avait donné la mort était entrée par le dos. Cette déclaration du chirurgien arriva à M. le baron Binder, directeur général de la police, la comtesse Pietranera en eut aussitôt connaissance, car elle peut tout ce qu'elle veut à Milan ; elle a pour amis et serviteurs tous les gens considérables du pays. Vingt-quatre heures après, il arriva une seconde déclaration du chirurgien de campagne des environs de Bergame; elle était contraire à la première et déclarait que la balle qui avait donné la mort était entrée par l'estomac et que la seconde balle qui avait traversé la cuisse était aussi entrée par devant ; mais on prétendit que ce chirurgien avait reçu beaucoup d'argent. Dans la nuit même qui suivit l'arrivée de cette seconde déclaration, les officiers qui avaient assisté au duel partirent pour la Suisse, l'enterrement avait lieu le lendemain, ils craignaient d'être écharpés par le peuple et ce qu'il y eut de plus remarquable, le chirurgien partit aussi pour la Suisse et il y est encore. Jamais il n'a osé reparaître dans son

---

nique de la *Chartreuse* : « Un jour qu'il (le comte Pietranera) était à la chasse avec des jeunes gens, l'un d'eux, qui avait servi sous d'autres drapeaux que lui, se mit à faire des plaisanteries sur la bravoure des soldats de la République cisalpine ; le comte lui donna un soufflet, l'on se battit aussitôt, et le comte, qui était seul de son bord au milieu de tous ces jeunes, fut tué. » Chapitre II.

pays ; les Bergamesques ont juré de l'exterminer et l'on ne plaisante pas dans ce pays. Ce fut alors qu'il y eut la fameuse brouille de Mme Pietranera avec son ami Limercati (1).

— Quoi, est-ce ce fameux Limercati qui, en 1811, avait sept chevaux anglais si beaux ?

— Sans doute, Ludovic Limercati, il avait quarante chevaux dans ses écuries, il a plus de deux cent mille livres de rente ; c'est mon cousin Hercule qui est son intendant ; mais voyez le mauvais parent, jamais il n'a voulu me faire employer comme avocat de la riche maison Limercati.

— C'est effroyable, affreux, s'écria Mme Le Baron, mais vous avez parlé d'une lettre qui, je vous l'avoue, excite fort ma convoitise... »

---

(1) C'est à Limercati que la comtesse écrit ce billet si fort admiré par Balzac : « Voulez-vous agir une fois en homme d'esprit? Figurez-vous que vous ne m'avez jamais connue. Je suis, avec un peu de mépris, votre servante. GINA PIETRANERA. » (Chapitre II.)

Limercati refuse de venger le mari de la Gina — la comtesse alors redouble d'attention pour lui, elle veut réveiller son amour et ensuite le « planter là » et le mettre au désespoir. Le moment venu, elle lui écrit ce billet que l'on trouverait stupide à Paris, mais qui est magnifique au delà des Alpes (BALZAC).

III

Le manuscrit s'arrête là. Stendhal, en 1840, était absorbé par d'autres travaux — il avait le projet de continuer la série des *Nouvelles Italiennes* dont il avait déjà publié une partie l'année précédente — *L'Abbesse de Castro*, entre autres.

Il n'en fit pas moins preuve de bonne volonté.

L'exemple est rare de ces générosités entre écrivains — car il ne s'agit pas ici de camaraderie. Une phrase de Balzac nous le prouve : « J'avais rencontré deux fois M. Beyle dans le monde en douze ans, jusqu'au moment où j'ai pris la liberté de le complimenter sur la *Chartreuse de Parme*, en le trouvant sur le boulevard des Italiens. »

Et ce qui est encore plus rare, c'est de voir un homme, qui approche de la soixantaine et qui a déjà publié trois ou quatre beaux livres, remettre un de ces chefs-d'œuvre sur le métier et s'efforcer d'écouter un conseil comme celui-ci : « M. de Chateaubriand disait en tête de la onzième édition d'*Atala*, que son livre ne ressemblait en rien aux éditions précédentes, tant il l'avait corrigé. M. le comte de Maistre avoue avoir écrit dix-sept fois le *Lépreux de la Cité d'Aoste*. Je souhaite que M. Beyle soit mis à même de retravailler, de polir la *Chartreuse de Parme*, et de lui imprimer le caractère de perfection, le cachet d'irréprochable beauté que MM. de Chateaubriand et de Maistre ont donné à leurs livres chéris. »

Stendhal dut tout de même sourire à ce nom de Chateaubriand, lui qui, à dix-sept ans, lorsqu'il était dragon en Italie, faillit se battre en duel parce qu'il ne voulait pas comprendre la beauté de *la cime indéterminée des forêts*, du récit des chasseurs dans *Atala !*

C. S.

6

LA CERTOSA DI PARMA

A Maurice Barrès.

Cette charmante cité de Parme, d'aspect si paisible et si doux, est toute corrégienne ; c'est bien la patrie de l'artiste que Stendhal admirait avec tant de sincérité et d'émotion. Le Corrège résume la grâce, la beauté, l'amour, et le créateur de Clelia Conti et de la Sanseverina s'en est souvenu en choisissant Parme, comme cadre de son livre, entre tant d'autres villes italiennes qu'il connaissait beaucoup mieux.

Je reviens de Parme, *vengo adesso da Parma*, comme aurait dit Beyle, et j'ai constaté, sans surprise du reste, que l'auteur de la *Chartreuse* avait passé, en simple touriste, dans cette ville. Il s'est permis une double transposition dans son roman : il a inventé le théâtre de l'action et il a fait, au xixe siècle, le tableau d'une cour du xvIII^e siècle. Ce n'était pas à Parme, où régnait alors Marie-Louise, en excellente ménagère, ni en 1815, malgré Waterloo, que vivaient Clelia Conti, Fabrice et la délicieuse Sanseverina. C'est en Italie, un peu partout, à Rome, à Naples, à Florence, à Milan, et dans tous les temps, que ces personnages avaient existé. De même qu'il a inventé Verrières dans le *Rouge et le Noir*, il a inventé Parme dans la *Chartreuse*. Il a *situé* son roman un peu au hasard, sans s'inquiéter de la vérité des descriptions ; il s'est contenté de créer des êtres éternellement vrais et immuablement italiens.

Où trouver, par exemple, cette église de la Visitation qui entendit les sermons étranges de Fabrice et réunit les jolies mondaines du duché ? Aucune des nombreuses églises ne porte ce nom. Ce n'est pas non plus dans dans les bois voisins du Pô, à deux lieues de Sacca, qu'est située la Chartreuse, mais à trois quarts d'heure de Parme, non loin de la Voie Emilienne, et de l'arc de triomphe Aldobrandini, au milieu de prairies et de vergers fertiles. Il y a cinquante ans, ce couvent était devenu une manufacture de tabacs, aujourd'hui il a été converti en une maison de correction. Il n'offre rien de bien remarquable, quoique datant du xIII^e siècle, car il a été maintes fois remanié, et son église a été reconstruite en 1673, d'après les dessins de Francesco Pescaroli, architecte de Crémone. Néanmoins cette chapelle, avec sa coupole et ses pilastres couverts de fresques claires, se trouve être bien d'accord avec l'état d'âme de Fabrice qui, dans son recueillement tardif, ne devait pas être insensible à l'élégance du lieu où il venait prier.

Au milieu des statues de Garibaldi et de Victor Emmanuel qui encombrent Parme comme toutes les villes d'Italie, on éprouve pourtant un plaisir indicible à respirer l'air que respiraient les héros de Stendhal, et à se promener dans ces rues provinciales avec leurs petits pavés pointus, vieux de plusieurs siècles. On vous montrerait le palais Crescenzi ou l'hôtel de la Sanseverina que l'on en serait à peine étonné. La réalité et le rêve finissent par se confondre et il se produit une illusion tout à fait curieuse. A Venise ne voit-on pas la maison de Desdemone et à Vérone, le tombeau de Juliette? Le peuple a imaginé ces sanctuaires postiches, mais en est-il besoin pour que vous hantent les souvenirs de Shakespeare dans ces deux villes où, à travers les conteurs, s'est transporté le génie du poète anglais? Byron a mélodieusement exprimé le charme littéraire qui dépasse de beaucoup le charme historique de la cité veuve de ses doges. « Shylock et le More, dit-il, ne peuvent subir les atteintes de la destruction, ce sont les clefs de voûte de l'arche, et tout disparaîtrait-il que, pour nous, serait repeuplé le rivage solitaire. »

Parme restera aussi la ville stendhalienne par excellence. Le souvenir de Beyle vit toujours chez les Parmesans qui, presque tous, ont dans leur bibliothèque au moins un volume de ses œuvres — il n'est pas toujours coupé, ils l'avouent ingénument, mais ils l'ont. N'est-ce pas là quand même un témoignage de reconnaissance passive envers cet écrivain qui est pour quelque chose dans le prestige de Parme ?

Pour ceux qui ont lu la *Chartreuse*, la petite ville a tout l'attrait d'une vieille amie, elle est familière, elle est *simpatica*. On n'y reconnaît presque rien de ce que Stendhal en a dit, mais qu'importe ? des fantômes charmants errent de tous côtés, et l'on peuple à sa guise ces maisons, ces places, ces parcs.

N'y voit-on pas la spirituelle Sanseverina se promener dans ce royal *giardino publico* qui ressemble aux jardins de Trianon ? Elle s'est assise sur cette terrasse d'où l'on découvre une longue étendue de plaine monotone, bordée au loin par une ligne bleue de montagnes ; elle a rêvé au bord de la *Parma*, ce torrent pittoresque traversé par le *Ponte Verde* à l'antique porte crénelée ; elle a fait un pèlerinage à ce couvent de San Paolo où Jeanne de Plaisance fit peindre, au milieu de pampres fleuris, ces petits amours, les célèbres *Putti del Correggio*, joyeux de leur innocente nudité ; elle a regardé longuement la Madone de saint Jérôme, s'arrêtant à contempler la joliesse de la Vierge, l'attitude exquise de la Madeleine aux yeux caressants et rêveurs, les enfants mignons et gracieux qui animent ce chef-d'œuvre incomparable.

Et quand vient le soir et que tinte la cloche argentine

de la Steccata, peut-on se défendre de penser aux rendez-vous de Fabrice et de la marquise Crescenzi? Où est la petite porte de la rue Saint-Paul? N'entend-on pas la voix bien connue murmurer :

— Entre ici, ami de mon cœur.

C. S.

Octobre 1902,

SUORA SCOLASTICA

Préface (1).

A Naples, où je me trouvais en 1824, j'entendis parler, dans le monde, de l'histoire de Suora Scolastica et du chanoine Cybo. Curieux comme je l'étais, on peut penser si je fis des questions. Mais personne ne voulut me répondre un peu clairement ; on avait peur de se compromettre. A Naples, jamais on ne parle un peu clairement politique. En voici la raison :

Une famille napolitaine, composée par exemple de trois fils, d'une fille, du père et de la mère, appartient à trois partis différents qui, à Naples, prennent le nom

(1) Cette préface est datée du 21 mars 1842. On sait que Stendhal fut frappé d'une attaque d'apoplexie le 22 mars 1842, et mourut le lendemain. La préface de *Suora Scolastica* est donc, vraisemblablement, le dernier morceau littéraire qu'il ait écrit. Ce manuscrit se trouve à la Bibliothèque de Grenoble.

de conspirateurs. Ainsi la fille est du parti de son amant ; chacun des fils appartient à une conspiration différente ; le père et la mère parlent, en soupirant, de la Cour qui régnait lorsqu'ils avaient vingt ans. Il suit de cet isolement des individus que jamais on ne parle sérieusement politique. A la moindre assertion un peu tranchée et sortant du lieu commun, vous voyez, autour de vous, deux ou trois figures pâlir.

Mes questions sur ce conte au nom baroque n'ayant aucun succès dans le monde, je crus que l'histoire de Suora Scolastica rappelait quelque histoire horrible, de l'an 1820 par exemple.

Une veuve de quarante ans, rien moins que belle, mais fort bonne femme, me louait la moitié de sa petite maison située dans une ruelle, à cent pas du charmant jardin de Chiaja, au pied de la montagne que couronne, en cet endroit-là, la villa de la princesse Florida, femme du vieux roi. C'est peut-être le seul quartier de Naples un peu tranquille. Ma veuve avait un vieux galant auquel je fis la cour toute une semaine. Un jour que nous courions la ville ensemble, et qu'il me montrait les endroits où les lazzaroni s'étaient battus contre les troupes du général Championnet et le carrefour où ils avaient brûlé vif le duc de..., je lui demandai brusquement, et d'un air simple, pourquoi on faisait un tel mystère de l'histoire de la Suora Scolastica et du chanoine Cybo.

Il me répondit fort tranquillement : « Les titres de

duc et de prince que portaient les personnages de cette histoire sont portés, de nos jours, par leurs descendants qui, peut-être, se fâcheraient de voir leurs noms mêlés à une histoire aussi tragique et aussi triste pour tout le monde. — L'affaire ne s'est donc pas passée en 1820 ? — Que dites-vous, 1820 ? me dit mon Napolitain, riant aux éclats de cette date récente. Que dites-vous, 1820 ? » répéta-t-il avec cette vivacité peu polie de l'Italien qui choque si fort le Français de Paris.

« Si vous voulez avoir le sens commun, continua-t-il, dites 1745, l'année qui suivit la bataille de Velletri et confirma à notre grand don Carlos la possession de Naples. Dans ce pays-ci, on l'appelait Charles VII, et plus tard, en Espagne où il a fait de si grandes choses, on l'a appelé Charles III. C'est lui qui a apporté le grand nez des Farnèse dans notre famille royale.

« On n'aimerait pas, aujourd'hui, à nommer de son vrai nom l'archevêque qui faisait trembler tout le monde à Naples, lorsqu'il fut consterné, à son tour, par le nom fatal de Velletri. Les Allemands campés sur la montagne autour de Velletri, tentèrent de surprendre, dans le palais Grinetti qu'il habitait, notre grand don Carlos.

« C'est un moine qui passa pour avoir écrit l'anecdote dont vous parlez. La jeune religieuse, qu'il a désignée par le nom de Suora Scolastica, appartenait à la famille du duc de Bissignano. Le même écrivain fait preuve d'une haine passionnée pour l'archevêque d'alors, grand politique qui fit agir dans toute cette affaire le chanoine Cybo. Peut-être ce moine était-il un protégé du jeune don Genarino, des marquis de las Flores, qui passe pour avoir disputé le cœur de Rosalinde à don Carlos lui-même, roi fort galant, et au vieux duc Vargas del Prado, qui passe pour avoir été le seigneur le plus riche de son temps. Il y avait, sans doute, dans l'histoire de cette catastrophe, des choses qui pouvaient profondément offenser quelque personnage encore puissant en 1750, époque où l'on croit que le moine écrivit, car il se garde bien de conter net; son verbiage est étonnant; il s'exprime toujours par des maximes générales, sans doute d'une moralité parfaite, mais qui n'apprennent rien. Souvent il faut fermer le manuscrit pour réfléchir à ce que le bon père a voulu dire. Par exemple, lorsqu'il arrive à la mort de don Genarino, à peine comprend-on ce qu'il a voulu faire entendre.

« Je pourrai peut-être, d'ici à quelques jours, vous faire prêter ce manuscrit, car il est si impatientant, que je ne vous conseillerais pas de l'acheter. Il y a deux ans que, dans l'étude du notaire B..., on ne le vendait pas moins de quatre ducats. »

Huit jours après, je possédais ce manuscrit; à chaque instant l'auteur recommence en d'autres termes le récit qu'il vient d'achever : d'abord le malheureux lecteur s'imagine qu'il s'agit d'un nouveau fait. La confusion finit par être si grande que l'on ne se figure plus de quoi il est question.

Il faut savoir qu'en 1842, un Milanais, un Napolitain qui, dans toute leur vie, n'ont peut-être pas prononcé cent paroles de suite en langue florentine, trouvent beau, quand ils impriment, de se servir de cette langue étrangère. L'excellent général Colletta, le plus grand historien de ce siècle, avait un peu cette manie, qui souvent arrête son lecteur. Le terrible manuscrit, intitulé *Suora Scolastica*, n'avait pas moins de 310 pages. Je me souviens que j'en récrivis certaines pages pour être sûr du sens que j'adoptais.

Une fois que je sus bien cette anecdote, je me gardai de faire des questions directes. Après avoir prouvé, par un long bavardage, que j'avais connaissance d'un fait, je demandai quelques éclaircissements de l'air le plus indifférent. A quelque temps de là, l'un des grands personnages qui, deux mois auparavant, avait refusé de répondre à mes questions, me procura un petit manuscrit de 60 pages, qui n'entre pas dans le fil de la narration, mais donne des détails pittoresques sur certains faits. Ce manuscrit fournit des détails vrais sur la jalousie forcenée.

Par les paroles de son aumônier qu'avait séduit l'archevêque, la princesse doña Ferdinanda de Bissignano apprit, à la fois, que ce n'était pas d'elle qu'était amoureux le jeune don Genarino, que c'était sa belle-fille Rosalinda qu'il aimait.

Elle se vengea de sa rivale qu'elle croyait aimée du roi don Carlos, en inspirant une jalousie atroce à don Genarino de las Flores.

SUORA SCOLASTICA (1)

HISTOIRE QUI ÉMUT TOUT NAPLES EN 1740

En 1740, régnait à Naples Don Carlos. Il était fils d'une Farnèse (2), princesse de Parme qui, voulant qu'il eût une couronne quoique cadet, le lança de bonne heure en Italie avec une armée. Il gagna la bataille de Velletri après avoir commencé le matin par être surpris dans sa chambre par une compagnie d'Autrichiens. Le duc Vargas del Prado, un des Seigneurs Espagnols que la reine Farnèse avait placés auprès de Don Carlos, lui sauva la vie ou du moins la liberté, en le pous-

(1) *Cette nouvelle devait faire partie des* CHRONIQUES ITALIENNES, *publiées par Beyle de 1830 à 1839. — Le fragment que voici est tout ce qui nous est parvenu de cette histoire, don Stendhal parle dans une lettre (16 mars 1837) à la comtesse de Tracy.*

(2) Elisabeth Farnèse, voir sur elle et sur Don Carlos, notre ouvrage : *Le gendre de Louis XIV*, 1 vol. in-8, Calmann Lévy, 1904.

sant par les pieds pour qu'il pût atteindre la fenêtre assez élevée de la chambre où il avait couché.

Don Carlos avait un nez immense et ne manquait point d'esprit ; une fois installé à Naples sous le nom de Charles III, il réunit une cour brillante. Il entreprit de s'attacher ses nouveaux sujets par les plaisirs et en même temps de faire régner un ordre sévère dans toutes les parties de l'administration. On avait chassé les vice-rois espagnols dont la prudence est restée célèbre par la révolte de Mazaniello ; on avait chassé les généraux autrichiens durs et avides ; à la suite de tant de changement et de confiscation, le nouveau roi se trouvait le maître de presque toutes les fortunes. La plupart des grands seigneurs avaient vu confisquer quelques-unes de leurs terres, ou avaient reçu en cadeau du nouveau roi quelque terre confisquée sur les maladroits que les gens vendus appelaient des traîtres. Cet état de toutes les fortunes, joint à la nécessité de faire beaucoup de dépense pour plaire au nouveau roi, obligeait la plupart des grands seigneurs à regarder de fort près à leurs affaires.

Pendant que la noblesse cherchait à se pousser à la cour, les négociants se félicitaient de n'être plus en butte aux avanies incroyables des vice-rois espagnols ou aux duretés des généraux autrichiens ; le peuple était tout étonné que le gouvernement ne lui fît pas toujours du mal, et il s'accoutumait fort bien à payer des impôts dont une partie était distribuée en forme de prime à la noblesse et au clergé.

Don Carlos régnait ainsi depuis cinq ans ; la tranquillité et l'aisance renaissaient de toutes parts ; plusieurs circonstances favorables s'étant réunies, l'hiver de 1740 à 1741 fut remarquable entre tous les autres par des fêtes charmantes. Huit ou dix femmes, d'une rare beauté, se partageaient tous les hommages, mais le jeune roi, fin connaisseur, soutenait que la plus belle personne de sa cour était la jeune Rosalinde, fille du prince d'Atella. Ce prince, ancien général autrichien, personnage fort triste, fort prudent, avait cédé malgré lui aux instances de Donna Ferdinanda, sa seconde femme, en lui permettant de se faire suivre au palais par sa fille, cette belle Rosalinde, que le roi regardait comme la plus belle et qui avait à peine seize ans.

Le prince d'Atella se voyait trois fils d'un premier lit dont l'établissement dans le monde l'embarrassait fort.

Les titres que portaient ces fils, tous ducs ou princes, lui semblaient trop imposants pour la médiocre fortune qu'il pouvait leur laisser.

Le prince d'Atella était amoureux de sa femme, fort gaie, fort imprudente, et qui avait trente ans de moins que lui, ce qui ne l'empêchait point d'être déjà d'un certain âge, et, pendant les fêtes magnifiques de l'hiver 1740, elle n'avait dû qu'à la présence de sa fille Rosalinde le plaisir flatteur d'être toujours environnée par tout ce qu'il y avait de plus brillant dans toute la jeunesse de Naples. Elle distinguait surtout

Genarino des marquis de Las Flores. Ce jeune homme joignait des manières fort nobles, et même un peu altières, à l'espagnole, à la figure la plus gracieuse et la plus gaie : il avait les cheveux et les moustaches d'un beau blond et des yeux bleus, ce qui est une rareté à Naples, ce qui rendait sa beauté plus touchante aux yeux des dames de la cour. Déjà deux fois il avait été blessé par des époux ou des frères appartenant à des familles dans le sein desquelles il avait porté le désordre.

Le jeune marquis avait été assez adroit pour persuader à la princesse d'Atella que c'était à elle que s'adressaient ses hommages, mais, dans le fait, il était amoureux de la jeune Rosalinde et, qui plus est, jaloux. Ce même duc Vargas del Prado qui, autrefois, avait été si utile à Don Carlos dans la nuit qui précéda la bataille de Velletri, et qui maintenant jouissait de la plus haute faveur auprès de ce jeune roi, avait été touché des grâces naïves de la jeune Rosalinde d'Atella, et surtout de l'air simple et de bonne foi qui brillait dans son regard ; il lui avait fait une cour majestueuse, comme il convient à un homme qui est trois fois grand d'Espagne. Mais il prenait du tabac et il portait perruque ; ce sont précisément les deux grands sujets d'horreur pour les jeunes filles de Naples, et, quoique Rosalinde eût une dot de vingt mille francs peut-être et n'eût dans la vie d'autre perspective que d'entrer au noble couvent de San Petito, situé dans la partie la plus élevée de la rue de Tolède, alors à la mode et qui servait de tombeau aux jeunes filles de la plus haute noblesse, elle ne put jamais se résoudre à comprendre les regards passionnés du duc del Prado ; au contraire, elle comprenait fort bien les yeux que lui faisait Don Genarino dans les moments où il n'était pas observé par la princesse d'Atella; il n'était même pas sûr que la jeune Rosalinde ne répondît point quelquefois aux regards de Genarino.

A la vérité, cet amour n'avait pas le sens commun ; à la vérité, la maison de Las Flores marquait parmi les plus nobles, mais le vieux duc de ce nom, père de Don Genarino, avait trois fils et, suivant l'usage du pays, il s'était arrangé de façon à ce que l'aîné eût quinze mille ducats de rente (environ cinquante mille francs), tandis que les deux cadets devaient se contenter d'une pension de vingt ducats par mois avec un logement dans les palais à la ville et à la campagne, sans être précisément d'accord. Don Genarino et la jeune Rosalinde employaient toute leur adresse à dérober leurs sentiments à la princesse d'Atella : sa coquetterie n'eût jamais pardonné au jeune marquis les fausses idées qu'elle s'était formées.

Le vieux général, son mari, fut plus clairvoyant qu'elle ; à la dernière fête donnée cet hiver-là par le roi Don Carlos lui-même, il comprit fort bien que Don Genarino, déjà célèbre par plus d'une aventure, avait entrepris de plaire à sa femme ou à sa fille ; l'un lui convenait aussi peu que l'autre. Le lendemain, après le déjeuner, il ordonna à sa fille Rosalinde de monter en voiture avec lui, et, sans lui adresser une seule parole, la conduisit au noble couvent de San Petito ; c'est à ce couvent, alors fort à la mode, qu'appartient cette façade magnifique que l'on voit à gauche, dans la partie la plus élevée de la rue de Tolède, près le magnifique palais des Studj.

Ces murs, d'une immense étendue, que l'on côtoie si longtemps lorsque l'on se promène dans la plaine du Vomero, sont destinés à éloigner les yeux profanes des jardins de San Petito.

Le Prince n'ouvrit la bouche que pour présenter sa fille à sa sœur. Il dit à la jeune Rosalinde, comme un renseignement qu'il lui donnait par complaisance, et dont elle devait lui savoir gré, qu'elle ne sortirait plus du couvent de San-Petito qu'une fois dans sa vie, la veille du jour où elle ferait profession.

Rosalinde ne fut point étonnée de tout ce qui lui arrivait ; elle savait bien, qu'à moins d'un miracle, elle ne devait pas s'attendre à se marier, et dans ce moment elle eut en horreur d'épouser le Duc Vargas del Prado. D'ailleurs elle avait passé plusieurs années pensionnaire dans ce couvent de San-Petito où on la ramenait en ce moment, et tous les souvenirs qu'elle en avait gardés étaient gais et amusants ; elle ne fut donc point trop affligée de son sort le premier jour, mais, dès le lendemain, elle sentit qu'elle ne reverrait jamais le jeune Don Genarino, et, malgré tout l'enfantillage de son âge, cette idée commença à l'affliger profondément. D'enjouée et d'étourdie qu'elle était, en moins de quinze jours, elle put compter parmi les filles les moins résignées et les plus tristes du couvent. Vingt fois par jour peut-être elle pensait à ce Don Genarino qu'elle ne devait plus revoir, tandis que lorsqu'elle était dans le parloir de son père, l'idée de cet aimable jeune homme ne lui apparaissait qu'une ou deux fois par jour.

Trois semaines après son arrivée au couvent, il lui arriva, à la prière du soir, de réciter sans faute les litanies de la Vierge, et la maîtresse des novices lui donna pour le lendemain la permission de monter pour la première fois au belvédère, c'est ainsi qu'on appelle cette immense galerie que les religieuses ornent à l'envie de dorures et de tableaux et qui occupe la partie supérieure du côté de la façade du couvent de Santo-Petito qui donne sur la rue de Tolède.

Rosalinde fut enchantée de revoir cette double file de belles voitures qui, à l'heure du cours, pavent cette partie supérieure de la rue de Tolède ; elle reconnut la plupart des voitures et des dames qui les occupaient. Cette vie l'amusait et l'affligeait à la fois.

Mais comment peindre le trouble qui s'empara de son âme lorsqu'elle reconnut un jeune homme, arrêté sous une porte cochère, agitant avec une sorte d'affectation un bouquet de fleurs magnifique ; c'était Don Genarino qui, depuis que Rosalinde avait été enlevée au monde, venait tous les jours en ce lieu, dans l'espoir qu'elle paraîtrait au Belvédère des nobles religieuses, et, comme il savait qu'elle aimait beaucoup les fleurs, pour attirer ses regards et se faire remarquer d'elle, il avait soin de se munir d'un bouquet des fleurs les plus rares. Don Genarino éprouva un mouvement de joie marquée lorsqu'il se vit reconnu; bientôt il lui fit des signes auxquels Rosalinde se garda bien de répondre, puis elle réfléchit que, d'après la règle de Saint-Benoît, que l'on suit dans le couvent de San-Petito, il pourrait bien se passer plusieurs semaines avant qu'on ne lui permît de reparaître au Belvédère. Elle y avait trouvé une foule de religieuses fort gaies ; toutes, ou presque toutes, faisaient des signes à leurs amis, et ces dames paraissaient assez embarrassées de la présence de cette jeune fille en voile blanc qui pouvait être étonnée de leur attitude peu religieuse et en parler au dehors. Il faut savoir qu'à Naples, dès la première enfance, les jeunes filles ont l'habitude de parler avec les doigts, dont les diverses positions forment des lettres. On les voit ainsi dans les salons, discourir en silence pendant que leurs parents font la conversation à haute voix.

Genarino tremblait que la vocation de Rosalinde ne fût sincère. Il s'était retiré un peu en arrière sous la porte cochère, et de là il lui disait, avec le langage des enfants :

— Depuis que je ne vous vois plus, je suis malheureux. Dans le couvent, êtes-vous heureuse ? Avez-vous la liberté de venir souvent au Belvédère ? Aimez-vous toujours les fleurs ?

Rosalinde le regardait fixement, mais ne répondait pas. Tout à coup, elle disparut, soit qu'elle eût été appelée par la maîtresse des novices, soit qu'elle eût été offensée du peu de mots que Don Genarino lui avait adressés. Celui-ci resta fort affligé.

Il monta donc ce joli bois qui domine Naples, et qu'on appelle l'Arenella ; là, s'étend le mur d'enceinte de l'immense jardin du couvent de Santo-Petito. En continuant sa promenade mélancolique, il arriva à la plaine du Vomero qui domine Naples et la mer ; il alla jusqu'à une lieue de là, au magnifique château du duc Vargas del Prado. Ce château était une forteresse du Moyen Age, aux murs noirs et crénelés ; il était célèbre dans Naples par son aspect sombre et par la manie qu'avait le duc de s'y faire servir uniquement par des domestiques venus d'Espagne et tous aussi âgés que lui. Il disait que quand il était en ce lieu, il se croyait en Espagne, et, pour augmenter l'illusion, il avait fait couper tous les arbres d'alentour. Toutes les fois que son service auprès du roi le lui permettait, le duc venait prendre l'air dans son château de San-Nicola.

Cet édifice sombre augmenta encore la tristesse de Don Genarino. Comme il s'en revenait, suivant tristement l'enceinte des murs du jardin de San-Petito, une idée le saisit. Sans doute, elle aime encore les fleurs, se dit-il ; des religieuses doivent en faire cultiver dans cet immense jardin ; il doit y avoir des jardiniers, il faut que je parvienne à les connaître.

Dans ce lieu fort désert, il y avait une petite *osteria* (cabaret), il y entra ; ses habits étaient beaucoup trop magnifiques pour ce lieu et il vit avec chagrin que sa présence excitait une surprise mêlée de beaucoup de défiance ; alors il feignit une grande fatigue : il se fit bon enfant avec les maîtres de la maison et les gens du peuple qui vinrent boire quelques mesures de vin. Ses manières ouvertes lui firent pardonner ses vêtements un peu trop riches pour la circonstance. Genarino ne dédaigna point de boire, avec l'hôte et les amis de l'hôte, les vins un peu plus fins qu'il faisait venir. Enfin, après une heure de travail, il vit que sa présence n'effarouchait plus. On se mit à plaisanter sur les nobles religieuses de San-Petito et sur les visites que quelques-unes d'entre elles recevaient par-dessus les murs du jardin.

Genarino s'assura qu'une telle chose dont on parlait beaucoup à Naples existait en effet. Ces bons paysans du Vomero en plaisantaient, mais ne s'en montraient point trop scandalisés.

. . . .

(Bibliothèque de Grenoble).

DESSINS DE ROMANTIQUES

A Auguste Cordier.

Le romantisme fit retentir son éclatante fanfare dans tous les camps intellectuels et artistiques ; tandis que Delacroix et Bonington guerroyaient contre les Gros et les Gérard, Berlioz faisait chanter par l'orchestre des rythmes inconnus, et Dumas, Vigny, Hugo renouvelaient le théâtre. Il y avait sympathie et communion entre ces jeunes lutteurs. Si Delacroix et Berlioz prirent quelquefois la plume, Hugo, par exemple, dessina lui-même certains tableaux de ses drames. C'était la fusion des genres.

En ce temps où les imaginations étaient surchauffées, il ne suffisait pas d'avoir une corde à son arc. Tous les moyens étaient bons pour arriver au succès : les peintres et les musiciens ne dédaignaient pas le journalisme, pas plus que les auteurs dramatiques ne dédaignaient la science de la décoration ou l'art du tapissier.

La plupart des poètes et des romanciers de cette admirable génération s'improvisèrent dessinateurs à leurs moments de loisirs, et certains se firent même une réputation à côté dont ils n'étaient pas moins glorieux que M. Ingres de son talent de violoniste. Ils se reposaient de leurs œuvres sérieuses en faisant des croquis pleins de fantaisie ou des caricatures fort spirituelles, et leur cerveau en fièvre trouvait là un repos, un bien-être qui les délivraient peut-être de la fâcheuse neurasthénie, laquelle du reste n'était pas encore inventée. Parfois aussi le graphisme fut pour eux un moyen de donner une première forme à leurs idées, comme ce fut, on le verra, le cas de Stendhal.

I

Victor Hugo fit une quantité prodigieuse de dessins qui ont été popularisés par la gravure et célébrés par les critiques d'art. Tel le *Burg* dont Théophile Gautier a laissé une description qui certes vaut bien l'œuvre elle-même :

Il est difficile de rêver quelque chose de plus opaquement sinistre que le Burg. Le ciel sombre comme une plaque de marbre noir et rayé de hachures diagonales, longs filets de pluies poussés par la tempête à l'assaut de la ruine. Il ne reste plus au sommet du pic qu'une tour à pignons crénelés, celle-là même où dut flotter la bannière de Job le maudit. Des arrachements de murs, des pans de remparts lézardés font encore reconnaître les contours de l'ancienne enceinte. Une porte s'ouvre lugubrement sur l'abîme le long des escarpements du rocher dont la base se perd dans les tourbillons de la rafale ; des anfractuosités difformes, des végétations hideuses semblent des araignées gigantesques qui montent à ces décombres que les fantômes seuls habitent pour s'y tapir et y tisser leur toile démesurée.

Gautier nous fait assister à l'élaboration de ces dessins qui correspondent si exactement à la nature du génie poétique de Victor Hugo :

Que de fois, lorsqu'il nous était donné d'être admis presque tous les jours dans l'intimité de l'illustre écrivain, n'avons-nous pas suivi d'un œil émerveillé la tranformation d'une tache d'encre ou de café sur une enveloppe de lettre, sur le premier bout de papier venu, en paysage, en château, en marine d'une originalité étrange, où, du choc des rayons et des ombres, naissait un effet inattendu, saisissant, mystérieux, et qui étonnait même les peintres de profession.

On retrouve dans ces rêves graphiques la fougue et la splendeur de l'imagination du poète, mais le public est renseigné sur ce talent de Victor Hugo. Ce qui est moins connu c'est qu'il faisait sur bois des dessins dont les contours étaient gravés en creux ; ces panneaux peints et dorés étaient recouverts d'un vernis et servaient à fabriquer des meubles ou à décorer des parois. On en admire à Guernesey, dans cette intéressante demeure de Hauteville, et à Paris chez un neveu de Mme Drouet, M. Louis Koch, professeur honoraire de l'Université, qui a hérité d'un véritable trésor (1).

Les relations du poète et de Juliette (Mme Drouet) durèrent pendant cinquante ans et, en 1883, ce fut chez lui que mourut cette amie incomparable. Durant ce long duo d'amour que pas un nuage ne traversa, Victor Hugo eut mille attentions pour la créatrice du petit rôle de la princesse Negroni, dans *Lucrèce Borgia* (1833), rôle presque muet, mais où Juliette fit admirer un costume ravissant et le charme de son jeune visage. Victor Hugo ne publiait pas un livre qu'elle n'en eût le premier exemplaire, orné d'une dédicace qui était le plus souvent : *A vos pieds, madame, ce volume, V. H.* ou : *A ma providence.* Ce fut à Mme Drouet qu'il donna *Les Châtiments* reliés en maroquin pourpre avec, sur le plat, enchâssée dans le cuir, une abeille du manteau impérial de Napoléon III, prise par M. Jules Claretie, lors du sac des Tuileries.

(1) Aujourd'hui cette collection fait partie du musée Victor Hugo, place des Vosges.

Victor composa pour Juliette plusieurs de ces panneaux peints, entre autres cet *Amoureux de Suzanne*, Chinois ventripotent, riant à bouche que veux-tu en face d'un poisson rouge, vrai cardinal des mers, qu'il s'apprête à manger avec une fourchette à deux dents. Il a un bel habit vert relevé d'or, et se détache sur un fond noir. A côté du poisson sont placées une tasse de thé et une carafe où fleurit une pensée, symbole de tous les amants. Suzanne était la vieille cuisinière de Mme Drouet, elle apprêtait le poisson en vrai cordon bleu, et, pour immortaliser ce talent, le poète fit le portrait de l'amoureux de la brave femme, ce Chinois qui, gratifié des bonnes grâces de Suzanne, ne pouvait s'appeler que *Shu-Zan*.

Voici encore, toujours chez M. Koch, un jeune *chirobate* du Céleste-Empire et une figure d'*Ascète*, et des griffons, des chimères, des fleurs, des oiseaux, toute une faune quelque peu apocalyptique. En passant, jetons un coup d'œil sur ce cadre de glace où l'on déchiffre des vers inédits qui expliquent le sujet traité :

> Passereaux et rouges-gorges,
> Venez des airs et des eaux,
> Venez tous faire vos orges,
> Messieurs les petits oiseaux,
> Chez Monsieur le petit Georges.

» Dessiné le 11 mai 1870 pendant qu'on me juge et condamne à Paris. »

Mais le chef-d'œuvre du sculpteur poète est cette cheminée où la fantaisie et le brio de l'artiste se sont donné libre carrière. Au centre, un miroir de Venise entouré d'un cadre rouge qui, en méandres harmonieux, s'élargit, se prolonge et sert de support à trois petites statuettes bacchiques, au-dessous desquelles sont encastrés trois plats de faïence rouennaise. Le fond de ce monument romantique et oriental est d'un beau noir sur lequel se détachent des arabesques et des animaux de l'autre monde. Des deux côtés du miroir brillent en or les victorieuses et hautaines initiales : V. H.

M. Koch a disposé avec un goût infini ces reliques du maître ; sa galerie est un admirable musée Victor Hugo. L'une des pièces intéressantes de ce sanctuaire est encore la table de chêne sur laquelle fut écrite *La Légende des siècles*, ainsi que l'atteste une inscription de la main même du poète. Enfin, outre ces sculptures qui nous retiennent plus particulièrement aujourd'hui et qui seront une révélation pour la plupart de nos lecteurs, M. Koch possède des autographes, des dessins à lui dédiés, toute la correspondance de Mme Drouet et du poète — renfermée en trois énormes caisses — et ce magnifique hymne d'amour qui pourrait s'appeler le livre des anniversaires où, pendant cinquante ans, vers la mi-février, de 1833 à 1883, Victor Hugo a célébré en un lyrisme ardent la date heureuse de sa rencontre avec Juliette. Quand cette œuvre paraîtra, elle comblera une lacune dans l'œuvre de l'auteur des *Contemplations* et fera singulièrement pâlir les *Lettres à la fiancée*.

II

Comme Hugo, Musset a dessiné toute sa vie. Il crut un instant qu'il était né peintre, et, dans sa prime jeunesse, il passa de nombreuses matinées au Louvre à faire des copies au musée des antiques... Il se fit justice lui-même et détruisit tous ses essais. Cette passion n'était qu'un détour par où la nature s'amusait à l'égarer avant de lui montrer le chemin qu'il devait suivre. Néanmoins, il garda le goût de la caricature — la maladresse de son coup de plume ou de crayon se prêtait à ce genre humoristique — il remplit de nombreux albums de très mauvaises, mais très amusantes fantaisies grotesques. Paul de Musset nous a donné le récit d'une de ces soirées pendant lesquelles Alfred, convalescent, — il relevait d'une fluxion de poitrine — se livrait à son passe-temps favori :

Le soir, nous nous réunissions en famille autour de la fameuse table de travail, pour causer ou dessiner... Auguste Barre, qui demeurait dans notre voisinage, vint travailler à la composition d'un album de caricatures dans le goût de ceux de Topffer, et qui représente une série d'événements et de péripéties touchant un projet de mariage plusieurs fois rompu et renoué, dont s'entretenait alors le monde parisien. Sans avoir besoin d'être convalescents pour cela, nous nous amusions tous de ces dessins comiques. Alfred et Barre tenaient le crayon, les autres rédigeaient le texte explicatif, non moins bouffon que les dessins. Cet album se compose de cinquante et un croquis. Ce ne fut pas sans un peu de regret et de jalousie que je vis le prodigue filleul donner à sa marraine ces folles inventions qui me rappelleraient aujourd'hui les heures les plus douces de notre intérieur.

Lorsque, en décembre 1833, Musset s'enfuit avec George Sand vers le pays de.... Pagello, il emporta un album sur lequel il fit maints croquis au cours de son voyage. C'est ainsi que nous avons un portrait de Stendhal dansant devant une fille d'auberge — précieux gage des excellentes relations de ces deux contemporains, qui avaient l'un pour l'autre une profonde admiration. Car si Musset a tant soit peu ridiculisé la grosse personne de Stendhal, qu'il nous montre engoncé dans un carrick, coiffé d'un bolivar, et chaussé de bottes fourrées, il l'a chanté dans cette strophe harmonieuse qui nous fait oublier le caricaturiste :

> Tu l'as vu, cet antique port (1),
> Où, dans son grand langage mort,
> Le flot murmure,
> Où Stendhal, cet esprit charmant,
> Remplissait si dévotement
> Sa sinécure (2).

George Sand nous donne dans : *Histoire de ma vie*, le commentaire du dessin. Stendhal avait rencontré les deux amoureux sur un bateau qui faisait le service de Lyon à Avignon :

Nous soupâmes, écrit-elle, avec quelques autres voyageurs de choix dans une mauvaise auberge de village, le pilote du bateau à vapeur n'osant franchir le Pont-Saint-Esprit avant le jour. Stendhal fut là d'une gaieté folle, se grisa raisonnablement, et, dansant autour de la table avec ses grosses bottes fourrées, devint quelque peu grotesque et pas joli du tout.

Dans ce même album se trouve un trio composé d'un marchand ambulant, de George Sand et de Musset lui-même. Nous sommes en hiver, et les personnages sont emmitouflés dans de vastes manteaux qui ajoutent quelque chose au comique de cette caricature. Le marchand, accroupi à terre, sort de son chapeau des objets qu'il offre à George Sand en lui faisant l'article :

(1) Civita-Vecchia.
(2) Il était consul de France.

Bellissimi, signora (ils sont très beaux, madame) ; George Sand, également accroupie, semble convaincue par le discours de l'italien et dit : *Regarde donc, mignon.* A quoi Musset, qui est debout et plein de fierté avec sa grande pipe allemande, répond : *Dieu, que t'es bête, mignonne !*

Musset a dû faire plusieurs autres portraits de George Sand. En voici un qui paraît assez ressemblant si l'on oublie l'air de niaiserie du visage et la fixité bovine de l'œil. George Sand, on le sait, allait jusqu'au cigare et même jusqu'à la pipe ; ce dessin nous en est une preuve.

On ignore jusqu'à présent quelle fut la cause véritable de la rupture éclatante qui sépara Musset et la princesse Belgiojoso ; cette rupture est à jamais immortalisée par ces vers : *Sur une morte*, adressés à la fantastique Italienne, et par un portrait qui la représente de profil avec un grand casque de cheveux noirs ; au-dessous cette inscription :

Pallida, sed quamvis pallida, pulchra tamen.
Elle est pâle, et pourtant quoique pâle, elle est belle.

Ce portrait est traité dans le genre sérieux, mais il y en eut un autre moins flatteur, paraît-il. Un soir, chez Mme Jaubert, la « marraine » de Musset, le poète fut mis au défi par la princesse de faire d'elle une caricature. Musset répliqua : « La régularité des traits n'empêche rien, je vous assure ».

— Voici un crayon, dit la princesse, essayez ; je vous autorise.

Musset traça un petit trois-quarts où l'œil immense était placé de face et où la maigreur de Mme Belgiojoso était exagérée à plaisir.

Toutes les personnes présentes se précipitaient pour voir et souriaient sans rien dire. La princesse, avec un air d'indifférence de très bon goût, assura *qu'il y avait quelque chose*, et ferma l'album.

— Vous avez brûlé vos vaisseaux, dit Mme Jaubert à son filleul.

— Cependant, madame, je n'ai jamais été plus épris qu'en la regardant tandis que je traçais ce croquis.

— Tant pis, vous l'avez blessée.

D'après une autre version, la princesse aurait dit à Musset :

Eh bien, vous pouvez garder ce prétendu portrait ; c'est tout ce que vous aurez de moi.

Elle lui aurait même écrit cette phrase sanglante :

Le châtiment des amours vulgaires est d'interdire à ceux qui s'y livrent l'aspiration aux nobles amours (1).

Il répondit par ces vers ironiques dont on trouve

---

(1) VICOMTESSE DE JANZÉ, *Etude et récit sur Alfred de Musset* (Plon, 1891, 1 vol.).

le pendant dans l'œuvre du grand Corneille (1).

> Elle était belle, si la nuit
> Qui dort dans la sombre chapelle
> Où Michel-Ange a fait son lit,
> Immobile peut être belle.
>
> . . . .
>
> Elle aurait pleuré, si sa main,
> Sur son cœur froidement posée,
> Eût jamais dans l'argile humain
> Senti la céleste rosée.
>
> . . . .
>
> Elle est morte et n'a point vécu.
> Elle faisait semblant de vivre.
> De ses mains est tombé le livre
> Dans lequel elle n'a rien lu.
>
> (Octobre 1842.)

Elle est morte ! d'autres que Musset l'avaient dit à la princesse Belgiojoso. Un jour qu'elle se promenait dans les environs de Paris, en compagnie de Letronne, le célèbre helléniste, un paysan s'écria : « Est-elle assez fainéante, elle ne se donne même pas la peine de se faire enterrer ! » Et dans le monde, on l'appelait la *femme verte*, tant sa pâleur était cadavérique. Longue et diaphane comme un cierge, elle avait l'aspect d'un fantôme (2).

A côté de Musset, il convient de placer George Sand

(1) *A une marquise.*
(2) Voir plus loin : *Une soirée du Club.*

dont on ne connaît pas beaucoup de dessins ; mais une bonne fortune m'a rendu possesseur d'une précieuse feuille de papier écolier où, avec une plume et un morceau de bois, George Sand a fixé, le mieux qu'elle a pu sans doute, et sans idée caricaturale, les profils de son gendre Clésinger et de son fils Maurice. On dirait qu'elle a pris des leçons d'Alfred de Musset, [c'est la même facture un peu gauche, la même hésitation enfantine. Maurice laisse échapper une pittoresque bouffée de fumée et semble faire les yeux doux ; quant à Clésinger, il est plongé dans la rêverie et songe évidemment à la prochaine statue qu'il fera sortir du marbre. N'est-ce pas déjà quelque chose que de donner une certaine expression à un visage ?

III

Stendhal, lui aussi, hésita longtemps avant de trouver sa voie. Il fut candidat à l'École polytechnique ; par amour pour Louason et pour Félippe il prit des leçons de diction et songea peut-être au théâtre ; il fut commis dans les denrées coloniales à Marseille, où il avait suivi Louason ; il entra dans l'armée comme dragon d'abord, et ensuite comme officier d'administration ; à la chute de l'empire, sans ressource, il publia enfin son premier volume. Entre temps, il avait passé quelques mois dans l'atelier de Regnault, le peintre des *Trois Grâces* de la galerie Lacaze, et le maître de Guérin, d'Hersent et de Blondel.

Stendhal eut toujours du goût pour le dessin. Son autobiographie (*La Vie de Henri Brulard*) est remplie de croquis et de plans ; il avait besoin de ces indications graphiques pour se mieux rappeler les événements, et même quand il écrivit des romans, il eut recours à ce moyen pour aider son imagination. Je possède un plan de Parme et de ses environs où sont indiqués les différents lieux de l'action, et j'ai publié dans *Lamiel*, le *Plan de Carville*, minutieusement tracé dans ses moindres détails.

Mais le document le plus précieux qui m'a été donné par mon ami Auguste Cordier, est cette grande feuille où Stendhal a fixé une dramatique histoire qu'il n'a jamais écrite et dont ces croquis rudimentaires sont tout ce que nous possédons. Au centre se dresse *M. Lemière*, droit et rigide, tenant un pistolet, tandis que, suivant la recette stendhalienne en matière de duel, il compte sans doute placidement les feuilles d'un arbre. Il est tué, car on le voit, à côté, *mourant*, tandis que son adversaire, M. *Pot*, bourrelé de remords, est représenté faisant le saut suprême, en Suisse, de la cime d'un rocher. En haut de la feuille, la coupe d'une église gothique nous montre l'emplacement A, où M. Lemière dort de son dernier sommeil.

Une autre feuille de notre collection stendhalienne offre une vue sommaire de Gibraltar ainsi que le portrait d'une Espagnole d'Algésiras, qui semble être une copie.

Stendhal fit encore de l'aquarelle, et son chef-d'œuvre en ce genre est bien cette caricature du prince Massimo, directeur général des postes de Civita-Vecchia. Grand, mince, efflanqué, le prince est en train de parler, il dit la phrase qui résume son précepte de vie et son orgueil de fonctionnaire : « *Io sono il papa secolare,* je suis, moi, le pape laïque ! » Cette ébauche est très vivante, et nous montre un Stendhal inattendu, capable d'exprimer, à l'aide du dessin et des couleurs, cette ironie qui étincelle dans tout ce qu'il a écrit.

IV

La réputation de Mérimée comme dessinateur est beaucoup plus répandue que celle de Stendhal. L'auteur de *Colomba* a pris soin de nous parler dans sa correspondance de ses talents d'aquarelliste, de copiste et de... tireur à l'arc. Il s'en faisait quelque gloire. De fort bonne heure, il s'était mis à l'œuvre. En 1824, à vingt et un ans, il avait à Londres pris quelques leçons de Rochard, émigré français et fort habile portraitiste.

Vous avez inspiré à Prosper un désir de peindre qui ne s'est pas ralenti, écrit Léonor Mérimée à son ami Rochard. Il a copié à l'aquarelle quelques esquisses que j'ai faites d'après Rubens, et ses copies sont fort exactes de couleur : mais il ne suffit pas d'avoir l'œil sensible à la couleur, il faut connaître un peu la forme et il n'a jamais dessiné un œil ; toutefois, s'il persévère, il pourra dessiner le paysage d'après nature, fort agréablement pour un amateur. J'avoue que s'il eût commencé plus tôt, je le verrais barbouiller du papier avec plaisir, mais puisqu'il s'est lancé dans la littérature et qu'il a débuté avec quelque succès (la lettre est de 1827), il me semble, quand je le vois employer une matinée entière à peindre, qu'il perd son temps. Mais il y a un charme indicible à faire ce qu'on n'est pas obligé de faire.

Léonor Mérimée, père de l'auteur de *Colomba*, était peintre lui-même, quoiqu'il soit surtout connu par son *Histoire de l'art*; bien qu'artiste, il gémissait un peu de voir son fils suivre un sentier qui le détournait du vrai chemin, en quoi, du reste, il n'avait pas tort ; l'avenir lui donna raison.

Prosper comprit — heureusement — que la littérature était sa voie. Mais il resta toujours épris des beaux-arts, et, en sa qualité d'inspecteur général des monuments historiques, il eut à exercer son crayon ; les planches de ses voyages officiels furent exécutées d'après ses propres croquis. Un jour, même, il fut professeur de dessin, et enseigna à Stendhal, qui n'y entendait goutte, les mystères de l'architecture romane et de l'architecture gothique, en lui faisant, sur un bout de papier, des pleins cintres et des ogives que Stendhal s'amusa à copier pour mieux faire entrer dans sa tête ces formes si nouvelles pour lui. On peut voir dans le roman graphique de M. Lemière jusqu'à quel point l'élève avait profité des leçons du maître.

On sait que Mérimée griffonnait des images à la plume pendant les séances de l'Académie, du Sénat, et des différentes commissions dont il faisait partie. C'est dans ces milieux solennels que fut imaginée une bouchère espagnole, débordante de graisse ; elle paraît avoir été dessinée à la fin du second empire, au moment de la mode des « Suivez-moi, jeune homme » ; sur la même feuille sont indiqués un chat, un casque ?... et une sorte de mannequin androgyne. Le tout est agrémenté d'inscriptions calligraphiques russes ; Mérimée avait traduit, non sans quelque contre-sens, des nouvelles de son ami Tourguenelf ; il était assez fier d'avoir appris cette langue slave et d'en connaître la littérature. Ces inscriptions nous révèlent l'érudition de Mérimée ; ce sont d'abord deux citations de Souvaroff : « *Grand merci, et grâce à vous, la forteresse a été prise et je suis là* », fragment d'une dépêche du général à Catherine, après la prise de la forteresse turque d'Otchakoff ; « *La balle est idiote, la baïonnette est une luronne* », paroles que Souvaroff répéta souvent à ses soldats. Puis on lit les premiers vers du *Prophète*, de Pouchkine : « *Tourmenté par la soif de l'âme, je me traînais en un désert sombre et le séraphin aux dix ailes...* » et le début d'une romance italienne, fort populaire en Russie : « *Je suis ferme, je ne crains ni le fer, ni le feu...* » (1).

V

Sur les Goncourt artistes encore plus que sur Mérimée, nous sommes complètement renseignés. Jules de Goncourt a droit à toute notre admiration. Ses dessins spirituels, le choix pittoresque de ses sujets, son interprétation des La Tour ou des Longhi lui réservent une belle place dans l'histoire de l'art français ; et les illustrations qui accompagnent *L'Italie d'hier*, publiée en 1894, justifient sa réputation. Quoi de plus élégant et de plus xviii° siècle que cette aquarelle du Stenterello, du théâtre Borgognissanti de Florence, qui sert de frontispice au volume ? Et cette vue de San Miniato, quel charme dans ces quelques coups de crayons ? Et cette tête d'ange d'après Giovanni da Fiesole ? Et cette cruelle caricature de lord Normanby ? Tous les aspects

(1) Je dois ces précieuses indications, que Mérimée ne donne pas, à mon ami, le Dr Michel Frenkel.

de l'art figurent dans ce volume dont les illustrations ont certes plus de valeur que le texte très fragmentaire et écrit trop à bâtons rompus.

Jules de Goncourt a rempli des cartons de ses dessins, de ses aquarelles. On n'a que l'embarras du choix. La *Rue de la Vieille-Lanterne*, avec cette rampe de fer où fut trouvé pendu Gérard de Nerval, est un croquis doublement intéressant ; il nous montre Jules de Goncourt interprète des coins vétustes qu'il affectionnait et dont il savait dégager la poésie, et il fixe le souvenir de cette impasse démolie, tragiquement fameuse dans l'histoire des suicidés littéraires.

A l'exemple de son frère, Edmond, qui fut plutôt le collectionneur, a laissé quelques œuvres, comme ce portrait de Jules, fait dans l'appartement de la place Saint-Georges en avril 1857. Portrait d'artiste, s'il en fut, en une pose artiste, dans un cadre artiste. Les pieds posés sur le dessus de la cheminée, Jules, couché en un fauteuil à housse, fume béatement une bonne pipe. Cette aquarelle est d'un aspect agréable et fort élégant, nous sommes en Bohême, mais en une Bohême des plus aristocratiques.

Théophile Gautier fut élève de Rioult ; il peignit des têtes vaporeuses et ennuagées, car il était très myope, jusqu'au jour où retentit le cor d'Hernani et où, arborant le gilet rouge, il défendit à pleins poumons le drame de Victor Hugo et se lança lui-même dans la littérature. Il se composa alors une nouvelle palette et peignit avec des mots rares et harmonieux, le galbe, l'extérieur, la physionomie des choses. Il fit une transposition d'art, il trempa sa phrase dans l'or des glacis ambrés de Titien, le tour est de lui, on le reconnaît bien. Il créa en un mot la littérature plastique. Il écrivit cette symphonie en blanc majeur qui est le chef-d'œuvre du genre et partout il fut coloriste comme ces Vénitiens qu'il admirait tant. Il se souvint pourtant qu'il avait été élève de Rioult. Arsène Houssaye possédait une toile de Gautier et avait demandé au poète une eau forte qui illustra son livre intitulé : *La Couronne de Bluets*. D'un voyage en Afrique, Gautier rapporta plusieurs aquarelles, entre autres : *Une laveuse juive*, et le portrait de la danseuse *Ayscha*. Enfin, chez bon nombre d'anciens amis ou de collectionneurs, sont conservés pieusement des dessins à la sanguine ou à la mine de plomb représentant le plus souvent des têtes de femmes un peu banales, il faut le dire, et sans grand caractère.

L'auteur des *Fleurs du mal* ne dédaigna pas la caricature. L'aptitude de Charles Baudelaire à l'art du dessin, dit Poulet-Malassis, était d'autant plus frappante que lorsqu'il prenait le crayon ou la plume, c'était à l'improviste, comme pour soulager sa mémoire d'une physionomie définitivement accentuée et résumée dans son cerveau. Il était caricaturiste dans le sens précis du mot, avec les deux facultés maîtresses de la pénétration et de l'imagination et un don d'expression vivante et sommaire. La charge de Champfleury est, en effet, bien curieuse, quoiqu'il soit assez difficile d'y trouver tout ce que Poulet-Malassis y trouve ; au bas du papier, en guise de *remarque*, Baudelaire a dessiné son profil au nez anormal de priseur.

C. S.

LA GLOIRE ET LA BOSSE [1]

OU

LE PAS EST GLISSANT

Comédie par un homme de mauvais ton.

30 janvier 1826.

Idée : En lisant l'article sur M. Prosper Duvergier de Hauranne dans les *Débats* du 30 janvier 1826.

Plan : Un jeune homme débute dans la carrière des

---

[1] Le manuscrit de cette pièce inachevée de Beyle se trouve la bibliothèque de Grenoble. Ce document est curieux, car les essais dramatiques de Stendhal sont à peu près inconnus. Celui-ci, daté de 1826, est, je crois, le dernier ; l'année suivante, l'auteur de l'*Histoire de la peinture en Italie* allait donner son premier roman : *Armance*, et renoncer à tout jamais au théâtre.

L'article des *Débats* auquel Beyle fait allusion n'offre qu'un intérêt très douteux ; il s'agit d'un ouvrage de M. Duvergier de Hauranne : *De l'ordre légal en France et des abus d'autorité*.

lettres. Plaisir d'écrire. Enthousiasme pour tout ce qui est beau. Il néglige le monde. Ses ouvrages ne sont pas lus. Il devient intrigant et écrit dans les petits journaux.

Il épouse la fille bossue et petitement hargneuse de M. B., propriétaire d'un journal en crédit. Il finit par toutes les bassesses du plus plat vaudevilliste.

SCÈNE I

SAINT-JEAN

Monsieur, il est onze heures... (*Voyant qu'on ne répond pas, en pesant sur les mots*)... Le cabriolet de Monsieur est prêt.

GÉLIMER, *avec horreur d'être interrompu.*

C'est bon ! c'est bon ! (*Saint-Jean sort.*) (*Il écrit, on voit qu'il compose.*) Ce n'est pas cela, l'idée n'est pas nette... (*Avec empressement.*) Ah !... pauvre Amélie, qui ne t'aimerait pas !... et Sainte-Alme partira-t-il ? (*Se remettant à écrire.*) Il faut qu'il parte, l'honneur l'y oblige. Dire que ce départ est cruel.

SAINT-JEAN, *entrant.*

Monsieur, il est onze heures et demie... Monsieur, c'est l'amie de toute la famille, Mme la marquise des Vignes, si vous n'y allez pas, elle croira que vous l'abandonnez tout à fait. Monsieur n'y est déjà pas allé mercredi...

GÉLIMER

Ah ! mercredi ! c'est le jour où Mme de Lassans va chez Mme de Linange... (*Il s'interrompt et rêve.*) Le cabriolet est prêt?

SAINT-JEAN

Il y a deux heures, Monsieur. (*Le regardant.*) Monsieur ne peut pas sortir ainsi fait.

GÉLIMER

Comment! je viens de m'habiller.

SAINT-JEAN, *riant respectueusement.*

Oui, Monsieur s'est habillé à neuf heures, mais il a chiffonné tout son linge.

(Saint-Jean va prendre une cravate et un gilet, il habille son maître ; celui-ci, au milieu de l'habillement, court à sa table et écrit. Il sort d'un air préoccupé, il prend son papier qu'il plie en quatre et met dans sa poche.)

SAINT-JEAN, *seul.*

Il est fou. Depuis qu'il a publié ce volume de *Voyages en Allemagne* il ne songe plus qu'à écrire. Je le croyais amoureux de Mme de Lassans, le mari est jaloux de lui, il ne peut la voir que le mercredi chez Mme de Linange ; ce soir-là le mari est forcément chez le ministre, le voilà qu'il y va à onze heures. Il arrivera en même temps que le mari.

SCÈNE II

SALON DE Mme DE LASSANS

Un auteur lit des vers.

. . . .

. . . .

PREMIER SPECTATEUR

Délicieux! le charme du sentiment le dispute au bonheur de l'expression.

DEUXIÈME SPECTATEUR

Il y a quelque chose du charme de La Fontaine et du brillant de Voltaire.

TROISIÈME SPECTATEUR

Cela est *contemporain,* cela est *actuel,* voilà la poésie qu'il faut à ce siècle industriel.

L'AUTEUR, [*qui*] *a toujours regardé Gélimer.*

Vous, Monsieur, qui savez si bien peindre et frapper le ridicule, que pensez-vous de mon épître à...? mais de la franchise surtout.

GÉLIMER

Je suis un pauvre juge. Ce qui me semble le plus joli souvent déplaît au public.

L'AUTEUR

Je vous demande votre sensation.

GÉLIMER

Il y a de fort jolies choses.

L'AUTEUR

Allons ! traitez-moi en homme.

GÉLIMER

Je n'aime pas : *mener grand bruit — le vent prend ses cheveux — chevaucher par monts et par vaux*.

L'AUTEUR

Le pourquoi ?

CÉLIMER

Ah ! demandez le pourquoi de l'amour ! J'aime ou je hais, voilà tout, cependant je vois un pourquoi. *Mener un grand bruit* est singulier, je songe au style au lieu de songer à l'idée.

L'AUTEUR

Mais La Fontaine l'a dit.

GÉLIMER

Que voulez-vous, cher ami ? vous me demandez si j'aime, je vous réponds je n'aime pas. Imprimez, allez dîner chez M. X... et vous aurez un succès fou.

UNE FEMME

Ah ! bonjour, monsieur Gélimer.

(*Gélimer s'éloigne avec elle.*)

L'AUTEUR

Le sot ! Et tout cela parce que son volume de voyages plein de billevesées a eu du succès parmi les femmes.

UN JOURNALISTE, *à l'auteur*.

Que nous osions le mettre en plaisanterie et dans deux mois « Le voyage en Allemagne » est tombé.

L'AUTEUR, *vivement, le regardant en face.*

Oseriez-vous ?

LE JOURNALISTE, *piqué.*

Comment si j'oserais ! Je suis Français.

L'AUTEUR, *lui serrant la main.*

Hé bien ! demain matin, je vous donne un article, il sera *salé*, celui-là. D'abord un de mes amis qui arrive d'Allemagne m'a dit qu'il n'y a rien vu de tout ce que dit Gélimer, ce volume n'est qu'un recueil de folies, etc., etc.

LE JOURNALISTE, *piqué.*

Je ne l'ai pas lu, car il n'a pas daigné l'envoyer à nous autres, petits journaux.

L'AUTEUR

C'est un insolent. (*Il s'éloigne en parlant.*)

LE MARÉCHAL

C'est un petit fat ! Il se donne des airs de négliger mes soirées, je lui donnais à dîner dans un temps où il n'était pas fâché de trouver son couvert mis.

UNE FEMME

Ah ! monsieur le Maréchal ! Quelle calomnie ! son père mort quand il avait douze ans lui a laissé 20.000 francs de rente.

LE MARÉCHAL

Fort écornés, maintenant... encore deux ou trois

ans et nous verrons ce petit monsieur solliciter une place, lui qui est si fier de ne pas *manger au budget*, car il est d'une insolence...

UN VICOMTE

Comment! il a eu la grossièreté de refuser une pension de 1.200 francs que j'avais sollicitée pour lui.

(*Ils s'éloignent.*)

UN MONSIEUR *de quarante-six ans, riche.*

Je ne suis pas connu de vous, Monsieur, mais je permets de me présenter. Permettez-moi de vous faire le compliment le plus sincère. Il y a vingt ans que je n'ai pas lu un volume...

UNE FEMME AGÉE, *à Gélimer*.

Elle est fâchée... mais, mon cher Auguste, tout le monde se plaint de vous. Si vous croyez que le maréchal vous aime, détrompez-vous. Vous avez tort d'offenser tout le monde.

GÉLIMER

Je ne dis jamais du mal de personne.

LA FEMME AGÉE

Votre conduite est une insolence continue. Vous prétendez être heureux à votre manière. Vous vous moquez des bassesses des grands, de la bêtise des industriels; vous n'allez jamais chez les femmes ennuyeuses, si vous y allez on voit trop que c'est pour Mme de Lassans. Heureusement la pauvre petite femme ne peut vous souffrir.

UN AGENT DE CHANGE. *à Gélimer.*

Madame, mille pardons. Ce n'est qu'un mot. (*A part, à Gélimer.*) Mon cher, voilà trois liquidations de suite qui tournent mal. Enfin les 137.000 francs que vous a laissés votre oncle sont réduits à 53.000. Arrangez-vous... Mille excuses, Madame. (*En s'éloignant.*) Accroche! Imprime des horreurs contre les industriels.

GÉLIMER

Vous croyez que j'ai offensé Mme de Lassans.

LA FEMME AGÉE

Ah ça! vous me faites jouer un joli rôle! Si je n'avais pas été l'amie intime de votre pauvre mère... Voici mon dernier avis. Si vos folies continuent, vous aurez une affaire avec le mari. Vous avez un monde d'ennemis, jusqu'à Forvin...

GÉLIMER

Cet espion!

LA FEMME AGÉE

Cet espion est riche, de bonne compagnie. Il y a vingt ans qu'il se venge par la calomnie adroite de ceux qui le méprisent...

GÉLIMER

Cet homme s'est donc vengé de toute la terre.

LA FEMME AGÉE

De la manière que la société est disposée pour vous, donnez-lui un prétexte, même quelque chose de moins odieux qu'un duel avec un mari, et vous verrez quelles calomnies l'on *croira* sur votre compte.

GÉLIMER, *fièrement.*

Je saurai...

LA FEMME AGÉE

Ce coup d'œil-là est ce qui achèvera de vous perdre. La société est décidée à tout croire sur votre compte. Déjà ce propos atroce sur ce manteau égaré.

GÉLIMER, *riant.*

N'allez-vous pas me croire un assassin !

LA FEMME AGÉE

Pauvre Auguste ! Vous êtes bien jeune. Non, je ne vous croirai pas un assassin. Mais si vous m'aviez offensée comme vous avez offensé quatre-vingts personnes parmi les cent qui sont dans ce salon...

GÉLIMER, *riant.*

Je n'en connais pas trente...

LA FEMME AGÉE

Vous avez des ennemis acharnés à qui vous n'avez jamais parlé. Un de ceux que vous avez offensés dit que vous avez le caractère atroce, un indifférent répète ce mot à un honnête homme qui y croit un peu. Ayez un duel avec un mari après cela, et vous verrez.

GÉLIMER, *sombre.*

Je partirai...

LA FEMME AGÉE, *alarmée.*

N'allez pas partir, on dirait que M. de Lassans vous

a fait accepter une volée de coups de canne, et de plus ordonné de partir.

GÉLIMER, *avec force et étonnement.*

Quelle horreur !

LA FEMME AGÉE

Cher Auguste, vous n'êtes pas fait pour la société, vous n'avez besoin d'aucune place, vous êtes trop jeune pour l'Académie. — Retirez-vous peu à peu de la société.

GÉLIMER, *sérieux.*

Que je suis sensible à vos bontés !... Serez-vous chez vous demain ?

II

LES AMIS

I

CORRESPONDANCE AVEC MÉRIMÉE

A Paul Guillemin.

C'est en 1821 que Beyle et Mérimée se rencontrèrent chez un ami commun, chez Lingay, le Maisonnette des *Souvenirs d'Egotisme*. Mérimée avait dix-huit ans et Beyle vingt-huit.

Beyle dit que le futur auteur de *Colomba* était alors un pauvre jeune homme en redingote grise ; très laid, avec un nez retroussé, il avait quelque chose de fort déplaisant.

Sur un exemplaire (1) de *La Jacquerie*, scènes féodales, suivies de *La famille de Carvajal*, drame, par l'auteur du *Théâtre de Clara Gazul* (Paris, Brissot-Thivars, 1828 ; imprimerie de H. Balzac), nous lisons cette dédicace : « A monsieur Beyle, de la part de l'auteur ». Au bas de la dernière page, Beyle a mis cette note : « Par M. Mérimée, jeune homme de vingt-six ans, fort mélancolique. » A la page 402 (2),

(1) Appartenant au comte Joseph Primoli.
(2) *La Famille de Carvajal.*

il a écrit : « Je reste sec comme de l'ame à dou *(sic)*. Je ne trouve rien à blâmer : cela est correct ; mais, si rien de ce qui est écrit n'est à blâmer, l'auteur est à blâmer de n'avoir pas écrit... » (Le reste est, malheureusement, coupé). A la page 420 : « 5 juin 1828. — Les détails manquent. Pas de repos pour l'âme. Cela est pénible comme un crime réel. Il fallait laisser cette action de 1599 à la cour d'un pape, et surtout que la Cenci fût... » (Le reste est coupé). A la page 421 : « J'ajoute en 1833, quatre ans après : Plus qu'un crime réel. Quelque chose d'humain reposerait durant le cours de l'action. » — Et la couverture, en effet, porte cette note : « Relu à Rome, août 1832 ; trop sec. ».

Cependant ces deux hommes étaient devenus amis, et le restèrent : c'est qu'ils se connaissaient et se comprenaient à merveille. « Je ne suis pas trop sûr du cœur de *Gazul*, écrit Beyle, mais je suis sûr de ses talents » ; et, parlant de Mme Mérimée, il ajoute : « Sa mère a beaucoup d'esprit français et une raison supérieure. Comme son fils, elle me semble susceptible d'attendrissement une fois par an. »

Mérimée, de son côté, ne ménage Beyle ni dans les *Notes* mises en tête de la *Correspondance inédite* de son ami, ni dans le trop fameux *H. B. par l'un des Quarante*. Tous deux néanmoins se louent sincèrement l'un de l'autre. Leur amitié reposait, non pas sur la sympathie, mais sur un sentiment d'une qualité spéciale : cette confiance qui réunit les hommes vraiment supérieurs. Ce n'est point qu'ils eussent nombre d'idées communes ; il n'existait pas beaucoup de sujets sur lesquels ils fussent d'accord. Leur plaisir consistait à se disputer de la meilleure foi du monde, ainsi que l'avoue Mérimée ; chacun soupçonnait l'autre d'entêtement et de paradoxe : au demeurant, ils étaient bons amis et toujours enchantés de recommencer leurs discussions.

Longtemps après la mort de Beyle (1842), Mérimée s'intéressait encore à sa famille ; on sait que la première lettre à Panizzi fut écrite pour offrir au directeur du *British Museum* d'acheter des manuscrits italiens au profit de Mme Pauline Périer-Lagrange, sœur de Beyle. Et voici un petit billet inédit adressé à l'homme d'affaire de Beyle, Romain Colomb :

Cannes, 19 mars 1862.

Monsieur,

Je n'ai aucune nouvelle de la commission de la propriété littéraire. J'ai dû passer pour ma santé une partie de l'hiver à Cannes, mais je vais partir pour Paris dans quelques jours. Je serais charmé de pouvoir être utile à la famille de Beyle.

Veuillez agréer, Monsieur, l'expression de tous mes sentiments de haute considération.

Pr Mérimée.

Lorsqu'en 1831, Stendhal quitta Paris pour aller représenter la France en qualité de consul, d'abord à Trieste où il resta seulement quelques mois, puis à Civita Vecchia, l'exilé et l'heureux Parisien correspondirent. Ces lettres inédites nous laissent voir un Mérimée jeune qui ne ressemble guère à l'homme mûr des autres recueils ; un Mérimée quasi fougueux, très sobre déjà dans l'expression de ses idées, mais « se découvrant » avec plus de complaisance qu'il ne fera dans la suite : il n'a pas encore acquis ce jeu serré de l'homme qui maintient son fleuret dans la ligne sans donner prise à l'adversaire.

Il faut dire aussi que le ton de ces lettres est vif, — comme il arriva, même par la suite, quand l'auteur écrivait à un homme, et à un ami. — Il faut les expurger ; le travail est délicat, mais la matière en vaut la peine : on verra que les morceaux en sont bons (1).

(1) Ces lettres, au nombre de sept, appartiennent à M. Auguste Cordier, auteur d'une intéressante brochure : *Stendhal jugé par ses amis*, et l'un des collectionneurs les plus riches en documents inédits, qui a bien voulu les mettre à notre disposition : — I, Lettre incomplète, sans date, mais de 1831, évidemment; II, 15 mars 1831 ; III, 25 mai 1831 ; IV, 14, 15 et 16 septembre 1831; V, Strasbourg, 4 juin 1836 ; VI, Aix la-Chapelle, 5 juillet 1836 ; VII, 12 février 1837. — Nous désignerons chaque lettre par son numéro.

*
* *

Les premières nous font assister à une discussion littéraire. Il s'agit du roman fameux, *Le Rouge et le Noir*, qui venait de paraître :

> Il y a dans le caractère de Julien des traits atroces dont tout le monde sent la vérité, mais qui font horreur. Le but de l'art n'est pas de montrer ce côté de la nature humaine. Rappelez-vous le portrait de Delia par Swift et l'abominable vers qui le termine... Vous êtes plein de ces odieuses vérités-là, et Swift avait l'excuse qu'étant impuissant... Mais vous qui êtes très susceptible d'amour, comme il appert par vos relations avec Mme Azur (1), vous êtes impardonnable d'avoir mis en lumière les vilenies cachées de cette belle illusion (I).

On voit que si Beyle reprochait à ce « jeune homme fort mélancolique » une certaine sécheresse et quelque inhumanité en littérature, ce jeune homme, à l'occasion, lui rendait la pareille.

Et, peu après, Mérimée reprend :

> Malgré la majesté consulaire qui vous entoure, vous êtes encore homme de lettres et bien chatouilleux sur

---

(1) Mme Azur, surnom de la baronne de R..., dont parlent souvent Beyle, Mérimée et Delacroix.

l'article du *Rouge*. Avec tout cela, vous ne répondez pas à mon objection. Pourquoi avez-vous choisi un caractère qui a l'air impossible? Lisez l'*Art poétique* de feu Boileau. 2° Pourquoi, ayant choisi ce caractère impossible en apparence, l'avez-vous orné de détails de votre invention? Observez que M. et Mme Azur sont des problèmes, problèmes non encore résolus. Or, si vous changez ou ajoutez quelque chose à la donnée du problème, qui sait si vous n'en rendez pas la solution tout à fait impossible? Je m'en vais vous bailler une comparaison. Le capitaine Harry vous dit : « J'ai vu, une nuit, le ciel tout enflammé. Je croyais voir un immense feu d'artifice, des fusées de toutes les couleurs, etc. » Le fait vous plaît, et, comme vous faites un roman dont la scène est dans l'Amérique méridionale, vous l'insérez dans le moment le plus pathétique, celui où votre héroïne est égarée dans la savane de Casanare, république de Colombie. A l'instant, cette seule circonstance rend le fait, qui n'était qu'extraordinaire, impossible, vu qu'on ne voit pas d'aurores boréales si près de la ligne équinoxiale. Je crois que Mme Azur n'a pu faire que ce qu'elle a fait, et si son caractère pouvait être analysé et connu, on y trouverait l'explication de sa vie, mais non celle de beaucoup d'autres actions assez semblables aux siennes que vous pourriez lui prêter. Moi qui ai la bosse de la sagacité comparative suivant Gall, je m'imaginais avoir compris votre Julien, et il n'y a pas une seule de ses actions qui n'ait contredit le caractère que je lui supposais (II.)

Et pendant que les deux amis discutaient ainsi, à la

même époque Gœthe disait à Eckermann ce qu'il pensait de ce nouveau roman stendhalien. Le passage est assez peu connu pour qu'on puisse le citer :

> Je considère *Le Rouge et le Noir* comme le meilleur ouvrage de Stendhal. Je ne nie pas qu'il ait traité d'une manière un peu aventureuse quelques-uns de ses caractères de femmes ; mais ils témoignent tous d'un grand esprit d'observation, d'une pénétration profonde, en sorte qu'on est tout disposé à pardonner à l'auteur ses invraisemblances de détail.

Un tel jugement, d'un tel homme, eût satisfait, je crois, et Stendhal et son ami ; — ne vaut-il pas la peine de noter, d'ailleurs, que si, d'après Mérimée, le caractère de Julien « a l'air impossible », ce sont les caractères de femme, et, sans doute, celui de Mlle de la Môle, qui, d'après Gœthe, sont traités « d'une manière un peu aventureuse » et pèchent, au moins, par des « invraisemblances de détails ».

Mérimée s'ennuie énormément : dès cette époque il a ces *blue devils* qui tiennent une si grande place dans sa correspondance avec les « Inconnues », et, pour se distraire lui-même, autant que pour amuser l'exilé de Civita-Vecchia, il lui raconte les cancans parisiens. Voici quelques-uns de ces divertissements :

J'ai reçu, il y a deux jours, une lettre étrange, sans orthographe et sur papier écolier. C'est une déclaration d'amour, on ne peut plus passionnée, signée Célina. L'auteur dit avoir dix-huit ans, être jolie, mariée à un honnête homme, mais d'un état *répugnant*. (Vidangeur, par hasard ?) Elle me dit de me rappeler ce que je lui disais autrefois de sa beauté. Tout cela m'est parfaitement inconnu. Il n'y a point d'adresse. J'ai cru d'abord que c'était un *hoax* (1), mais tous les amis auxquels je l'ai montré sont d'un avis différent, et, dans le fait, il y a de ces phrases si entortillées et si ridicules, qu'il faut avoir vécu toute sa vie dans une loge de portier pour les inventer (I).

Voici une histoire éminemment secrète. J'étais, l'autre lundi, au Salon, fort ennuyé et fatigué, quand je rencontre inopinément N..., suivie de son époux et de X... Elle était hideuse et n'avait pas de rouge. Pour l'époux, figurez-vous sa tête de veau habituelle, mais encore plus blafarde, sale et entortillée par une passion violente comme lorsqu'il entendit la première représentation d'*Hernani*. Je saluai et voulus m'échapper, mais elle m'accrocha par le bras, et il fallut refaire un tour de galerie. « Ah ! — dit-elle de ce ton de fausset de canard que vous lui connaissez, — ah ! mon Dieu ! si vous saviez combien je suis malheureuse depuis quelque temps ! Hier, j'ai voulu me jeter à l'eau... etc., etc. » Moi : « Pourquoi ce désespoir ? — « Oh ! ah ! oh !... enfin, imaginez-vous tout ce qu'il y a de plus cruel, l'événe-

---

(1) « Une mystification ».

ment le plus désespérant pour une femme. » Je devinais plus qu'à moitié, mais je m'amusais à voir le combat entre la pudeur et le besoin de parler que les âmes de papier mâché éprouvent surtout dans le malheur. Je me fis avouer à la fin que, son époux étant entré inopinément dans sa chambre à onze heures du soir, la veille ou l'avant-veille, elle n'avait pu l'empêcher de voir le dos de quelqu'un qui s'enfuyait ; qu'elle avait nié avec toute l'assurance possible, mais que cette assurance l'avait abandonnée à la fin, quand, après un quart d'heure de vociférations, son époux outragé avait trouvé sur sa toilette une montre d'homme. — Remarquez cet incident pillé à *l'Amour* et dont, par parenthèse, il y a un abominable tableau au Musée (1). — N... me dit que la violence de son mari et son intrépidité connue lui faisait craindre qu'il n'arrivât quelque grand malheur ; que pourtant il avait consenti à se souvenir qu'il était père, à condition qu'elle ne verrait jamais le perfide séducteur qui avait outrageusement orné le front d'un poète d'autre chose que des lauriers du génie. La pauvre femme était dans la plus cruelle position possible... Ajoutez à cela que l'amant est un tout petit jeune homme doux et blond, fort niais, qui prend les choses au tragique et s'accuse d'avoir fait le malheur d'une femme vertueuse. Comme je la voyais par trop matagrabolisée, je lui ai dit qu'elle ne s'affligeât plus, que j'allais donner à son amant une idée lumineuse, celle de louer une chambre garnie et qu'au besoin je lui en prêterais une. Alors ç'a été un flux

(1) Le *Salon* d'alors, qui était au Louvre.

d'actions de grâces, d'éloges de ma magnanimité, etc., etc... à n'en plus finir. Il y a au Salon un assez mauvais portrait de Cradock, que vous connaissez bien au moins de réputation. N... regardait ce tableau en faisant des efforts pour donner du mouvement aux deux calebasses qui lui garnissent la poitrine, comme si elle soupirait. « N'est-ce pas, me dit-elle, qu'il ressemble bien à ce monsieur ? » Cradock est très bel homme, l'autre est noir, laid et a l'air calicot. La partie cachée de cette histoire doit être assez ignoble. Le mari, je le crains, voit avec peine la nouvelle liaison qui ne lui rapporte ni pension comme celle de G..., ni dîners ni robes comme E... ; lorsqu'elle en sera venue à payer les culottes de ses amants, il se battra, ou la battra (III).

Votre ami Apollinaire (1) devient tous les jours plus cruche. Autrefois, il se bornait à une brioche par jour, maintenant il va parfois jusqu'à trois. L'autre jour, il m'avait nommé, avec plusieurs autres grands hommes, membre d'une commission chargée de désigner les artistes dignes d'être crucifiés après le Salon. Notre rapport fait, il l'approuve fort, et, quand on vient à l'exécution, il fait tout le contraire, et ce, parce que le général Athalin, amateur éclairé des beaux-arts et aide de camp du Roi, était d'un autre avis que le nôtre. Cela n'est rien ; mais une autre partie de notre besogne consistait à choisir quelques pauvres diables de peintres pour leur commander des tableaux. Nous disposions d'environ 30 000 francs pour cette magnificence. Apollinaire approuve les choix qui, pourtant, étaient tels quels, mais

(1) Le comte d'Argout.

nous demande quels sujets nous avons donnés. L'usage est de laisser choisir les sujets aux artistes; seulement, le ministre a son veto. « Point du tout. Je veux donner des sujets moi-même, et des sujets tirés de la vie du Roi. » Moi de me récrier, de lui parler de l'impossibilité de faire de la peinture avec des pantalons garance, des broderies, des bottes à l'écuyère, etc. Rappelez-vous le ridicule du Trocadéro; Jemmapes et Valmy vont bientôt le faire oublier. C'était parler à un sourd. Comme personne ne se souciait de proposer un sujet, il s'est gratté le front lui-même, et en a fait sortir des sujets éminemment pittoresques comme ceux-ci : *Le Roi reconnaissant la chaumière où il avait passé la nuit la veille de la bataille de Valmy.* — *S. A. R. M. le duc d'O[rléans] recevant un prix de thème au collège Henri IV.* — *Le Roi soignant un vieux sauvage en Amérique*, etc., etc. — Vous dire les sifflets, les exécrations qu'il a reçus, à cette occasion, des peintres qu'il traitait de la sorte, ce serait impossible. De la +(1), qui avait je ne sais quel sujet de ce genre, est dans l'intention d'en faire un autre; il dit : « Dans un an, le Roi, l'âne ou moi, nous mourrons. » (IV).

Plus loin, c'est le récit d'un dîner où se trouvaient réunis Musset, Maisonnette, Horace de Viel-Castel, Delacroix, Sutton Sharpe, avocat anglais fort lié avec Stendhal et avec Mérimée. De cette partie de la lettre, on ne peut détacher que cette phrase :

(1) Delacroix.

Musset, qui avait été toute affectation jusqu'au vin de champagne, s'étant trouvé soûl au dessert, est devenu naturel et amusant (IV).

Stendhal appréciait fort le très jeune poète romantique. Dans un billet inédit (1), adressé au baron de Mareste, il dit :

Je vous annonce que je viens de découvrir *un grand et vrai poète*, ce matin, pour six sous, au cabinet littéraire. C'est M. de Musset, *Contes d'Espagne*.

*
* *

Voici maintenant des nouvelles littéraires :

Marion Delorme a fait un demi-fiasco, non que cela vaille moins qu'*Hernani*, au contraire, mais on est si peu amusable aujourd'hui ! Point de ces fureurs comme l'année passée ; le public bâille ou ne vient point. N... ne hait plus Hugo. Toute la littérature tombe en quenouille, les vers principalement. N... est toujours avec son même, et son mari toujours aussi jaloux. On peut bien être cocu cinq ou six fois, mais la susceptibilité sur le point d'honneur s'en accroît. Un cuistre vient m'interrompre. Je vous laisse. J'ai pourtant, ce me semble, bien des cancans à vous dire (IV).

(1) Collection de M. Maystre, de Genève. Ce précieux billet est aujourd'hui la propriété de M. Cheramy.

Si Stendhal comprenait Musset, s'il pouvait dire qu'il était l'ami de Lamartine, il n'avait que peu de goût pour Victor Hugo : ce « demi-fiasco » ne dut point l'affliger. Stendhal voyait dans Hugo le grand chef de cette littérature emphatique et pompeuse qu'il dédaignait. Beyle a sa large part dans le triomphe du romantisme, mais Hugo et lui ne l'entendaient pas de la même façon. Par dessus tout, Stendhal jugeait Hugo « exagéré à froid » et somnifère ; il n'en fallait pas davantage : l'ennui est de tous les maux celui que Stendhal redoutait le plus.

Un jour cependant, le poète lyrique et le sec idéologue se rencontrèrent : c'est Mérimée qui avait ménagé l'entrevue. Elle fut extraordinaire, et Sainte-Beuve, qui était présent, a raconté la scène à M. Albert Collignon en cette lettre exquise, publiée, en 1874, dans une revue éphémère et digne d'un meilleur sort, *a Vie littéraire*.

J'avais pour Beyle, dit le critique, la plus grande déférence ; il m'imposait ; je ne l'ai pas rencontré très souvent ; mais j'ai eu l'heur insigne de passer chez Mérimée une soirée entière avec lui (vers 1829 ou 1830), avec Victor Hugo, qu'il rencontrait pour la première fois. Il n'y avait d'étranger en sus, s'il m'en souvient, qu'Horace de Viel-Castel, un viveur spirituel. Quelle singulière soirée ! Hugo et Stendhal chacun comme deux chats sauvages, de deux gouttières opposées, sur la défensive, les poils hérissés, et ne se faisant la patte de velours qu'avec des précautions infinies. Hugo, je l'avouerai, plus franc, plus large, ne craignant rien, sachant qu'il avait affaire dans Stendhal à un ennemi des vers, et de l'idéal, et du *lyrique* ; Stendhal plus pointu, plus gêné, et (vous le dirai-je ?) moins grande nature en cela.

Mérimée, qui avait ménagé le rendez-vous, ne le rendait peut-être pas plus facile, et il n'aidait pas à rompre la glace ; elle ne fut jamais brisée, ce soir-là, et je ne sais pas même s'ils se revirent. L'impression de Hugo ne fut pas très favorable.

Le croquis est vivant et joliment tracé ; — mais Stendhal, malgré Sainte-Beuve, ne fut jamais « l'ennemi des vers, de l'idéal, et du *lyrique* » !

Si l'on veut être impartial, il ne faut pas oublier, d'ailleurs, que Victor Hugo, déjà chef d'école, empruntait un surcroît d'assurance à tous les enthousiasmes juvéniles qui lui faisaient cortège ; et ces fanfares devaient accroître l'antipathie de Beyle, ennemi en tout de l'exagération et de la badauderie.

* * *

Passons à la politique :

Vous ne pouvez vous faire une idée de l'inquiétude des gens riches. Elle est tout à fait comique pour nous autres gueux. Vous avez perdu un beau spectacle, celui du pillage de l'archevêché. Rien n'était drôle comme une procession où figuraient nombre de savetiers et d'arsouilles de toute espèce, en chasubles, mitres, marmottant des prières et aspergeant le public d'eau bénite qu'ils puisaient dans des pots de chambre. La garde nationale se tenait les côtes de rire et n'empêchait rien. Il n'y a pas de religion dans ce pays-ci. Un épicier disait : « Pourtant on a tort de fatiguer ainsi les effets de M. l'archevêque. Moi, je me f... de la religion ; mais il en faut pour le peuple. » Plusieurs de nos honorables amis sont en prison pour s'être amusés à conspirer. Je ne sais pas ce qu'on en fera. A Sainte-Pélagie, ils continuent et s'entre-nomment consuls, préteurs, dictateurs de la meilleure foi et du plus grand sérieux du monde. Je crois que les émeutes vont finir. L'autre jour, les ouvriers sont tombés sur les étudiants et les ont frottés vigoureusement en les accusant de les empêcher de travailler (II).

Il y a cinq ou six jours, Thiers, Dittmer, Vitet et plusieurs autres se promenaient dans le jardin de M. P... (lequel est fort touffu) et parlaient d'Apollinaire, d'abord de son moral, de son esprit égal en couleur, force, énergie au « ... d'un ciron mâle » (Rabelais), puis de son physique, et Thiers dit : « Il a bien fait de ne pas aller à la chasse avec M. P... ; si l'on avait aperçu son nez débouchant d'une allée, tous les chasseurs auraient cru voir un bois de cerf et auraient fait feu. » Il paraît que ce mot de cerf donna lieu à plusieurs autres plaisanteries. Or, vous saurez qu'Apollinaire était derrière un buisson, faisant son profit de tout ce qu'on disait. Cependant, il se garda bien de se montrer. De retour au ministère, il s'est plaint à son secrétaire général de l'insolence de ces petits jeunes gens que M. P... tenait autour de lui. « Il y a certaines personnes et certaines choses, a-t-il dit, qui devraient être à l'abri de leurs plaisanteries. » La personne, c'est lui ; la chose, c'est donc son nez (IV).

* * *

En 1836, Mérimée fait un voyage en Allemagne. Détachons quelques lignes d'une jolie lettre datée d'Aix-la-Chapelle :

Quel beau pays que l'Allemagne des bords du Rhin, que feu Napoléon nous a fait perdre ! On y est de dix ans en avance sur la France. Que dites-vous de ce pays des bonnes manières et des vertus chevaleresques où l'on assassine avec cette activité ? Il me semble que nous sommes devenus bien ignobles, et tous les jours je me surprends à regretter le bon temps de la Restauration, lorsqu'il y avait de la société à Paris, que l'on causait, qu'on se moquait du Roi et des ministres sans songer à faire de révolution (VI).

Dans cette même lettre, un curieux témoignage sur la mère de l'impératrice Eugénie :

Je ne voyage pas avec une admirable Espagnole. Je vous mènerai, à mon retour, chez une excellente femme de ce pays qui vous plaira par son esprit et son naturel. C'est une admirable amie, mais il n'a jamais été question de chair entre nous. Elle est un type très complet et très beau de la femme d'Andalousie. C'est la comtesse del Montijo, autrefois comtesse de Teba, dont je vous ai souvent parlé (VI).

Mérimée tint sa promesse : Beyle fut admis dans l'intimité de Mme de Montijo. Il prédit à sa fille, une enfant, qu'elle épouserait un grand seigneur, — qu'il se plaisait à nommer le marquis de Santa-Cruz.

Mais continuons la lecture de cette lettre :

Je suis grandement et gravement amoureux d'autre part. Je crains votre traduction.

Il y a des gens que le monde regarde comme des scélérats et qui ne peuvent pas dire un *truism* qu'on y découvre un axiome de crime. On en trouve dans votre livre, et cela pourra vous nuire. Il y a deux mois, chez la duchesse de Broglie, je me hasardai à dire cette platitude, qu'ayant vu un asile pour l'enfance j'avais été profondément triste de voir ces pauvres enfants assujettis à des mouvements automatiques, mangeant en cadence et se comportant comme de grandes personnes. J'ajoutai que c'était une pensée bien amère que, sans ce régime-là, ces enfants seraient peut-être écrasés dans la rue par des voitures, brûlés vifs chez eux ou mangés par des cochons. Mme la duchesse a compris que les asiles étaient détestables en ce qu'on empêchait les enfants de faire ce qu'ils voulaient, et que je m'affligeais de voir une institution qui avait un but moral. Voilà nos juges (VI).

*
* *

La dernière lettre peut être publiée sans coupure. Comme dans les deux premières, Mérimée y discute une œuvre de son ami, — la préface de *la Vie de Napoléon*, qui ne devait pas être publiée avant 1876, cette préface bien connue dont voici le début : « Un homme a eu l'occasion d'entrevoir Napoléon à Saint-Cloud, à Marengo, à Moscou ; maintenant il écrit sa vie, sans nulle prétention au beau style. Cet homme déteste l'emphase comme germaine de l'hypocrisie, le vice à la mode au XIXe siècle... »

Ecoutons Mérimée :

Il y a dans cette préface un manque complet de méthode. Je veux dire que la succession des idées n'est point la plus commode pour l'intelligence du lecteur ; que vous lui donnez à faire un travail pénible, celui de l'arrangement convenable de ces idées, travail qu'un auteur doit toujours prendre à sa charge.

Il résulte de vos réticences qu'on vous prendra pour un républicain, malgré votre protestation à la dernière page en faveur de l'état de choses actuel (1).

---

(1) « Quant à moi, je désire le maintien pur et simple de ce qui est. Mais ma religion politique ne m'empêchera de comprendre celle de Danton, de Sieyès, de Mirabeau et de Napoléon, véritables fondateurs de la France actuelle, grands hommes, sans l'un desquels la France de 1837 ne serait pas ce qu'elle est. » *Préface*, p. XIX.)

Pourquoi parler d'abord de l'avantage d'avoir connu Napoléon, lorsque vous dites quelques pages plus bas que cette connaissance se réduit à l'avoir vu quatre fois ; que de ces quatre fois il ne vous parla que trois fois, et de ces trois fois, une fois pour dire des bêtises ? Ne vaudrait-il pas mieux dire que vous avez vécu à sa cour, et que vous avez été dans l'intimité de ses ministres (1)? Cela est un titre maintenant, tandis qu'il n'y a pas un mauvais général de brigade qui n'ait eu de plus longues conversations que vous avec l'Empereur.

Vous commencez par dire que vous écrivez pour détruire une erreur qui n'existe pas. C'est tout à fait perdre son temps que chercher à démontrer aujourd'hui que Napoléon était un grand homme, qu'il ne s'appelait pas Nicolas, qu'il avait du courage, etc., etc.

Vous trouvez le moyen d'offenser à la fois les juges littéraires et ceux de la bonne compagnie. Aux uns, vous dites : « Vous mentez, vous écrivez en style académique, et vous n'êtes ni simples, ni clairs. » Aux autres : « Vous êtes remplis de préjugés ; vous ne savez pas distinguer ce qu'il y a eu de noble et de bon dans la Révolution, de tous les crimes que l'on a commis en son nom. »

Or, outre la maladresse insigne de traiter son lecteur aussi irrévérencieusement, votre assertion est loin d'être exacte. La bonne compagnie a, du moins avait, assez d'in-

(1) « J'étais employé à sa cour, j'y ai vécu ; j'ai suivi l'Empereur dans toutes ses guerres, j'ai participé à son administration des pays conquis, et je passais ma vie dans l'intimité d'un de ses ministres les plus influents (Daru). » *Ibid*, p. XIII. — Stendhal, on le voit, profita de la leçon.

telligence pour faire la part du bien et du mal, pour ne pas se scandaliser lorsqu'on loue par hasard les comités de Salut public de l'énergie qu'ils mirent à défendre le territoire. On a lu l'histoire de Thiers, et ce n'est pas sa partialité pour les terroristes qu'on lui a reprochée, c'est son indifférence apparente pour les escroqueries de toute espèce (VII).

Il faut le reconnaître, l'élève n'avait pas tort ; ses critiques sont si justes que le maître en a tenu compte.

*
* *

Et les réponses de Beyle ? Mérimée les a brûlées, malheureusement ; le 1er juin 1852, il écrivait à l' « Inconnue » (Jenny Dacquin) :

Je passe tout mon temps à lire la *Correspondance* de Beyle. Cela me rajeunit de vingt ans au moins. C'est comme si je faisais l'autopsie des pensées d'un homme que j'ai intimement connu et dont les idées des choses et des hommes ont singulièrement déteint sur les miennes. Cela me rend triste et gai vingt fois tour à tour, dans une heure, et me fait bien regretter d'avoir brûlé les lettres que Beyle m'écrivait.

C S.

EUGÉNIE DE MONTIJO

Au comte Primoli.

A leur retour d'Italie, en 1860, l'Empereur et l'Impératrice s'arrêtèrent à Grenoble, où leur fut faite une réception enthousiaste. Rien ne manqua à la fête, pas même les cantates et les odes. Les poètes locaux accordèrent leurs lyres en l'honneur des souverains ; et ceux qui ont bonne mémoire reprochent encore aujourd'hui, à certain journaliste fort républicanisé, ses effusions impériales d'alors, conservées pieusement et malicieusement dans les archives de la ville.

Le programme des fêtes comprenait une visite à la Bibliothèque, où les Grenoblois devaient avoir une très flatteuse surprise.

Les quelques privilégiés qui accompagnaient la souveraine la virent, en effet, s'arrêter longuement devant le portrait d'un des grands hommes du Dauphiné, devant le portrait de Stendhal — ce jour-là, du moins, les compatriotes de Beyle lui pardonnèrent sans doute les quelques méchancetés qu'il leur décocha de-ci, de-là, dans ses *Mémoires d'un touriste* et dans sa *Correspondance*.

— Mais, dit l'Impératrice, n'est-ce pas là M. Beyle ? Je l'ai connu quand j'étais enfant, il m'a fait sauter sur ses genoux. Comment se fait-il que son portrait soit ici ?

— Henry Beyle est né à Grenoble, répondit l'excellent Gariel, le bibliothécaire de ce temps-là.

Depuis la fièvre stendhalienne qui s'est emparée de quelques centaines d'Européens — car il n'y a pas des Français seulement parmi les fervents beylistes — on a recueilli des renseignements sur bien des points obscurs de l'existence de Stendhal, — et l'anecdote de 1860 est devenue presque une page d'histoire.

C'est au comte Primoli que l'Impératrice, pendant un voyage en Espagne, a raconté ses souvenirs d'enfance relatifs à *Monsieur Beyle*.

Ainsi appelle-t-elle toujours Stendhal, qui est resté dans son esprit l'ami de Mérimée et l'homme aimable et affectueux, qui parlait avec tant d'enthousiasme des campagnes du premier empire et du grand Empereur. Je rencontrai, un soir, le comte Primoli chez Alphonse Daudet, et il voulut bien me dire à son tour ce qu'il savait, m'autorisant à me servir de ces documents oraux.

Stendhal fut présenté à la comtesse de Montijo par Mérimée et devint bientôt l'un des familiers de la maison, où il était apprécié et très admiré par les deux fillettes de Mme de Montijo : Eugénie et Paca.

— Les soirs où venait M. Beyle, dit l'Impératrice, étaient des soirs à part. Nous les attendions avec impatience, parce qu'on nous couchait un peu plus tard... Et ses histoires nous amusaient tant !

Dans un livre récent, M. Augustin Filon, qui a aussi entendu le récit de ces soirées, nous montre les deux petites filles assises chacune sur un genou de Beyle et buvant ses paroles, tandis qu'il déployait, épisode par épisode, ce prodigieux drame impérial dont il avait été le témoin. Au milieu de ces histoires épiques, le héros au petit chapeau et à la redingote grise « faisait de brusques et brillantes apparitions ». Beyle, pour rendre l'Empereur visible aux yeux comme à l'esprit, donnait aux deux enfants des images : l'Impératrice conserve encore une *Bataille d'Austerlitz* offerte « par son ami ».

Et M. Filon ajoute :

« Ainsi la religion de l'Empire se glissait dans ces jeunes imaginations, elle devenait le fond même de leur esprit. Heureuses petites filles qui eurent pour initiateur dans ce monde de la légende non un Marco Saint-Hilaire, mais un Stendhal ! Heureuses aussi d'avoir connu le meilleur de cet homme intéressant, peut-être le vrai Stendhal, un Stendhal sans affectation et sans grimace, un conteur hors ligne qui, pour être compris, pour être digne de ses petites amies, voulait être pur et daignait être simple ! »

*
* *

Sans vouloir faire passer Stendhal pour prophète, on peut dire qu'il avait lu dans les yeux de sa jeune amie les hautes destinées qui l'attendaient.

Il disait à la petite Eugénie : « Quand vous serez grande, vous épouserez M. le marquis de Santa-Cruz. Alors vous m'oublierez, et moi je ne me soucierai plus de vous. » La prédiction s'est plus que réalisée, mais la *marquise de Santa Cruz* n'a pas oublié son ami.

A ces renseignements viennent s'ajouter deux précieuses petites lettres adressées à Beyle par ses admiratrices. C'est à l'obligeance de M. Auguste Cordier, que je dois communication de ces autographes inédits.

La lettre d'Eugénie Guzman y Palafox est datée de Madrid — décembre 1839 — la future Impératrice avait alors treize ans. Il est important de noter cet âge, car il est rare de trouver chez une petite fille des préoccupations politiques comme celles qui se révèlent dans le second paragraphe de cette lettre. Je respecte l'orthographe et le français de l'original :

Monsieur,

J'ai reçu votre lettre avec un grand plaisir. J'attend avec impatience l'année 1840 puisque vous nous faites espérer de nous revoir. Vous me demandez ce que je fais à présent. J'apprend à peindre à l'huile un peu ; rions, travaillons comme par le passé. Maman trouve encore le temps de nous donner encore quelques leçons, et nous tâchons de ne pas oublier tout ce que nous avons appris à Paris.

A présent, l'Espagne est dans une grande agitation ; tout le monde désire la paix, et Maroto, général carliste, est passé au camp Cristino moyennant une forte somme d'argent, ce qui n'est pas beau, et tous les autres petits officiers ont suivi son exemple. La Navarre, Alava, Guipuzcia y Biscaye on reconnu la Reine légitime. On assure que D. Carlos et la duchesse de Bura ont passé à France. Cabrera s'est dirigé vers Jaramon, et 20 cavaliers sont sortis pour voir le mouvement de l'ennemi. A Madrid, il y eut de grandes fêtes en l'honneur de la proclamation de la paix, mais on la proclame tant de fois que je ne le crois plus. Cependant tout le monde désire la paix. Maman, ma sœur et miss Flower vous présentent leurs respects, et moi je suis, monsieur, avec dévouement votre affectionnée amie.

E. Guzman y Palafox.

La seconde lettre a un caractère plus intime, nous y retrouvons un écho des soirées de Paris. Il n'y a aucun futur impérial dans ces quelques lignes de celle qui fut plus tard la duchesse d'Albe :

Madrid, décembre 1840.

Mon cher monsieur,

Il y a longtemps que je n'ai pas eu le plaisir de vous écrire, mais j'en ai été empêchée d'abord par un voyage que nous avons fait à Tolède où nous avons vu des choses magnifiques ; il faut, monsieur, que vous vous déterminiez à faire un voyage en Espagne, tâchez donc d'y venir à présent que la Reine est à Barcelone et à Valence, et de là en trois jours par la diligence à Madrid, ce qui rendra bien heureuses vos petites amies ; nous recommencerons nos bonnes causeries, car ici nos seuls amusements sont d'aller toutes nos après-dinnées à une maison de campagne tout près d'ici, où nous courrons (sic) comme des bienheureuses.

Nous n'avons point d'amies, car les jeunes filles de Madrid sont si stupides qu'elles ne parlent que de toilettes et, pour changer, mal les unes des autres, et moi qui n'aime pas à avoir des amies de la sorte ! et quand je vais faire une visite, je ne fais que bouger et je ne leur parle que pour leur dire adieu.

Vous devez être bien content à présent que l'on va apporter les cendres de Napoléon ; moi aussi, je le suis et je voudrais être à Paris pour voir cette cérémonie. Il faut que vous alliez à Paris aussi, mais avant il faut venir ici et nous pourrons alors faire ce voyage ensemble.

Adieu, mon cher monsieur, croyez à l'amitié de votre affectionnée.

Paca Portocarrero y Palafox.

Des yeux seront mouillés de larmes, en lisant ces lettres sans doute oubliées, qui font revivre un passé lointain... Hélas! que d'événements tragiques et douloureux, depuis ce séjour de Madrid!

Mais Alfred de Musset n'a-t-il pas eu raison de renier le *Nessun maggior dolore...* de Dante et de s'écrier :

> Ah ! laissez-les couler, elles me sont bien chères,
> Ces larmes que soulève un cœur encor blessé !
> Ne les essuyez pas, laissez sur mes paupières
> Ce voile du passé.

C. S.

3

LES SALONS DE LA RESTAURATION

A Paul Bourget.

I

Beyle, victime d'une accusation du gouvernement autrichien qui le croyait affilié à la secte des Carbonari, est obligé, en 1821, de quitter Milan, sa patrie d'élection, la ville qui, pour lui, pour son cœur, sera toujours le souvenir attendri de ses débuts dans les armées de Bonaparte, de ses premières amours, de ses premiers plaisirs, et de son initiation définitive aux sensations des arts, — la peinture et surtout la musique.

Dans les *Souvenirs d'Égotisme*, Stendhal dit en parlant d'un voyage qu'il fit en Angleterre (1821) : « J'étais ivre de gaîté, de bavardage et de bière à Calais. *Ce fut la première infidélité au souvenir de Milan.* » Il se reproche cet excès de joie au moment où il vient de quitter cette bien-aimée Lombardie et aussi cette « divine Métilde » qui occupa absolument sa vie, de 1818 à 1824 (1) ; mais avant d'être à tout jamais le *Milanese* de la pierre tombale du cimetière Montmartre, il fera bien d'autres infidélités au souvenir de Milan et particulièrement pendant les quelques années de vie de Paris, qui précédèrent son entrée dans la carrière consulaire — de 1821 à 1830. Il s'oubliera plus d'une fois au milieu des philosophes, des lettrés, des gens d'esprit, ou des hommes simplement célèbres qu'il va rencontrer. C'est à ce moment qu'il entre en relations avec le comte Destutt de Tracy, l'auteur de l'*Idéologie*, Benjamin Constant, Mérimée, Victor Jacquemont, le général Lafayette, Charles de Rémusat, encore un tout jeune homme, mais « mûr dès la jeunesse », suivant le mot de Sainte-Beuve, Fauriel, Cuvier, Thiers, Béranger, Aubernon, Beugnot, Delécluze, le baron Gérard, en somme presque tout le clan libéral de la Restauration. On comprend qu'il ait pu trouver quelques compensations à ce qu'il avait perdu.

L'art de « marcher au bonheur », il le cherchera aussi, quoi qu'on en ait, dans le succès auprès des plus intellectuels de ses contemporains et il le trouvera, sans trop se faire d'illusion.

(1) Voir : *Vie de Henri Brulard*, chapitre 1er ; Paul Arbelet, *Arrigo Beyle, Milanese, Revue Bleue*, 26 septembre 1903, etc.

A cette époque Beyle avait déjà publié plusieurs volumes. En 1814 parurent les *Lettres adressées de Vienne en Autriche sur Haydn, suivies d'une vie de Mozart et de considérations sur Métastase et l'état présent de la musique en Italie*, sous le pseudonyme d'Alexandre-César Bombet — le nom de Stendhal ne fut inventé que plus tard ; on le trouve pour la première fois sur la couverture de *Racine et Shakespeare*, en 1823.

Dès cette première publication, Beyle commence, contre la vanité française, sa petite guerre, où l'on doit voir surtout son amour exagéré du caractère italien, et expose ses principes sur la musique — avertissant ainsi le lecteur qu'il n'écrira jamais pour le distraire simplement, mais qu'il lui communiquera des observations personnelles fondées sur une sorte de psychologie comparée.

En 1817, il donne deux autres ouvrages : *Histoire de la peinture en Italie*, par M. B. A. A., et *Rome, Naples et Florence ou esquisses sur l'état actuel de la société, les mœurs, les arts et la littérature, etc., etc., de ces villes célèbres* (sans nom d'auteur).

L'Histoire de la peinture en Italie est capitale dans l'œuvre de Beyle ; on y relève bien des fautes de goût — par exemple une admiration soutenue pour Canova — mais il s'en dégage cette théorie des milieux, des climats et des tempéraments, déjà indiquée dans Montesquieu et étudiée par Cabanis, qui a depuis fait fortune. Cette théorie est exposée par Beyle le plus souvent en un tour vif et spirituellement concis. « Le peintre, écrit-il (chapitre xciii), qui fera Brutus envoyant ses fils à la mort, ne donnera pas au père la beauté idéale du sanguin, tandis que ce tempérament fera l'excuse des jeunes gens. S'il croit que le temps qu'il faisait à Rome le jour de l'assassinat de César est une chose indifférente, il est en arrière de son siècle. A Londres, il y a des jours où l'on se pend. »

H. Taine, dans la préface de sa *Littérature Anglaise*, explique les mérites de Stendhal et la portée de l'œuvre du « grand psychologue ». Il reconnaît devoir beaucoup à ce précurseur. Beyle est, en effet, un trait d'union entre le xviii° siècle et H. Taine ; il apporte une large part d'idées nouvelles et d'applications originales dans cette étude des rapports du physique et du moral.

« On n'a pas vu, dit Taine, que, sous des apparences de causeur et d'homme du monde, il expliquait les plus compliqués des mécanismes internes, qu'il mettait le doigt sur les grands ressorts, qu'il importait dans l'histoire du cœur des procédés scientifiques, l'art de chiffrer, de décomposer et de déduire... on l'a jugé sec et excentrique... et cependant c'est dans ses livres qu'on trouvera encore aujourd'hui les essais les plus propres à frayer la route que j'ai tâché de décrire. »

Rome, Naples et Florence, c'est une sorte de journal

de voyage écrit au jour le jour, comme plus tard les *Promenades dans Rome* (1829) et les *Mémoires d'un Touriste* (1838).

Beyle y parle de tout en artiste, en dilettante, en mondain. Ici le scénario d'un ballet de Vigano, là une anecdote italienne qui renouvelle la psychologie par l'imprévu des situations, et partout ce désir de communiquer au lecteur l'enthousiasme si sincère et si vibrant que l'auteur éprouve dès qu'il est de l'autre côté des Alpes. « Quels transports de joie ! quels battements de cœur ! Que je suis encore fou à vingt-six ans ! Je verrai donc cette belle Italie ! Mais je me cache soigneusement du ministre : les eunuques sont en colère permanente contre les libertins. Je m'attends même à deux mois de *froid* à mon retour. Mais ce voyage me fait trop de plaisir ; et qui sait si le monde durera trois semaines ? (1) »

De plus, il a en portefeuille son livre : *De l'Amour*, écrit au crayon à Milan « dans les intervalles lucides ».

Comme causeur, Beyle apportait aussi un élément assez rare à cette époque : son cosmopolitisme. A la suite des armées de Napoléon, de 1806 à 1812, il avait voyagé en Allemagne, en Autriche, en Russie ; en 1817 et en cette même année 1821, il avait vu l'Angleterre. Pendant ses séjours d'Italie, il s'était rencontré avec Lord Byron, Brougham, Hobhouse, à qui

(1) Je cite d'après l'édition de 1817. — Où Monselet avait-il donc pris que Beyle avait horreur des points d'exclamations ?

fut dédié le quatrième chant de *Childe Harold*, Monti, le poète, Canova, Mayer, Rossini, Paccini, etc. (1).

Il pouvait donc bien dire à ces Parisiens qu'il allait étonner autant que charmer :

> Vengo adesso da Cosmopoli.

Le littérateur avait, on le voit, un bagage considérable, — et sa réputation assez restreinte, sans doute, atténuée par l'anonymat, bornée en somme à ces *happy few* auxquels seulement il daignait s'adresser, était suffisante pour lui servir de « billet d'entrée » dans un des salons les plus en vue, le salon du comte Destutt de Tracy.

II

Quel honneur pour Beyle de nouer des relations avec cet homme qu'il admirait depuis si longtemps et qui avait eu tant d'influence sur son esprit. « Je lis

---

(1) Voir sur Lord Byron, Monti, etc., la lettre que Beyle adresse à Mme L. S. Belloc, l'auteur de *Lord Byron* (*Correspondance inédite*, p. 273 et suiv., vol. I ;) et dans *Racine et Shakespeare* (édition Michel Lévy) : *Lord Byron en Italie*, 1816, p. 261-285).

avec la plus grande satisfaction les cent douze premières pages de Tracy aussi facilement qu'un roman », écrit-il dans son *Journal* à la date du 1ᵉʳ janvier 1805. Et chaque fois qu'il découvre une nouvelle idée, le nom de Tracy revient sous sa plume. « Je n'aurai rien fait pour mon bonheur particulier, tant que je ne serai pas accoutumé à souffrir d'être mal dans une âme, comme dit Pascal. Creuser cette grande pensée, *fruit de Tracy*. » (1).

Beyle avait fait envoyer à M. de Tracy un exemplaire de son *Histoire de la peinture en Italie* — le jeune écrivain était, en 1817, de passage à Paris. Il eut le bonheur de recevoir la visite de l'auteur de l'*Idéologie*.

« Il passa une heure avec moi. Je l'admirais tant que probablement je fis *fiasco*, par excès d'amour. »

Je trouve, dans une notice de Mignet, un trait de caractère de M. de Tracy qui montre que, sans nul doute, les appréhensions de Beyle, — à cette époque, du moins — étaient peu fondées.

« Les sentiments de M. de Tracy étaient droits et hauts comme son âme. Il cachait un cœur passionné sous des dehors calmes. Il y avait en lui un désir vrai du bien, un besoin d'être utile qui passait fort avant la satisfaction d'être applaudi... Il se plaisait avec les jeunes gens, et ceux qui donnaient des espérances par

(1) *Journal de Stendhal*, p. 113.

leurs talents rencontraient le solide appui de ses conseils et de son attachement (1). »

Aussi, à son retour d'Italie, Beyle trouva-t-il un accueil aimable dans le salon de la rue d'Anjou. Stendhal nous fait pénétrer dans cette société brillante.

Le doyen du salon était le général Lafayette, allié des Tracy.

« Une haute taille, dit Beyle, et au haut de ce grand corps une figure imperturbable, froide, insignifiante comme un vieux tableau de famille, cette tête couverte d'une perruque à cheveux courts mal faite. Cet homme, vêtu de quelque habit gris et entrant, en boitant un peu et s'appuyant sur un bâton, dans le salon de Mme de Tracy, était le général Lafayette en 1821. »

Et, brusquement, le portrait devient anecdotique et tourne au vaudeville.

« M. de Lafayette, dans cet âge tendre de soixante-quinze ans, a le même défaut que moi ; il se passionne pour une jeune Portugaise de dix-huit ans qui arrive dans le salon de Mme de Tracy, il se figure qu'elle le distingue, il ne songe qu'à elle, et ce qu'il y a de plaisant, c'est que souvent il a raison de se le figurer. Sa gloire européenne, l'élégance foncière de ses discours, malgré leur apparente simplicité, ses yeux gris qui s'animent dès qu'ils se trouvent à un pied d'une

---

(1) Mignet : *Portraits et notices historiques et littéraires*, vol. I, p. 374 et 376.

jolie poitrine, tout concourt à lui faire passer gaîment ses dernières années. »

Tout en parlant du général, Beyle nous fait voir, comme en profil, la maîtresse de la maison, « cette femme adorable, dit-il, et de moi aimée comme une mère, non, mais comme une ex-jolie femme ».

Elle se scandalise parfois du ton ironique de Stendhal, mais elle sait le défendre.

« Il était convenu qu'elle avait un faible pour moi. Il y a une *étincelle en lui*, dit-elle un jour à une dame qui se plaignait de la simplicité sévère et franche avec laquelle je lui disais que tous ces ultra-libéraux étaient bien respectables pour leur haute vertu, sans doute, mais du reste incapables de comprendre que deux et deux font quatre. »

A côté de Destutt de Tracy, de la comtesse de Tracy, du général Lafayette, on aperçoit toute une réunion, qui est l'élément jeune de ce grave cénacle, « à droite en entrant, dans le grand salon », sur un « beau divan bleu ». C'est là que sont assises « quinze jeunes filles de douze à dix-huit ans et leurs prétendants : M. Charles de Rémusat et M. François de Corcelles ».

Victor Jacquemont fait aussi partie de cette société. « Victor me semble un homme de la plus grande distinction... Il devint mon ami, et, ce matin (1832), j'ai reçu une lettre qu'il m'écrit de Kachemyr, dans l'Inde. »

Beyle, au moment où il écrivait ces lignes, en juin

1832, allait perdre cet ami, et la lettre dont il parle est la dernière qu'il reçut de Victor Jacquemont.

Il ajoute à ce croquis un trait qui, à ses yeux, devait évidemment diminuer un peu son admiration.

« Son cœur n'avait qu'un défaut — une envie basse et subalterne pour Napoléon. »

Et ce petit travers n'est pas une invention de Beyle — il se trompe quelquefois, mais jamais quand il s'agit d'*impressions* — car je lis dans la troisième partie du *Journal* de Jacquemont : « Les louanges que j'entends chanter, pendant l'élégant dîner du magistrat, M. Taylor, à Bonaparte, *dieu de la liberté*, me donnent des accès de jacobinisme et d'ultracisme. »

Les relations de Beyle et de Jacquemont n'en furent pas moins excellentes et les lettres que le voyageur adresse à son ami prouvent que la sympathie était réciproque.

Beyle nomme encore quelques autres personnes qu'on trouvait à ces soirées du dimanche ; Georges Washington Lafayette, « vrai citoyen des Etats-Unis d'Amérique, parfaitement pur de toute idée aristocratique », et Victor de Tracy, fils du comte, alors major d'infanterie. « Nous l'appelions barre de fer — c'est la définition de son caractère. Brave, plusieurs fois blessé en Espagne sous Napoléon, il a le malheur de voir en toutes choses le mal. »

De la femme de Victor de Tracy, cette charmante Sarah Newton, Beyle ne dit que quelques mots :

« Jeune et brillante, un modèle de la beauté délicate anglaise, un peu trop maigre ». Et on regrette de n'avoir pas l'explication de ces épithètes. On connaît cette femme d'esprit et de talent, par un article des *Causeries du lundi* (1), sur ses *Essais*, œuvre posthume, publiée en 1852. Sarah Newton est l'amie de Mme de Coigny, qui lui donnait pour emblème une *hermine*, avec ces mots : *Douce, blanche et fine*, et l'auteur du *Voyage à Compiègne* d'où se détache cette jolie phrase blâmée par Cuvillier-Fleury (2) et défendue par Sainte-Beuve : « Nous sommes descendues vers un moulin dont j'aimerais à être la meunière ; *l'eau est si claire qu'elle a l'air d'être doublée de satin vert*, tant elle réfléchit avec netteté les arbres qui entourent le moulin. »

Beyle parle dans une de ses lettres (3) du malheur qu'il eut de déplaire toujours aux personnes auxquelles il voulait trop plaire, pensant sans doute à cette période de sa vie. Fort bien accueilli au début, il sentit que peu à peu la bienveillance de M. de Tracy lui échappait. « J'ai vécu, écrit-il, dix ans dans ce salon, reçu poliment, estimé, mais tous les jours moins *lié*, excepté avec mes amis. C'est là un des défauts de mon caractère qui fait que je ne m'en prends pas aux hommes de mon peu d'avancement. »

(1) Vol. XIII.
(2) *Dernières études historiques et littéraires*, vol. II.
(3) *Correspondance inédite*, vol. II, p. 149.

Il y avait peut-être plusieurs raisons à cette froideur de Destutt de Tracy, surnommé, nous dit Mignet, *Têtu* de Tracy. Le philosophe était évidemment un peu effrayé de certaines théories stendhaliennes, et l'homme du monde, des bruits malveillants qui couraient sur le compte de Beyle. Mais nous aurons peut-être la solution de ce petit problème, si nous suivons le causeur dans d'autres milieux, et particulièrement chez Mme Cabanis et chez la Pasta.

III

Beyle avait vu, dans le salon de la rue d'Anjou, Mme Cabanis. M. de Tracy avait été fort intimement lié avec Cabanis, c'était, nous dit Mignet, « une amitié fondée sur une forte tendresse, une estime sans bornes et de communes opinions ». Lorsque Cabanis mourut, en 1808, c'est, par une attention délicate, à M. de Tracy que l'Académie française songea pour le remplacer, voulant que celui des deux amis qui survivait vînt succéder à l'autre et prononçât son éloge.

M. de Tracy mena Beyle chez Mme Cabanis, rue des Vieilles-Tuileries, « au diable ». C'était un salon bourgeois où Stendhal ne se sentait pas à l'aise. La plupart des gens qu'il y rencontre ne l'intéressent pas.

C'est là qu'il voit un sculpteur, un instant célèbre sous la Restauration — M. Dupaty, auteur du Louis XIII de la place Royale, et mari de la fille de Mme Cabanis, cette fille « haute de six pieds et malgré cela fort aimable ».

« M. Dupaty me faisait grand accueil, dit Beyle, comme écrivain sur l'Italie, et auteur d'une Histoire de la Peinture. Il était difficile d'être plus *convenable*, et plus vide de chaleur, d'imprévu, d'élan, etc., que ce brave homme. Le dernier des métiers, pour ces Parisiens si soignés, si proprets, si *convenables*, c'est la sculpture. »

Là aussi il fit la connaissance de Fauriel, la seule personne de ce salon qui ait trouvé grâce devant lui et dont il admire la sincérité littéraire. « C'est, dit-il, avec Mérimée et moi, le seul exemple à moi connu de non-charlatanisme parmi les gens qui se mêlent d'écrire. Aussi M. Fauriel n'a-t-il aucune réputation. »

Dans ce salon — sorte de terrain neutre — Stendhal se montrait plus hardi qu'à la rue d'Anjou.

Aux Vieilles-Tuileries, un soir, il effaroucha M. de Tracy — voici en quelle circonstance.

Beyle avait pour interlocuteurs le calme idéologue et M. Thurot, l'helléniste, dont il fait en quelques lignes une caricature assez drôle : « Honnête homme, mais bien bourgeois, bien étroit dans ses idées, bien méticuleux dans toute sa petite politique de ménage. Le but unique de M. Thurot, professeur de grec, était d'être membre de l'Académie des Inscriptions. Par une contradiction effroyable, cet homme, qui ne se mouchait pas sans songer à ménager quelque vanité qui pouvait influer, à mille lieues de distance, sur sa nomination à l'Académie, était *ultra-libéral.* »

M. de Tracy et M. Thurot demandèrent à Beyle quelle était sa politique et voici la réponse qu'il leur fit : « Dès que je serais au pouvoir, je réimprimerais les livres des émigrés, déclarant que Napoléon a usurpé un pouvoir qu'il n'avait pas en les rayant. Les trois quarts sont morts, — je les exilerais dans les départements des Pyrénées et deux ou trois voisins. Je ferais cerner ces quatre ou cinq départements par deux ou trois petites armées qui, pour l'effet moral, bivouaqueraient au moins six mois de l'année. Tout émigré qui sortirait de là serait impitoyablement fusillé. — Leurs biens rendus par Napoléon, vendus en morceaux non supérieurs à deux arpents. — Les émigrés jouiraient de pensions de mille, deux mille et trois mille francs par an. Ils pourraient choisir un séjour dans les pays étrangers. »

Les figures de MM. Thurot et de Tracy s'allongeaient pendant l'exposé de ce plan. Tant d'audace était un crime impardonnable.

Nous arrivons au second grief de M. de Tracy.

Un jour, une dame, que Stendhal appelle Céline, lui dit : « M.... l'espion, a dit chez M. de Tracy. — « Ah ! voilà M. Beyle qui a un habit neuf, on voit

« bien que Mme Pasta vient d'avoir un bénéfice. »

« Cette bêtise plut. M. de Tracy ne me pardonnait pas ma liaison publique (autant qu'innocente) avec cette actrice célèbre. »

IV

Mme Sarah-Bernhardt a fait un jour un joli et triste conte (1), dont la morale est que, seuls des gens de talent, les acteurs mouraient tout entiers. Qui donc aujourd'hui parle de la Pasta, immortalisée pourtant dans un vers de Musset? Et pourtant sa gloire fut immense — le Tout-Paris de la Restauration alla l'entendre ; et ce fut l'unique actrice que l'on osât jamais comparer à Talma.

Le grand tragédien la reconnut presque pour rivale. « Talma n'a pas balancé à dire une chose vraie, sans pour cela qu'il compromît la valeur de son mérite. Il répétait souvent, en parlant de Mme Pasta, qu'elle faisait naturellement ce que, lui, n'était parvenu à faire qu'à force de travail et à la fin de sa carrière (2). »

(1) *Album de Murcie.*
(2) *Souvenirs inédits de Delécluze* (*Revue Rétrospective.* dixième semestre, 1889) — p. 265.

Beyle aussi essaye une comparaison entre la cantatrice et Talma ; ce morceau résume admirablement toutes les impressions du dilettante qu'on trouve éparses dans la Vie de Rossini (1) et dans les *Mélanges d'art et de littérature,* œuvre posthume publiée en 1867 par R. Colomb.

« Ma grande affaire, comme celle de tous mes amis en 1821, était l'*Opera Buffa.* Mme Pasta y jouait *Tancrède, Othello, Roméo et Juliette,* d'une façon qui non seulement n'a jamais été égalée, mais qui n'avait certainement jamais été prévue par les compositeurs de ces opéras.

« Talma, que la postérité élèvera peut-être si haut, avait l'âme tragique, mais il était si bête qu'il tombait dans les affectations les plus ridicules... Le succès de Talma commença par la hardiesse, il eut le courage d'innover, le seul des courages qui soit étonnant en France...

« Il n'y avait de parfait dans Talma que *sa tête* et son *regard vague.*

« Je trouvai le tragique qui me convenait dans Kean (2) et je l'adorai. Il remplit mes yeux et mon cœur. Je vois encore là devant moi Richard III et Othello.

« Mais le tragique dans une femme, où pour moi

(1) Le Chapitre xxxv est entièrement consacré à la Pasta.
(2) Beyle avait entendu Kean à Londres, en 1821.

il est le plus touchant, je ne l'ai trouvé que chez Mme Pasta, et là, il était pur, parfait, sans mélange. Chez elle, elle était silencieuse et impassible. En rentrant, elle passait deux heures sur son canapé à pleurer et à avoir des accès de nerfs.

« Toutefois, ce talent tragique était mêlé avec le talent de chanter. L'oreille achevait l'émotion commencée par les yeux (1). »

Une dizaine d'années plus tard, George Sand, voyageant en compagnie d'Alfred de Musset, entendit la Pasta à Venise — et ses impressions notées dans l'*Histoire de ma vie*, montrent que Beyle n'exagère rien. Stendhal ne nous donne pas de portrait physique de la Pasta. George Sand, moins psychologue, la décrit avec quelque détail, aussi le passage suivant sera-t-il bien à sa place ici :

« La Pasta était encore belle et jeune sur la scène. Petite, grasse et trop courte de jambes, comme le sont beaucoup d'Italiennes, dont le buste magnifique semble avoir été fait aux dépens du reste, elle trouvait le moyen de paraître grande et d'une allure dégagée, tant il y avait de noblesse dans ses attitudes et de science dans sa pantomime. Je fus bien désappointée de la rencontrer le lendemain, debout sur sa gondole, et habillée avec la trop stricte économie qui était

(1) On dirait que Beyle avait devant lui la médaille frappée en 1829 à l'effigie de la Pasta et sur laquelle on lit : « *Sublime nel canto, unica nell'azione.* »

devenue sa préoccupation constante. Cette belle tête de camée que j'avais vue de près aux funérailles de Louis XVIII, si fine et si veloutée, n'était plus que l'ombre d'elle-même. Sous son vieux chapeau et son vieux manteau, on eût pris la Pasta pour une ouvreuse de loges. Pourtant elle fit un mouvement pour indiquer à son gondolier l'endroit où elle voulait aborder, et dans ce geste la grande reine, sinon la divinité, reparut (1). »

L'amour de Beyle pour l'Italie et pour la musique — et aussi l'espoir de rencontrer des Milanais qui lui parleraient de Métilde — *le conduisirent* tout naturellement chez la Pasta. De plus, Stendhal était là dans l'atmosphère qui lui convenait pour écrire la *Vie de Rossini*, qui parut en 1824.

Beyle habitait alors l'hôtel des Lillois, rue de Richelieu, n° 63 — dans cette même maison demeurait la célèbre cantatrice. Le soir, en sortant de quelque réunion mondaine ou du théâtre, vers minuit, il entrait chez la Pasta, où se donnait rendez-vous une nombreuse société — J.-J. Ampère, Fauriel, entre autres, et tous les Italiens plus ou moins exilés de passage à Paris.

Beyle, silencieux, rêveur, dans ce salon, songeait moins à la femme qu'à l'artiste — non qu'il le voulût peut-être, mais il avait vu et compris que tel devait

---

(1) *Histoire de ma vie*, cinquième partie, chapitre III.

être son rôle. Il s'explique très sincèrement sur sa prétendue liaison avec la Giuditta.

Comme le comte de Tracy, la Pasta fut une de ces personnes auxquelles Stendhal eut le malheur de vouloir trop plaire. Il en prit son parti et se consola de ce que « la chose se fût bornée à la plus stricte et plus dévouée amitié », de part et d'autre.

Mais Beyle n'en resta pas moins, aux yeux de la société de la rue d'Anjou, l'amant de la cantatrice.

L'opinion qu'on avait de Stendhal était toujours extrême — il a eu de vrais amis et de vrais ennemis ; les amis étaient ceux qui le connaissaient — les ennemis ceux qui le connaissaient mal. Sainte-Beuve, qui ne peut être accusé de tendresse pour Beyle, nous donne là-dessus un précieux témoignage. « Que cet homme, qui passait pour méchant auprès de ceux qui le connaissaient peu, était aimé de ses amis ! Que je sais de lui des traits délicats et d'une âme toute libérale ! (1) » Et les mêmes amis, les mêmes ennemis existent encore aujourd'hui, on peut les diviser en catégories analogues,

Beyle raconte, dans la *Vie de Henri Brulard*, que chez certaines personnes, il ne pouvait plus dire qu'il avait vu passer un cabriolet jaune dans la rue sans avoir le malheur d'offenser mortellement les hypocrites et même les niais. Il eut à subir de réels affronts :

(1) *Nouveaux Lundis*, vol. III, article sur Delécluze.

Mᵐᵉ de Lamartine, à Florence, évita de le recevoir (1). Cette réputation, exagérée à plaisir, lui valut le surnom de Méphistophélès, que lui donnèrent quelques-uns de ses amis. « Au fond, dit-il, je surprenais ou scandalisais toutes mes connaissances ; j'étais un monstre ou un dieu. »

Et ces jugements sur l'homme ressemblaient fort aux jugements qu'on portait sur le littérateur.

Ainsi, pour bien des gens, Beyle n'était qu'un ignorant. Il n'avait pas, il est vrai, une science très sûre, mais au moins il avait beaucoup d'esprit et incontestablement beaucoup d'idées personnelles, quoique discutables parfois. Il n'apprenait jamais aux autres que ce qu'il avait senti ou éprouvé lui-même — est-ce là pourtant un mérite médiocre ? Au sujet de cette réputation d'ignorance il raconte une jolie anecdote : « Un des étonnements du comte Daru était que je pusse écrire une page qui fît plaisir à quelqu'un. Un jour, il acheta de Delaunay, qui me l'a dit, un petit ouvrage de moi qui, à cause de l'épuisement de l'édition, se vendait quarante francs. Son étonnement fut à mourir de rire, dit le libraire.

— « Comment ! quarante francs !

— « Oui, Monsieur le comte, et par grâce ; et vous ferez plaisir au marchand en ne les prenant pas à ce prix.

(1) Le fait m'a été rapporté par M. Emile Chasles, fils de Philarète Chasles.

— « Est-il possible! disait l'Académicien en levant les yeux au ciel : Cet enfant, ignorant comme une carpe !

« Il était parfaitement de bonne foi. Les gens des antipodes, regardant la lune lorsqu'elle n'a qu'un petit croissant pour nous, se disent : Quelle admirable clarté! la lune est presque pleine! M. le comte Daru, membre de l'Académie française, associé de l'Académie des sciences, etc., etc., et moi nous regardions le cœur de l'homme, la nature, etc., de côtés opposés. »

Et par ce petit récit, ne pouvons-nous pas, en même temps, nous faire une idée de la conversation de Beyle ? N'est-ce pas là un charmant spécimen de sa façon ingénieuse d'expliquer les choses, ce qui pour lui est presque toujours s'expliquer soi-même.

C'est dans cet égoïsme psychologique qu'il excelle, et nous ne lui en ferons pas un reproche.

Un de ses amis nous dit, dans une notice peu connue : « Jamais il ne sut ce que c'était que l'esprit préparé. Il inventait en causant tout ce qu'il disait... il trouvait à chaque instant de ces traits imprévus qui ne peuvent être le résultat de l'étude (1). »

L'anecdote sur le comte Daru ne répond-elle pas à ce joli signalement que nous donne Arnould Frémy ?

Beyle n'avait pas porte ouverte seulement chez M. de Tracy, M*me* Cabanis ou la Pasta, il était en-

(1) Arnould Frémy : *Souvenirs anecdotiques sur Stendhal* (*Revue de Paris*, 11 septembre 1855).

core reçu chez M. Cuvier, chez Mme Ancelot, chez le baron Gérard, chez Mme de Castellane, où il rencontre Thiers, qu'il trouve trop effronté, bavard, Mignet, sans esprit, Béranger qu'il admire pour son caractère, Aubernon et Beugnot. Mais il sera plus intéressant de parler des dimanches de Delécluze, le critique d'art des *Débats*, là Stendhal se montre sous un jour nouveau.

V

Chez Etienne Delécluze, Beyle devait rencontrer la société qui lui convenait. Dans le salon de la rue d'Anjou, il était glacé par la froideur de M. de Tracy, chez Mme Cabanis, gêné par le ton bourgeois : et enfin, chez la Pasta, il se laissait aller au « bonheur du silence » ; — il lui suffisait d'écouter les autres et d'entendre bourdonner à ses oreilles ces syllabes milanaises qui l'attendrissaient.

Aux réunions de Delécluze, il trouva enfin la liberté d'allure et le franc parler dont il avait besoin pour être tout à fait lui-même.

Ces réceptions du dimanche, composées d'hommes exclusivement, étaient fort suivies et très brillantes. Nous le savons non seulement par Beyle, mais par

Delécluze qui, dans ses *Souvenirs de soixante années*, nomme tous ses amis — et la seule liste de ces personnes prouve combien il dut se dépenser d'esprit dans le modeste appartement du journaliste.

On y voyait J.-J. Ampère, le *critique en voyage*, comme il s'est appelé dans quelques-uns de ses livres où il initiait les Français aux littératures étrangères ; Albert Stapfer, l'élève de Guizot ; Sautelet, cet intelligent libraire-éditeur, qui eut une fin tragique à laquelle Mérimée fait allusion dans sa brochure sur Stendhal ; Paul-Louis Courier, dont les conseils encouragèrent Beyle à publier *Racine et Shakespeare* ; le baron de Mareste, l'homme du monde de ce cénacle de gens de lettres, où il avait un rôle charmant : écouter et comprendre ; Adrien de Jussieu, le silencieux botaniste qui était la *galerie* et disait en prenant congé du maître de la maison : « Ils ont été bien amusants aujourd'hui » ou « ça n'a pas été aussi amusant que dimanche dernier. » Et enfin, *the last and not the least*, Prosper Mérimée, que Beyle avait rencontré, en 1821, chez Joseph Lingay, le professeur de rhétorique du futur auteur de *Colomba*. La première impression de Stendhal ne fut pas très favorable. « Pauvre jeune homme en redingote grise et si laid avec son nez retroussé », dit-il de Mérimée. Et il ajoute : « Ce jeune homme avait quelque chose d'effronté et d'extrêmement déplaisant, ses yeux petits et sans expression avaient un air toujours le même et cet air était méchant. Telle fut la première vue du meilleur de mes amis actuels. Je ne suis pas trop sûr de son cœur, mais je suis sûr de ses talents. »

« Je ne sais, dit Stendhal, qui me mena chez M. de l'Etang — (c'est le pseudonyme transparent qu'il donne à Delécluze). — Il s'était fait donner un exemplaire de l'*Histoire de la Peinture en Italie*, sous prétexte d'un compte rendu dans le *Lycée* — un de ces journaux éphémères qu'avait créés à Paris le succès de l'*Edinburgh Review*.

« Il désira me connaître, on me mena donc chez M. de l'Etang, un dimanche à deux heures. C'est à cette heure incommode qu'il recevait. Il tenait donc académie au sixième étage d'une maison qui lui appartenait à lui et à ses sœurs, rue Gaillon. » Beyle se trompe, il ne faut jamais trop se fier à lui quand il s'agit de « descriptions matérielles », la maison de Delécluze était rue de Chabanais, au coin de la rue Neuve-des-Petits-Champs, et l'appartement au quatrième. Mais continuons : « De ses petites fenêtres, on ne voyait qu'une forêt de cheminées en plâtre noirâtre. C'est pour moi une des vues les plus laides, mais les quatre petites chambres qu'habitait M. de l'Etang étaient ornées de gravures et d'objets d'art curieux et agréables. Il y avait un superbe portrait du cardinal de Richelieu que je regardais souvent. A côté était la grosse figure lourde, pesante, niaise de Racine. C'était avant d'être aussi gras que ce grand poète avait éprouvé les sentiments dont le souvenir est indispensable pour faire *Andromaque* ou *Phèdre*.

Nous retrouvons ici le ton sarcastique de *Racine et Shakespeare*, cette brochure que Stendhal allait publier ; c'est chez Delécluze que Beyle, « la trompette à la fois et le général d'avant-garde de la nouvelle révolution littéraire (1) », discuta les théories condensées dans ces quelques pages aggressives, l'un des premiers documents à consulter pour l'histoire du romantisme.

Passons maintenant à Delécluze lui-même et à son entourage. « Je trouvai chez M. de l'Etang, devant un petit mauvais feu, — car ce fut, ce me semble, en février 1822 qu'on m'y mena — huit ou dix personnes qui parlaient de tout. Je fus frappé de leur bon sens, de leur esprit, et surtout du tact fin du maître de la maison qui, sans qu'il y parût, dirigeait la discussion de façon à ce qu'on ne parlât jamais trois à la fois ou que l'on n'arrivât pas à de tristes moments de silence. »

Beyle, en somme, a été assez malmené par Delécluze dans ses *Souvenirs de soixante années*, au point que Sainte-Beuve prend la défense de Stendhal (2). Il trouve Delécluze souverainement injuste pour Beyle.

« Sa sévérité étrange, ajoute-t-il, pour un si ancien

(1) Sainte-Beuve, *Nouveaux Lundis*, III, p. 109.
(2) Sur les *Souvenirs de soixante années* de Delécluze, voir *Nouveaux Lundis*, vol. 3.

ami et un si piquant esprit appelle la nôtre à son égard et la justifierait, s'il en était besoin. — » Et en note, ce post-scriptum qui se cache pour être mieux vu :
« Je sais quelqu'un qui a dit :

« Delécluze est parfois un béotien émoustillé, mais il y a toujours le béotien. »

Stendhal ne pouvait pas ne pas voir le béotien qu'il y avait en Delécluze — mais ce n'est qu'après avoir dit tout le bien possible de son nouvel ami qu'il laisse entrevoir ce côté ridicule du personnage : « M. de l'Etang, dit-il, est un caractère dans le genre du bon vicaire de Wakefield. Il faudrait pour en donner une idée toutes les demi-teintes de Goldsmith ou d'Addison.

« Il a toutes les petitesses d'un bourgeois. S'il achète pour trente-six francs une douzaine de mouchoirs chez le marchand du coin, deux heures après, il croit que ses mouchoirs sont une rareté, et que pour aucun prix on ne pourrait en trouver de semblables à Paris. »

Peut-on noter un travers avec plus de tact et plus d'esprit ? Il serait trop cruel pour Delécluze de retranscrire ici quelques-uns de ses jugements sur Stendhal.

Et Beyle se résume en une page exquise, dans laquelle, oubliant le béotien, il ne voit plus que le plaisir qu'il a éprouvé dans « l'Académie » de la rue de Chabanais.

« Je ne saurais exprimer trop d'estime pour cette

société. Je n'ai jamais rien rencontré, je ne dirai pas de supérieur, mais même de comparable. Je fus frappé le premier jour et vingt fois peut-être pendant les trois ou quatre ans qu'elle a duré, je me suis surpris à faire ce même acte d'admiration.

« Une telle société n'est possible que dans la patrie de Voltaire, de Molière, de Courier...

« La discussion y était franche sur tout et avec tous. On était poli chez M. de l'Etang, mais à cause de lui. Il était souvent nécessaire qu'il protégeât la retraite des imprudents qui, cherchant une idée nouvelle, avaient avancé une absurdité trop marquante. »

C'est chez Delécluze que Beyle lança pour la première fois ces mots brillants qui firent sa réputation d'homme d'esprit et qu'on retrouve dans sa correspondance et ailleurs :

Le principe du romantisme « est d'administrer au public la drogue juste qui lui fera plaisir dans un lieu et à un moment donnés ». Définition que Baudelaire a prise pour lui et à son compte.

Et la contre-partie : « Le classicisme présente aux peuples la littérature qui donnait le plus grand plaisir possible à leurs arrière-grands-pères. »

« L'Alexandrin un cache-sottise. »

C'est là aussi qu'il scandalisa bien des gens par des théories païennes dans lesquelles il entre beaucoup plus d'enfantillage et d'impertinence que de conviction profonde ; ici Beyle est la dupe de ses préjugés ;

à cet égard il a tenu à se montrer irréconciliable devant ses contemporains.

Dans ses œuvres et même ses œuvres (comme la *Vie de Henri Brulard* ou les *Souvenirs d'Egotisme*) écrites librement, puisqu'elles ne devaient être publiées selon son désir, qu'après sa mort, à le bien comprendre, il n'est pas l'homme que nous laissent entrevoir George Sand (1) et Mérimée.

Mérimée, si fin, si perspicace, semble avoir été dupé à son tour, et avoir cherché à prendre trop au sérieux certaines boutades de son ami.

VI

C'était pour Beyle un apprentissage, que cette vie de Paris, dans ces mondes très différents. Il se révéla causeur plein d'idées nouvelles et de formules inédites, chez les uns ; chez les autres — contre-partie naturelle — il fut jugé homme dangereux et révolutionnaire en morale autant qu'en politique.

Pour lui la question n'était pas là. Il laissait dire, et se contentait d'observer, préoccupé constamment de trouver « la théorie du cœur humain » et de « peindre ce cœur par la littérature ».

(1) *Histoire de ma Vie*, 5e partie, ch. III.

Il s'essayait sur ce public restreint, ne se donnant pas tout entier ; il conservait toute son indépendance.

Jamais il ne voulut *cultiver* un *salon*, cela contrariait trop ses habitudes. Il faisait des apparitions et n'était jamais assidu. Il ne songeait pas à s'assurer une situation, comme on l'a dit, il n'était déjà plus ambitieux que littérairement. Aussi sacrifia-t-il tout à cette passion dominante. En ne se mêlant pas trop aux coteries, il sut garder toute son originalité pour le jour où, enfin, maître de lui-même, il se résume en une œuvre — une œuvre capitale qui ne pouvait être pensée et conçue qu'après une longue expérience.

C'est en 1830 qu'il écrira *Le Rouge et le Noir*, avant de s'exiler à Civita-Vecchia, avant d'aller occuper son poste modeste de consul de France dans cette triste ville italienne où l'idée lui viendra de composer la *Chartreuse*, son autre chef-d'œuvre.

Stendhal dira, en 1835, après avoir réfléchi à la situation qu'il aurait pu obtenir, s'il avait su profiter de ses relations : « Je regrette peu l'occasion perdue. Au lieu de dix, j'aurais vingt mille, au lieu de chevalier, je serais officier de la Légion d'honneur, mais j'aurais pensé trois ou quatre heures par jour à ces platitudes d'ambition qu'on décore du nom de politique ; j'aurais fait beaucoup de bassesses...

« La seule chose que je regrette, c'est le séjour de Paris. »

Et il se reprend bien vite : « Mais je serais las de Paris, en 1836, comme je suis las de ma solitude, parmi les sauvages de Civita-Vecchia (1). »

Ainsi, il a le bonheur de garder un plus agréable souvenir de ses années passées dans les cercles littéraires de Paris, car il ne croyait pas qu'il n'est pire misère que de se rappeler les temps heureux dans les jours de douleur ; comme Alfred de Musset, il reniait cette pensée du poète florentin.

Jersey, septembre 1892.

C. S.

(1) *Vie de Henri Brulard.*

DONATO BUCCI (1)

Mon cher Monsieur Colomb,

Je désirais depuis bien longtemps, mon cher monsieur Colomb, remplir avec vous ma promesse de vous faire quelques observations sur la correspondance inédite de notre M. Beyle, afin de vous expliquer pourquoi il avait dit dans une de ses lettres : qu'il ne pouvait pas se voir à Civita-Vecchia. J'hésitais, cependant, à prendre la plume, parce que je devais pour cela vous donner des détails biographiques d'un individu jouissant auprès de vous d'une bonne réputation,

---

(1) Donato Bucci, le signataire de cette lettre, était un marchand d'antiquités, ami de Stendhal. C'est chez Bucci que Stendhal passait ses meilleurs moments pendant son exil de Civita-Vecchia. Sa lettre est écrite non en italien, mais en une sorte de français transalpin. Elle était adressée à Romain Colomb, l'exécuteur testamentaire de Stendhal.

qu'il est loin de mériter. Une circonstance tout à fait extraordinaire, et que vous connaîtrez dans la suite de cette lettre, m'y décide maintenant.

L'individu dont il s'agit est M. Lysi Tavernier (1). Ce monsieur, natif de Salonique, vint s'établir à Civita-Vecchia, en 1822, avec sa mère qui avait épousé, en secondes noces, un certain Mordo, juif et devenu chrétien, comme dirait Stendhal, par intérêt mercantile. M. L., fort jeune, et ne laissant nullement deviner le caractère qui se développa chez lui plus tard, obtint d'être nommé chancelier-élève au consulat de France à Civita-Vecchia par le consul, baron de Vaux. En 1829, le chancelier étant décédé, M. L. aurait dû de droit le remplacer, mais le consul fit nommer à cette place un autre individu. M. L. en porta plainte au ministre, mais sans résultat. La Révolution de Juillet arrivée, M. de Vaux fut destitué et remplacé, en 1831, par M. Beyle. Ce nouveau consul, aussitôt arrivé à Civita Vecchia, le connaissant par sa réputation littéraire, j'allai lui faire une visite et lui offrir mes services. Il me reçut parfaitement bien, d'autant plus qu'il avait pour moi une lettre de recommandation de M. Constantin (2), qu'il avait vu à son pas-

---

(1) Lysimaque Tavernier.

(2) Abraham Constantin, peintre sur émail ; ses œuvres principales sont au Musée de Turin, ce sont des copies des tableaux les plus célèbres des musées italiens.

sage par Florence. Dès ce moment nous nous liâmes en amitié, qui dura jusqu'à sa mort. M. L. à cette époque se trouvait à Rome, y attendant le nouveau consul, pour en obtenir la place qu'il réclamait. Le lendemain de ma visite, M. B. m'entretint sur cette affaire, en me demandant mon avis. Je lui dis, que réellement M. L. avait reçu un tort, car la place de chancelier lui revenait de droit, et d'après mon avis il lui rendit justice. Je le priai, toutefois, de ne jamais dire à personne que j'étais intervenu dans cette affaire, étant également lié en amitié avec les familles des deux prétendants à la même place. Mais, par une de ces distractions habituelles chez lui, il dit à L., que c'était à moi qu'il devait sa place. Il vint, par conséquent me remercier de tout ce que j'avais fait pour lui, et j'eus beau protester que je n'y étais pour rien, il me répéta qu'il en était sûr, car c'était M. B. lui-même qui le lui avait dit. Il prit donc possession de sa place, pour laquelle il avait acquis, il faut le dire, une certaine capacité, bien supérieure à celle de son prédécesseur. Vous connaissiez les habitudes locomotives de M. B., qui était pris du spleen, s'il devait rester longtemps dans le même lieu, et surtout dans un petit pays comme Civita-Vecchia, sans société, sans distractions et ressources d'aucune espèce. Il passait donc son temps principalement à Rome, en faisant parfois des excursions à Naples et Florence. Pendant son absence, c'était M. L. qui gérait le consulat, mais avec ordre d'avoir à me consulter sur toutes les affaires de quelque importance. Dans les premiers temps, il se conduisit assez bien : et venait me demander mon avis même sur les affaires les plus simples et M. B. n'eut qu'à se louer de sa conduite. Mais au bout d'environ deux ans, il commença à développer un caractère, auquel j'étais loin de m'attendre, et que je n'aurais pu imaginer.

M. Latour-Maubourg ayant été nommé ambassadeur de France à Rome, M. L., à son passage par Civita-Vecchia, alla lui offrir ses services, et, par ses plates courtisaneries, il parvint à se mettre dans ses bonnes grâces et obtenir sa protection. Il lui servait de commissionnaire pour tout ce qu'il recevait de France, et de véritable domestique de place, lorsqu'il avait à passer par Civita-Vecchia, il en agissait de même avec tous ses parents ou amis. Le fait est, qu'après avoir obtenu la protection de l'ambassadeur, il me fit volte-face, et commença à desservir son supérieur auprès de tous ceux qui avaient de l'influence dans le gouvernement, en disant que le consul n'était jamais à sa place, et que c'était lui qui gérait entièrement le consulat. M. Beyle était même certain qu'il l'avait aussi calomnieusement dénoncé à M. Désaugiers, directeur des consulats à cette époque. Dans l'espoir que, par la protection de l'ambassadeur, si M. Beyle venait à être destitué ou nommé à quelque autre consulat, il pourrait le remplacer, il ne se borna pas à le calomnier auprès du gouvernement français, mais il le dénonça aussi au gouvernement romain ; comme athée en religion et révolutionnaire en politique, et comme l'un des principaux agents en Italie de la propagande de Paris. Il faisait croire que c'était dans mon cabinet que l'on tenait des complots, pour faire une révolution dans les Etats Romains. Cette dénonciation fut tellement prise au sérieux par le gouvernement romain que je fus mis sous la surveillance de la police, et enregistré au livre noir, qui existe encore, avec des noms que Mazzini lui-même ne pourrait pas mériter. Son inique conduite et sa noire ingratitude exaspérèrent M. B., qui, ne pouvant plus souffrir sa présence, prolongeait son absence de Civita-Vecchia le plus qu'il pouvait. Il me disait un jour : « Mon ami, j'aurais préféré que vous m'eussiez donné 5o coups de bâtons plutôt que de m'avoir fait prendre pour chancelier cet infâme coquin de L. » — J'hésitais, ainsi que je vous l'ai dit plus haut, à entrer avec vous dans ces tristes détails, et j'en supprime beaucoup pour ne pas vous ennuyer, mais voici la circonstance qui m'y a enfin décidé.

Dernièrement un diplomate français fort distingué, qui a été pendant quelque temps secrétaire d'ambassade à Constantinople, se trouvant à causer avec moi, et notre conversation étant tombée sur M. B. qu'il connaissait de réputation, me dit que le Grec se présenta un jour chez lui en le priant de recommander au ministre des Affaires étrangères de la Porte son affaire de l'indemnité réclamée pour ses propriétés confisquées à Salonique par le gouverment turc, lors de la révolution grecque ; et qu'après lui avoir parlé de son affaire, il lui montra un paquet de lettres de Victor Jacquemont, l'auteur de la correspondance sur l'Inde, adressées à M. B., avec des notes de ce dernier en marge ; ces lettres contenaient principalement des observations critiques sur ses ouvrages. Il se rappelait entre autres un paragraphe d'une de ces lettres, dans lequel Jacquemont, en parlant d'un passage d'un ouvrage de son ami, disait : « Tu en as effrontément menti », et une note en marge de M. B. — « vrai ». Il m'ajouta que ces lettres étaient extrêmement curieuses et intéressantes, surtout pour les notes de M. B. qui dévoilaient toute sa pensée.

Voici de quelle manière M. L. peut être entré en possession de ces lettres. A son dernier voyage à Paris, M. B., comme à l'ordinaire, m'avait laissé les clefs de son appartement, qui était à côté du mien. Le jour qu'arriva ici la funeste nouvelle de sa mort, M. L. (après me l'avoir annoncée sans aucun ménagement, et mal déguisant sa joie) me dit : « Maintenant, dans l'intérêt de ses héritiers, il faut que je prenne possession de son appartement, et que vous m'en donniez les clefs. » Je ne me le fis pas dire deux fois ; je les lui consignai au même instant. Deux ou trois jours après, ne connaissant pas encore le testament du défunt, il vint me prier d'assister à l'inventaire de ses effets ensemble avec M. Chiros, à cette époque agent des postes françaises à Civita-Vecchia, et maintenant trésorier de la division française à Rome, ce qui fut fait. Mais j'appris ensuite, qu'avant la rédaction de l'inventaire, le monsieur était entré plusieurs fois tout seul dans l'appartement, et c'est alors qu'il a dû s'emparer des lettres en question, et probablement d'autres objets que j'ignore. Lysimaque avait un jour volé des billets de banque dans le secrétaire de Beyle (1). Je me rappelle qu'au moment de la rédaction de l'inventaire, s'étant permis une proposition impertinente contre la mémoire de M. B., je lui dis : « Il n'y a qu'un infâme coquin comme vous qui puisse dire du mal d'un homme aussi respectable, et auquel vous devez tout ce que vous possédez depuis les souliers jusqu'au chapeau. » Je m'emportai tellement, que je lui aurais tiré quelque chose sur la figure, s'il ne s'était pas précipitamment sauvé. M. Chiros, qui partageait toute mon estime et respect pour M. B. et mon mépris pour le Grec, applaudit de tout son cœur à la sévère leçon que je lui donnai. Mais le croiriez-vous, vil, rampant et souple comme un véritable Grec du Bas-Empire, quelques heures après cette scène, il osa retourner chez moi, comme si rien n'avait été, en me priant de vouloir bien continuer à l'assister dans l'opé-

(1) C'est à quoi Bucci fait allusion plus haut lorsqu'il parle des reproches que lui fit Stendhal au sujet du Grec.

ration de l'inventaire. Ayant ensuite reçu de vous le testament, après l'avoir lu il me dit : « Tant mieux, je n'ai plus d'embarras pour cette affaire. »

J'aurais encore bien des pages à vous écrire sur son compte, mais pour en finir, je laisserai la parole au même M. B. Je vous inclus donc, avec prière de retour, une de ces lettres, qu'il m'écrivit de Paris, aussitôt retourné de son voyage en Hollande. Cette lettre vous en dira plus de ce que je vous ai écrit et je pourrai encore vous écrire sur ce digne sujet. Pour votre intelligence, les deux dames, dont il est question dans la lettre, sont : la princesse de Canino, veuve Lucien Bonaparte, et la duchesse Caetani, mère de Don Philippe et de Don Michel, prince de Teano, tous les deux connaissant aussi bien que moi les qualités du Grec. — Vous voilà le portrait de M. L., de beaucoup réduit dans ses proportions, que je confie à votre discrétion. Connaissant la bonne réputation dont il jouissait auprès de vous, peut-être que je ne vous en aurais jamais parlé, sans la circonstance indiquée, qui a produit en moi l'effet de la goutte faisant déborder le vase.

Laissons maintenant de côté M. L., abandonnons-le à sa destinée, et parlons seulement de notre M. Beyle dont la mémoire, profondément gravée dans mon cœur, m'est aussi chère qu'à vous. Ce sera une espèce de compensation à l'ennui et aux pénibles impressions que vous aurez dû éprouver à la lecture d'aussi tristes et misérables détails. Je vais vous raconter, entre autres choses, quelques anecdotes assez curieuses de ses conversations avec moi et le commun ami Don Philippe Caetani.

Vous aurez vu, avec plaisir, que la réputation littéraire de M. B. grandit tous les jours, et que de temps en temps l'on publie des articles sur ses ouvrages. Je ne sais pas si vous avez lu celui publié dans le feuilleton de *l'Indépendance Belge* du 5 mai dernier. Cet article, bizarrement signé : ΔΣE, assez spirituel, contenait, suivant moi, quelques justes appréciations sur son caractère et ses principes religieux, à côté d'autres fausses ou inexactes. En lisant ce qu'il disait sur ses principes religieux, je me rappelai qu'un jour, en me répétant son refrain habituel : ou il n'existe pas, ou il est méchant, il m'ajouta : voulez-vous que je vous le prouve ?

— Non, monsieur, épargnez-vous cette peine.

— Ah ! c'est dommage, mon ami, que vous n'ayez pas un peu plus de religion.

— Pourquoi, monsieur ?

— Parce que de cette manière nous n'avons pas de matière à discuter et nous restons là comme deux imbéciles.

Lorsqu'il voyait quelqu'un affligé d'un mal physique ou moral, il disait : « C'est la bonté du Père éternel. » Une fois étant à nous promener à la campagne, nous avions devant nous un chien hargneux et dégoûtant. — Mais, mon ami, me dit-il, vous n'avez pas de police ? Pourquoi laisser circuler ce chien et ne pas le tuer ? C'est horrible à voir !

— C'est vrai, je lui répondis, mais si ce chien, pouvant tout à coup avoir le don de la parole, vous disait : Eh ! monsieur, c'est la bonté du Père éternel qui m'a réduit dans cet état ! — Alors je l'embrasserais, je le mènerais chez moi, et je le soignerais comme le meilleur de mes amis.

Dans une de ses promenades dans Rome avec Don Philippe Caetani, un pauvre l'aborda, en lui disant : Monsieur, faites-moi de l'aumône, pour l'amour des cinq plaies de Notre-Seigneur Jésus. — Il en devint furieux, et en le menaçant d'un coup de bâton, il lui dit : Va-t'en à tous les diables, toi et les cinq plaies !

Il est dit dans le même article, qu'il ne pouvait pas supporter les ennuyeux. Rien de plus vrai. Etant une fois à causer ensemble d'une affaire de quelque intérêt, je m'aperçois qu'un individu, parfait honnête homme, mais l'être le plus ennuyeux que j'aie jamais connu, s'approchait de nous, je lui dis : « Ah ! monsieur B., nous sommes perdus, voilà notre ennuyeux qui vient interrompre notre conversation ! » Il se retourna, et quoiqu'il fût, comme vous le savez, de manières très polies et convenables avec tout le monde, il le traita de la manière la plus brutale, en lui disant toutes les insolences possibles. Ce pauvre homme en fut tellement foudroyé et anéanti, qu'il se sauva, sans pouvoir articuler une seule parole. Un moment après, il me dit :

« J'ai eu tort de m'oublier de la sorte, mais aussitôt que je l'ai vu, le sang m'a monté à la tête, et il m'a été impossible de me réprimer. »

L'article en question se termine par une conjecture de l'auteur, pour expliquer ce qu'il appelle la singularité de son épitaphe mortuaire, et il l'attribue à son affection pour Milan, qui était demeuré la patrie de son cœur et de ses souvenirs. J'ignore si vous avez sur cela le secret de sa pensée. Quant à moi, qui en suis aussi réduit aux conjectures, je crois que son affection pour Milan peut bien y avoir contribué, mais qu'elle n'a pas été la cause déterminante. Vous connaissez, sans doute, son antipathie pour le système gouvernemental de Louis-Philippe, et surtout pour sa politique étrangère, qu'il qualifiait d'humiliante et indigne d'une grande nation comme la France. Son antipathie se convertit en aversion profonde lors du traité de Londres, de juillet 1840. Je me rappelle parfaitement m'avoir dit (1) cent fois : « Après avoir abandonné l'Italie et la Pologne, payé 25 millions, qui n'étaient pas dus, aux Etats-Unis, après l'affaire Pritchard, sa trahison envers le vice-roi d'Egypte, en sacrifiant la dignité et les intérêts de la France, mit le comble à la mesure de ses lâchetés et de ses infamies, je vous avoue, qu'il y a maintenant de quoi rougir de s'appeler Français. » Je suppose donc, qu'ayant fait

(1) Cela veut dire : qu'il m'avait dit.

son testament en septembre 1840 (1), il se décida, sous l'impression de cette idée, à renoncer à sa qualité de Français, et que devant adopter une nouvelle patrie, il donna la préférence à Milan, son pays de prédilection, où, ainsi qu'il le disait souvent, il avait passé les plus beaux jours de sa vie, et dont les souvenirs étaient aussi chers à son cœur qu'à son esprit. Voilà pour moi la conjecture la plus probable. Qu'en dites-vous ?

A propos du gouvernement de Louis-Philippe, il me disait un jour : « C'est un bien mauvais gouvernement sans base, et qui peut être renversé du jour au lendemain, et si nous vivions encore quelques années, je crois que nous verrions quelqu'un de la famille Bonaparte au pouvoir, car, quoi qu'on en dise, l'empire a laissé des traces bien profondes en France. » Sa prophétie ne tarda pas à se vérifier, mais malheureusement il n'a pas pu avoir le bonheur d'en être témoin. Je crois, cependant, que tous les actes du nouvel empire n'auraient pas également obtenu ses sympathies, et surtout sa politique dans la déplorable question romaine, qui, après avoir mis la France dans une impasse, est plus loin que jamais d'une solution satisfaisante.

Voici une anecdote que vous serez bien aise de connaître..

(1) La politique n'est pour rien dans le *Milanese*, l'épitaphe fut rédigée bien avant 1840.

Me trouvant l'autre soir à causer avec un Français, personnage haut placé, très connu dans le monde politique, de la situation actuelle du gouvernement républicain, la conversation tomba sur M. B. « Voilà, je lui dis, un homme qui connaissait parfaitement les rouages compliqués et rouillés du gouvernement républicain, et la corruption de tous ses fonctionnaires. » Je lui citai à ce sujet sa lettre sur la Tartarie Chinoise que l'on n'avait pas pu livrer à la publicité, en l'insérant dans sa correspondance inédite, parce que plusieurs personnes dont il y était question, étaient encore en vie (1). « Je la connais, me dit-il, et voici comment j'en ai eu connaissance. Cette lettre fut envoyée par l'auteur, je ne me le rappelle pas bien, si à Louis-Philippe ou à M. Guizot. Le gouvernement français, pour vérifier ses appréciations, envoya, sous le plus grand secret, à Rome, un des principaux employés de la police, homme de beaucoup de tact et d'esprit. Cet individu résida à Rome pendant un an, et il envoya à M. Guizot un rapport qui contenait des notes en regard à chaque personnage de la lettre en question, et complétaient leur biographie. Ce rapport contenait, en outre, un chapitre extrêmement curieux et intéressant, intitulé : Tarif des cardinaux. Le même employé, que je connaissais beaucoup, et qui était sûr de ma discré-

---

(1) Elle a été publiée depuis dans les *Lettres inédites* qui font suite aux *Souvenirs d'Egotisme*.

tion, voulut bien me le faire lire. Lorsqu'il vous plaira de me donner de vos bonnes nouvelles, je vous prie de me dire si le Grec est encore à Paris, où il était venu pour briguer un avancement ou un changement de résidence.

J'achève ma lettre, mon cher monsieur Colomb, en vous souhaitant pour vous et les vôtres, à l'occasion du nouvel an, dans lequel nous venons d'entrer, la satisfaction de tous vos désirs, et en vous répétant l'assurance des sentiments, aussi invariables que sincères, de parfaite estime et cordiale amitié, avec lesquels j'ai le plaisir d'être

Votre ami et serviteur très dévoué,

D. Bucci.

Civita-Vecchia, le 10 janvier 1858.

III

LA CORRESPONDANCE

I

COMMENT FUT ÉDITÉE
LA CORRESPONDANCE DE BEYLE

A Adolphe Paupe.

On ne saurait trop louer Romain Colomb, l'exécuteur testamentaire et le premier éditeur de Stendhal, du soin pieux avec lequel il s'est acquitté de sa tâche. — La notice biographique, qu'il a publiée en tête des *Romans et nouvelles*, sera toujours un document précieux, encore que l'on doive s'en servir avec circonspection.

Malheureusement, Colomb a voulu se piquer de bienséance et de littérature, et, dans une intention sans doute louable à ses yeux, il a parfois corrigé les manuscrits de Beyle. J'en avais eu plusieurs preuves, et particulièrement dans un passage de la *Vie de Henri Brulard* cité par Colomb. Stendhal écrit : « Un salon de huit ou dix personnes dont toutes les femmes *ont eu des amants*, où la conversation est gaie, anecdotique, et où l'on prend du punch léger à minuit et demi, est l'endroit du monde où je me trouve le mieux. » Colomb a des scrupules et change *dont toutes les femmes ont eu des amants* en *dont toutes les femmes sont aimables*, pendant exquis de cette variante de la Chanson de Fortunio :

> *Si vous croyez que je vais dire*
> *Qui j'ose estimer !...*

Mais c'est dans la *Correspondance inédite*, surtout, que Colomb s'en est donné à cœur joie. Il a marqué de sa prudhommerie et de son amour de la syntaxe presque chacune des épîtres de Stendhal — à en juger toutefois d'après les manuscrits originaux de quelques lettres que j'ai sous les yeux (1).

Il serait oiseux de relever toutes les différences : nous avons fait un choix qui porte sur les CORRECTIONS, les SUPPRESSIONS et les ADDITIONS.

On aurait pu ajouter à ces trois délits un quatrième tripatouillage qui consiste à faire une lettre avec deux lettres et à souder des fragments de dates très différentes ; dans ce cas-là, Colomb n'y va pas par quatre chemins, il s'adresse à lui-même le morceau, dont une partie était adressée à Dei Fiori.

Nous n'avons pas voulu abuser de la patience des

---

(1) Et que je dois à la générosité de M. Auguste Cordier.

lecteurs en instruisant tout ce procès : aussi avons-nous extrait du dossier quelques faits d'un intérêt général et souvent d'un comique achevé.

CORRECTIONS

Lettre CLXXXIII. — Edit. Michel Lévy, II, 144-150

« *Le prince changeant de place à tout moment* (Edition : INSTANT), *j'ai bravé le chambellan sans y songer et le prince a été très honnête* (Edit. : POLI) *pour les Français.* »

« *Les chambellans du prince empêchaient les curieux de rester à l'endroit vers lequel S. A. R. roulait ses pas impériaux* (Edit. : IMPÉRIEUX). »

« *Le prince Charles n'est qu'un fat* (Edit. : DANDY) *sans figure.* »

« *Dominique en sait plus au bout de deux jours en parlant à* (Edit. : AVEC) *ses négociants que ces beaux messieurs qui sont ici depuis deux ans.* »

Lettre CLCVIII. — Edit. Michel Lévy, II, 185.

« *J'ai reçu, mon cher ange* (Edit. : MA CHÈRE AMIE), *votre lettre de Pietra-Santa...* »

« *Je vous renvoie ci-joint, en ce cas-là* (édition : vu ce cas-la) *un papier qui ne signifie plus rien.* »

« *Quand je le compare à ce qu'était pour moi la vue de la jolie jambe* (Edit. : DE LA PERSONNE) *de Sophie*. »

Lettre CXLI. — Edit. Michel Lévy, II, 56-58

C'est à Mérimée lui-même que l'on doit les corrections de cette lettre du 23 décembre 1826 — dans laquelle Stendhal explique le sujet d'*Armance*.

Voici, en effet, ce que Colomb écrivait à l'ami de Beyle au moment où il s'occupait de l'édition de la Correspondance.

« Paris, le 26 juin 1853.

« *M. Prosper Mérimée, de l'Institut,*

« *rue de Lille, n° 52.*

« Permettez-moi de joindre mes félicitations à celles de vos amis au sujet de l'événement heureux qui vient de vous arriver (P. M. venait d'être créé sénateur). Il me donne d'autant plus de satisfaction que j'y vois une nouvelle preuve de la sagacité et du jugement si sain du chef de l'Etat.

« J'ai traité avec MM. Michel Lévy frères, qui vont donner une édition des œuvres complètes de Beyle.

« Avant de leur remettre la copie incluse de la lettre qu'il vous écrivit le 23 décembre 1826, j'ai pensé qu'elle était de nature à subir quelques corrections. Soyez assez bon de les faire et puis renvoyez-moi, s'il vous plaît, le brouillon que je mettrai au net, en sorte que les drôleries trop acidulées resteront pour nous.

« Veuillez bien agréer, Monsieur, la nouvelle assurance des sentiments les plus distingués de

« Votre bien dévoué,

« R. Colomb,

« rue de la Chaussée-d'Antin, n° 43.

« *Le vrai babilan doit se tuer pour ne pas avoir l'embarras de faire un aveu. Moi (mais à 43 ans et 11 mois) je ferais un bel aveu; on me dirait qu'importe? Je mènerais ma femme à Rome. Là, un beau paysan, moyennant un sequin, lui ferait trois compliments en une nuit* (Edit : SE CHARGERAIT DE ME REMPLACER AVEC AVANTAGE). »

Il est assez difficile d'indiquer les autres corrections — ici les scrupules de Colomb sont justifiés. Mérimée a vraiment trouvé d'ingénieux synonymes. « *Elle l'adore* ET SE CONTENTE DE PEU » remplace une assez longue phrase. Quant à « *je raconterai* COMMENT

OLIVIER SE TIRA D'AFFAIRE », c'est tout un paragraphe synthétisé en quelques mots.

SUPPRESSIONS

Lettre CXCVI. — Edit. Michel Lévy, II, 182-183.

Lettre adressée à Romain Colomb. Le texte porte : « *La pension de 700 fr. à M*ᵐᵉ *P. L.* [Périer-Lagrange, — Pauline Beyle] *continue et continuera tant que je serai le camarade de Cicéron.* »

Stendhal ajoute : « Les 300 fr. étaient un petit cadeau. » Pourquoi supprimer ce détail qui est tout à l'honneur de Beyle?

Lettre CCVI. — Edit. Michel Lévy, II, 195-196.

Lettre adressée à Romain Colomb. Le troisième paragraphe de la lettre est écourté ; voici la copie du passage supprimé : « fais-moi des annonces dans *les Débats* afin que je puisse vendre mes manuscrits, si jamais j'ai le bonheur de le pouvoir. Annonce pour mon argent l'*Histoire de la peinture en Italie, le Rouge et le Noir,* les *Vies de Mozart, Haydn et Métastase*. Enfin ce que tu voudras pourvu que,

PENDANT QUE LES GENS A VOITURE, LES GENS QUI PEUVENT ME LIRE, S'ENNUIENT A LA CAMPAGNE, LEUR JOURNAL LEUR MONTRE UNE ANNONCE. » La phrase a sans doute été jugée trop incorrecte — il était pourtant bien curieux de savoir que Stendhal ne dédaignait pas plus que certain romantique l'annonce payée.

Enfin cette énumération de livres invendus donne plus d'éloquence à la phrase attristée de la même lettre (Civita-Vecchia, le 10 septembre 1834) : « *Mais que je serais heureux, à mon quatrième étage... si j'avais du pain ! quelle perspective de ne plus voir les gens d'esprit de Paris que deux ou trois fois avant de mourir !...* »

ADDITION

Lettre CCXLVIII. — Edit. Michel Lévy, II, 277-278.

Lettre adressée à Mme Romain Colomb. Beyle dit à sa cousine qu'il craint que son cousin ne couve une maladie, il lui conseille d'emmener Colomb à la campagne, et il termine par : « *Enfin, consolez-vous. Si vous le perdez, je vous épouserai.* » Colomb ajoute — la chose est si grotesque que je prends une loupe pour mieux voir — « COMME NOUS EN SOMMES CONVENUS TOUS TROIS. »

Brave Colomb ! tu es tout entier dans cette merveilleuse addition et nous te remercions de la joie que tu nous procures.

C. S

LETTRES INÉDITES (1)

I

A M. Renouard, libraire-éditeur à Paris.

Paris, le 3 janvier 1825.

Monsieur,

M`me` Belloc m'a fait l'éloge des rapports simples et francs que vous avez avec les auteurs dont vous publiez les ouvrages. Dans deux mois j'aurai à placer le manuscrit d'un roman (2), en 3 volumes in-12, écrit à peu près du style de la *Vie de Rossini*.

---

(1) Elles ont été copiées par M. Adolphe Paupe, l'auteur de l'*Histoire des OEuvres de Stendhal*, sur les manuscrits appartenant au vicomte de Lovenjoul.
(2) C'était *Armance ou quelques scènes d'un salon de Paris en 1827*. (R. C.)

J'ai cherché, dans ce roman, à peindre les mœurs actuelles, telles qu'elles sont, depuis deux ou trois ans.

Mon premier soin a été de ne pas m'écarter du ton de décence de *Marguerite Aymon* (1). Enfin, l'on ne devinera pas si l'auteur est *ultra* ou *libéral*.

Vous conviendrait-il, Monsieur, de traiter de ce manuscrit ? Je vous prie de me garder le secret ; deux de mes amis se sont chargés de placer cet ouvrage et je ne voudrais pas que les maisons de librairie avec lesquelles ils ont des relations connussent qu'il a été offert à d'autres.

Je suis, etc. (2).

II

A M. le Baron de Mareste à Paris.

Paris, le... août 1827.

Cher et obligeant ami, c'est en vain que, hier, je me suis rendu de ma personne chez Mme Schiassetti.

(1) Roman en 2 vol. in-12, de Mme de Cubière, femme du Colonel, (aujourd'hui en 1846 lieutenant général) publié en 1822 (R. C.)

(2) Copie de Romain Colomb d'une lettre de Beyle, qui devait faire partie de la *Correspondance inédite*, publiée en 1855, et qui fut écartée par Mérimée ; la copie porte de sa main, en tête : *supprimer* et est biffée en croix. (A. P.)

Ayant affaire ce matin, je vous adresse :

1° Le passeport à l'étranger de ma sœur.

2° La demande de Mme Bazire-Longueville accompagnée d'un ancien passeport.

Il faudrait, pour ces dames, deux passeports pour toute l'Italie, passant par le Simplon ou le mont Cenis, en ayant soin d'inscrire Suzette Rivière, la femme de chambre de ma sœur, qu'elle emmène.

Ces dames iront retirer leurs passeports, se faire voir de vous et signer ; je leur ai promis que vous ne les mangeriez pas, et même les traiteriez avec bonté.

Si le grand homme n° 4 est bien ridicule, en revanche il est bien obligeant. Quoiqu'il eût dans le derrière un lavement d'*opium*, pour ses entrailles, je l'ai mené chez Rapilly, garçon très honnête, quoique libre, aux Variétés ; lequel a dit : « J'ai tous mes fonds dans mon *Marot*, je ne puis rien faire avant le printemps. »

De là nous sommes venus au *Constitutionnel* lire la première brochure de M. de Chateaubriand ; la seconde paraît lundi et sera plus étoffée.

Ensuite, j'ai traîné ce pauvre garçon, avec son clystère, chez M. Ambroise Tardieu ; il a trouvé M. Béchet fils.

Tardieu a dit : « L'auteur est une bête de n'avoir pas
« fait sa 3ᵉ édition en même temps que *Rossini*(1) ; deux
« ou trois cents acheteurs de *Rossini* sont venus me de-
« mander *Rome, Naples et Florence en 1817.* »

Buchon a dit à Béchet : « En voulez-vous pour 1.200 fr. ?
— Béchet a répondu : « C'est beaucoup, cependant nous

---

(1) Il s'agit de sa *Vie de Rossini*. (R. C.)

« nous arrangerons ; mais mon père n'est pas ici ; il arrive
« le 25 août, voyons-nous le 26. »

Je pense donc qu'il faut attendre le 26.

Peut-être serait-il bien d'écrire à Delaunay : « M. B.
« ne revient que le 27 de la campagne ; comme vos con-
« ditions ne sont pas les siennes, il vous rendra réponse
« alors. »

M. Sautelet vous a-t-il envoyé ses remarques ? Ce soir,
à onze heures, je serai chez Mme Pasta (1).

CHOPPET.

III

A Madame Virginie Ancelot à Paris.

Paris, ce jeudi... 1828.

Madame,

Jé été à la campane tou cé jour ci : mè com il ni a poin
de plézir san compensasion, je nai paz u le boneur de
vou rencontré.

---

(1) Copie de R. Colomb, biffée en croix avec la mention de
de Mérimée : *supprimer*. (A. P.)

Kan vouz auré fini *l'ane mor* (1) seré vouz asé bone pour le renvoyé à M. *Gonssolin.*

n° 34

rue du bac

Agréé mé respec

CHINCHILLA (2).

IV

A Madame Jules Gaulthier à Paris.

Paris, le 7 janvier 1837.

Ma chère et aimable amie, lundi j'ai promis d'être en ballon. Je serai heureux de paraître chez Mme votre sœur un autre jour. Je ne vous blâme en aucune façon ; mais je trouve que vous vous moquez de votre

très humble serviteur,

TIMOLÉON GAILLARD (3).

(1) Roman de M. J. Janin ayant pour titre : *L'âne mort ou la femme guillotinée.* (R. C.)

(2) Copie d'une lettre d'Henri Beyle, par Romain Colomb, portant la mention de Mérimée : *supprimer.*

(3) Copie d'une lettre d'Henri Beyle, par R. Colomb, suppri-

V

A M. Bonnaire, Directeur de la Revue des Deux Mondes,
à Paris.

Paris, le 21 (1) mars 1842.

J'ai reçu, Monsieur, la lettre que vous avez pris la peine de m'écrire le 7 mars. A quelques petits déatils près, j'adhère à toutes vos conditions.

Vous me donnez votre parole d'honneur, de ne changer aucun mot au manuscrit (comme le *cœur brisé* dans l'*Abbesse de Castro*).

D'ici à un an, je vous livrerai le manuscrit de deux volumes de Contes et Romans, formant deux volumes comme *La Chartreuse de Parme*, environ 16 ou 17 feuilles de la *Revue*.

Ces deux volumes seront payés 5.000 francs.

---

mée par Mérimée et mentionnée ainsi par Colomb dans sa *nomenclature de la Correspondance* de son ami : *Laconisme du mécontentement*.

Cf. Lettre de cette correspondante, du 25 décembre 1836, *Comment a vécu Stendhal*, p. 153. (A. P.)

(1) Cette lettre est probablement la dernière que Beyle ait écrite, puisqu'il fut frappé de l'attaque d'apoplexie à laquelle il a succombé, le 23 mars. (R. C.)

Tous les deux mois je vous ferai parvenir une nouvelle, laquelle sera signée : *Stendhal.* Vous pourrez l'insérer dans la *Revue des Deux Mondes.* Vous aurez le droit de réunir ces romans en volumes in-8°, tirés à sept cents exemplaires. Après cette édition in-8° vous aurez, en outre, le droit de faire une édition in-18, format populaire, tirée à 3.000 exemplaires, le tout signé *Stendhal.*

Ces divers droits seront payés sur-le-champ la somme de *quinze cents francs.*

A l'insertion de chaque nouvelle, elle sera payée cinq cents francs ; la somme totale de 5.000 francs sera complétée lors de la publication de l'édition in-8°.

Au moment où paraîtront chacune de ces éditions, vous me ferez remettre douze exemplaires de chacune, ou la somme de 60 francs.

Dans le dessein de corriger les erreurs littéraires, j'aurai le droit, à chaque nouvelle édition, d'effacer une page et d'en ajouter deux ou trois.

Ci-joint ma quittance des quinze cents francs.

Recevez, Monsieur, etc...

H. BEYLE.

P. S. — Si vous faites des annonces ou publiez des catalogues, je vous prierai d'y placer les titres des ouvrages de M. de Stendhal(1).

---

(1) Copie de Romain Colomb portant la mention : *supprimer.* Outre l'intérêt qui s'attache à cette lettre par sa date, elle confirme la juste appréciation de M. A. Cordier sur Sainte-Beuve à l'égard des rapports de Balzac avec Stendhal.

Cf. *Comment a vécu Stendhal,* pp. 173-175. (A. P.)

AVIS AUX TÊTES LÉGÈRES QUI VONT EN ITALIE (1)

10 octobre 1827.

1° Lisez Lalande, de Brosses ;
2° Itinéraire de Valandi :
Ou vous ne comprendrez rien à rien.

Lisez, si vous pouvez une histoire de la Peinture et quelque chose sur la Musique, ou tout vous ennuiera.

Tâchez de ne pas vous brouiller avant d'être à Genève.

Quand la voisine vous ennuie, faites semblant de dormir.

Dans chaque ville d'Italie, les grandes comme Bologne, Florence, achetez *le Guide* du pays, *la Guida*,

---

(1) Beyle adresse ces avis à ses deux sœurs : Pauline (Mme Périer-Lagrange) et Zénaïde (Mme Alexandre Mallein).

autrement vous vous ennuierez et ne comprendrez rien à rien.

Avant d'arriver dans une cité, lisez l'article qui la concerne dans Lalande, de Brosses, les notes par Child-Harold (sic), Valandi, etc., etc., ou bien vous ne comprendrez rien à rien. Faites toujours par écrit vos marchés avec les Veturini, Palastro de Florence est honnête. Prenez toujours, le pouvant, un veturino de Florence ; Minchioni aussi est honnête.

Une personne seule paye 10 ou 12 francs au plus par jour. Pour ces 12 francs, on la charrie, on paye la chambre et le souper du soir.

Etant deux vous devez être charriées et *Spezzate* pour 8 ou 9 francs. Faites votre offre et allez-vous-en. Une heure après, *un veturino* inconnu viendra vous dire *oui*. C'est toujours le même.

Ne concluez jamais le marché à la première *Parlata*.

Au reste, on vient d'établir une diligence de Milan à Rome. Les prix sont dans la *Gazette* de Milan des premiers jours de septembre 1824.

Etant spezzate, en partant le matin, vous donnez 25 centimes chacune d'étrennes.

Je suis allé de Florence à Rome pour 10 écus pesés. C'est Minchioni de Florence qui a été mon Veturino. J'aimerais mieux voyager par *Veturino*. La diligence coûte le double, et, voyageant de nuit et à *heure fixe*, vous avez *la vue* du pays de moins, et la crainte des voleurs de plus.

Habillez-vous mal en route, tâchez que l'avarice et la prudence l'emportent sur la vanité.

Prenant les *Veturini*, vous voyez les habitudes italiennes dans vos 3 ou 4 compagnons de voyage.

Au reste, comme je vous conseille les *Veturini*, vous ne manquerez pas de prendre la diligence.

Arrêtez-vous 3 jours à Varèze, 3 à Côme et Troinzira, n'allez à Milan qu'après la Tr... Il faut 6 jours à Bologne, autant à Florence s'il y a déjà du brouillard, s'il fait beau, restez à Florence. Je vous donne une lettre pour M. Vieusseux, libraire et homme d'esprit qui ressemble à un épervier.

Corso Buondelmonte, je crois, vis-à-vis la colonne et vis-à-vis l'église de Sainte-Trinité à Florence.

Ecrivez chacune tous les jours ou tous les deux jours ce qui vous reste d'argent. Ce qui manque chaque jour fait la dépense de toute nature.

Toi, Pauline, fais-moi une cravate le 23 de chaque mois. C'est à ce jour que je naquis en 1783. Puisse le nombre de mes cravates arriver à 1783 !

Quels sont les plaisirs d'un voyage en Italie ?

1° Respirer un air doux et pur ;

2° Voir de superbes paysages ;

3° « To have a bit of a lover » (1) ;

4° Voir de beaux tableaux ;

5° Entendre de belle musique ;

---

(1) Se faire faire un peu la cour.

6° Voir de belles églises ;
7° Voir de belles statues.

Une femme française se connaît en châles, en étoffes, en rubans, en bonnes cartes soit de piquet, soit entières, mais du reste n'a pas la plus petite idée de tableaux, musique, statues et architecture. Chacune de vous, mesdames, croit que l'architecture de sa paroisse est la plus belle chose du monde. Il faudrait vous dégrossir un peu l'esprit, et lire quelque bon livre, par exemple, *Erasme* ou l'éducation de la jeunesse.

Vous comprenez bien :

1° Qu'il vaut mieux prendre des Veturini que la diligence ;

2° Qu'il faut payer de 8 à 10 francs par jour, avec le dîner et la chambre. On paye la moitié le premier jour, le quart au milieu du voyage, le dernier quart en arrivant. Préférez toujours les *Veturini* de Florence. Méfiez-vous toujours de ceux de Rome, Ancône et Rimini. Allez de Baveno à Laveno, de Laveno à Varèze pour 12 lire. (La lira de Milan vaut 76 centimes).

La poste vous mènera de Laveno à Varèze.

A Milan, allez à la *Bella Venezia*, Place San Fidele, à côté du théâtre, 2 francs une belle chambre et 3 francs un dîner.

A Gênes, la pension Suisse, 50 cent. le dîner, 2 francs pour la chambre.

A Bologne mal (?), allez chez le Français Dupuis, Dupuis, à la Pension Suisse.

Florence, chez Mme Imbert, ancienne femme de chambre de Mme de Bourcit, très honnête.

A Rome, chez Franck.

Franck, via Condotti. — Allez chez M. Agostino Manni apothicaire, Piazza San Lorenzo in Lucina près le Corso, près le Cours. M. Agortino Manni, le plus obligeant des hommes, vous trouvera un appartement pas cher. Prenez-le en belle vue. Je vous conseille via Gregoriana, à côté de Santa-Trinita dei Monti, vis-à-vis M. le Consul Prussien.

Il faut sacrifier 80 francs et avoir une belle vue à Rome pendant 2 mois, vous aurez un souvenir pour la vie.

Demandez au Nonce de Sa Sainteté, à Florence, de vous procurer une autorisation pour que la douane à Rome visite vos effets *a casa*, chez vous.

Cette autorisation, on la laisse à la porte *del Popolo* par laquelle vous entrez, au nom de Mme *Périer*.

Autrement, lorsque vous entrez à Rome, on vous mène à la douane et l'on vous y retient *3 heures* car l'on fait *queue*, et les employés visitent chacun à leur tour les voitures qui arrivent par toutes les portes de Rome.

A Florence, allez lire les journaux chez M. *Vieusseux*, vis-à-vis Santa-Trinità.

A Naples, demandez la pension Suisse.

Sacrifier 40 francs par mois pour avoir la vue de la Mer. Se loger sur le quai de Chiaja.

Du Simplon à Florence il faut faire viser son passeport chaque soir. On donne 25 centimes à un petit garçon qui va à la Police.

Le seul danger c'est qu'il y ait confusion de passeports. Mettez une marque rouge au vôtre.

Achetez l'itinéraire de Valandi en français. Lisez-le d'avance de manière à savoir qu'à Bologne il y a les galeries à voir. Musée di Cità, galerie Ercoleni-Fanari-Mareschalchi.

A Parme, le Musée dans le Palais Farnèse et la salle du couvent de Saint-Paul.

Tous les chefs-d'œuvre du Corrège sont à Parme, voir les églises où il se trouve des coupoles, gâtées aujourd'hui.

A Sarono, entre Como et Milan, — voir la peinture de Bernadino Luini.

L'excellent Agostino Manni à Rome voudra vous loger Largo dell' imperia à la Lotencia, dans le logement que j'occupais. Autant vaudrait vous loger rue Tirebouchon à Paris. La vue est infâme, mettez-vous via Gregoriana, sur le Pincio, vous aurez 80 marches à monter chaque jour en rentrant chez vous.

Stendhal.

VINGT-CINQ LETTRES AU COMTE CINI

I

Al nobil uomo il signor Conte Cini,
  Santa Lucia. Napoli.

Rome, 26 août, 1834.

Cher et aimable ami,

Je veux d'abord vous remercier des journées aimables que nous avons passées à Guzano. Rome est si chaude, le soir surtout, que je repars pour Albano. Il n'y a rien de nouveau qu'une quarantaine mise sur les provenances de Toscane et de France. Ainsi je crains bien pour les envois que Mme la comtesse P... pourrait faire à Civita-Vecchia. J'ai passé trois fois chez *Don Michele* sans le trouver, ainsi je ne puis vous donner des nouvelles de *D. Fi* (1). J'ai appris des détails qui confirment toujours plus ma défiance en matière d'argent.

J'espère que votre voyage aura été heureux. Vous ne le serez jamais autant que le désire votre dévoué

De Beyle.

(1) Don Michele et Don Filippo Caetani, dont il est constamment question dans cette correspondance. C'est à Don Filippo que Beyle léguait ses livres, dans son testament du 8 juin 1836. En 1832, il logeait à deux pas du palais Caetani (un palais du xvi° siècle, puissant et sombre, dans une rue étroite, via delle Bottighe oscure ; c'est un des plus riches palais de Rome) ; « les trois princes de ce nom, écrivait-il, sont mes meilleurs amis. Leur mère, ancienne amie de Paul-Louis Courier, me donnait une occasion charmante de bavarder le soir » (Cor. in., II, 156). Beyle les voyait souvent et avec plaisir. Aujourd'hui encore son souvenir est resté vivant chez le fils et la fille de Don Michele, qui ont souvent entendu leur père citer les traits d'esprit ou les boutades de Beyle.

La famille des Caetani est une des plus anciennes de Rome ; Boniface VIII était un Caetani. Ralliés au gouvernement italien, ils ont conservé autorité et fortune. Le duc de Sermonetta actuel fut maire de Rome. Sa sœur, la comtesse Lovatelli, a le salon le plus littéraire et le plus savant de Rome ; elle est elle-même membre de l'Académie des Lincei.

Il y avait dans cette famille une tradition d'esprit et de culture, chose assez rare à Rome ; Stendhal y trouva donc à qui causer. — Après Stendhal, Balzac y fut reçu. Il dédiait les *Parents Pauvres* à ce même « Don Michele Angelo Cajetani, prince de Teano » Taine, plus tard, devait y trouver l'hospitalité. (Note que je dois à la complaisance de mon ami Paul Arbelet.)

Mme la comtesse Julie prend-elle soin de son estomac? Conjurez-la de ma part de ne pas me prendre pour un médecin pédant. Mais sans la santé, il n'est pas de bonheur.

Adresse de la réponse, si vous avez le temps d'en faire : Palazzo Conti, Piazza Minerva.

II

Al nobil uomo il signor Conte Cini,
    Santa Lucia,
        Napoli.

Albano, 5 sept. [1834].

J'ai à vous remercier, mon cher Comte, de votre très aimable lettre. C'est avec le plus vif plaisir que j'ai appris que l'estomac de votre aimable compagne de voyage se conduisait bien. Je vous remercie des curieux détails que vous me donnez sur l'éruption d'Ottajano. Cela donnera du sombre au jeune avare de Velle. Le jour de la fête de S. E. le Cardinal Pacca, il a dit la messe et distribué les fameuses dots : quatre venant d'une pieuse personne et deux de M. le maire.

M. de Ta. m'a assuré pour la seconde fois que la

demande de dot à laquelle s'intéresse Mme la comtesse Ci. est enregistrée à Saint-Louis. On lit à côté ces grands mots : *recommandé par M. A de Ta.* Si le dit M. de Ta. est encore ici l'année prochaine, à l'époque de la distribution des dots, le succès est assuré ; s'il a un successeur, je le séduirai et je demanderai à Mme la comtesse Ci. le secours de deux ou trois paroles aimables.

Le Cardinal Ber[utti] a envoyé quatre gendarmes pour chasser du palais Magnanelli un prêtre ou monsignore qui ne voulait pas céder la place à la banque d'Escompte. On avait donné 800 éc. à ce monsignore pour s'en aller le 1er septembre, et il ne voulut partir que le 30. Je n'ai rien appris sur la grande question : les billets Jouffroy auront-ils un *cours forcé ?*

S. A. D. Carlos et le général Rodil jouent à la gatta cieca (1) comme nous à Genzano, mais ils sont moins gais. D'ailleurs ils n'ont remporté aucun avantage réel l'un sur l'autre, malgré les fréquents mensonges des deux partis. J'ai des nouvelles du 25 août de Paris. La France n'interviendra pas pour le moment. 4 000 Portugais dont 3 500 étrangers entrent en Espagne et vont en Biscaye jouer à la gatta cieca. La révolte des Druses de Syrie contre le vice-roi d'Egypte est apaisée. La *Gazette d'Augsbourg* est vendue et ment. Les Druses se battaient pour ne pas voir leurs

---

(1) A la « chatte aveugle », jeu probablement de colin-maillard.

impôts augmenter, absolument comme les Biscayens. Le Guipuscoa paye 11 000 francs et M. Torino demandera à cette petite province 500 000 francs au moins.

L'Espagne, au lieu de payer la moitié de sa dette, n'en payera probablement que le quart. S. M. Ferd. VII a signé pour 700 millions de francs et en a reçu 63, ou signé pour 600 et reçu 70.

L'Angleterre, la France ont une dette, mais l'Angleterre doit à des Anglais, la France à des Français ; l'Espagne doit à des étrangers, voilà pourquoi elle ne payera que le quart. D. Pedro fait tout ce que demande le parti cardinal. D. Miguel a couché le 3 septembre à Viterbe, on l'attendait à Rome le 4, mais la fête de Santa Rosa l'a peut-être retenu à Viterbe. Il s'est conduit à Gênes comme un porc. Je viens de recevoir de [illisible] une lettre qui porte la date du 22 août. Elle dit : Je reviens à Rome d'ici à peu de jours, ce qui m'ennuie extrêmement ; pourtant il faut que je le fasse. La vie que je mène ici est trop agitée pour mon physique... Si à Rome mes affaires domestiques ne prennent pas un pli plus raisonnable, adieu à Rome. Saluez-moi tous mes amis, particulièrement les Ci...

Ne vous gênez point pour me répondre, cher et aimable ami. Je retourne à Rome le 8 ou le 9 septembre. J'ai trouvé hier la chaleur de Rome supportable. Je n'ai pas eu le temps de voir Monsignor et B.

16

Comment trouvez-vous mon français? n'est-ce pas bien pour une plume anglaise? Farewell, my dear friend.

GEORGE SIMPLE.

J'apprends que la fête de Pie di Grotta sera splendide, vous aurez la garde nationale. Mais comment va l'estomac de Mme C.? L'humidité qui tombe à 24 heures est bien dangereuse.

Soyez assez bon pour présenter mes respects à Mme la princesse Torella, au duc son fils et à l'angélique Angélique.

Quelle volupté pour Don Filippo !!

Par le bateau du 3 septembre, Mlle Louise V[ernet] est partie pour Lucques avec son père ; il va faire le portrait du duc, et D. Fi.(1) dîne deux fois la semaine chez ce jeune duc : quelle recommandation aux yeux de Mlle !...

III

[*Même adresse*].

A[lbano], 7 septembre [1834].

Cher et aimable Comte,

Votre dernière lettre est allée à Civita-Vecchia ; si

---

(1) Don Filippo, D. Fi — toujours Don Filippo Caetani.

vous êtes encore assez bon pour m'écrire, adressez-les Palazzo Conti, Minerva [à Rome].

Ce que vous me dites de l'estomac de l'aimable comtesse Julia me fait le plus vif plaisir. Ses promenades au serein me perçaient le cœur. Mais à 20 ans le plaisir de monter à cheval fait croire qu'on est immortel. Encore la mort n'est pas grand'chose, mais la douleur !

Voici un mot que je reçois de Civita-Vecchia et qui dit qu'il n'est arrivé aucun paquet à votre adresse. S'il vient, faut-il l'envoyer à Naples ? Si vous devez revenir le 25 septembre, il me semble que ce n'est pas la peine, car la quarantaine de 10 jours a dérangé les bateaux à vapeur. Peut-être courront-ils entre Gênes et Naples sans quarantaine.

Au lieu de transcrire les petites nouvelles de Rome je vous envoie la lettre (1). De même pour 2 mots

(1) *Voici la lettre que Stendhal communique à son correspondant, après en avoir rayé les deux premiers paragraphes :*

« Cher ami, je voudrais bien vous écrire, il fait froid, mais comme je transpire en vous écrivant, je ne puis vous le dire. La chaleur a une ténacité extraordinaire. J'ai vu il y a peu de jours M. de [illisible], il m'a dit qu'il n'y avait rien qui sollicitât votre présence, que vous faisiez bien de chercher à vous garantir de la fièvre.

« Je voudrais bien vous dire quelque bruit d'ici, il n'y en a d'autre que, hier, on disait que D. Carlos était pris, les journaux de ce matin n'en disent rien.

« D. Miguel est arrivé ici, il est chez Martign. en attendant de l'aimable D. Fil. qui écrit le 1ᵉʳ qu'il partira dans 10 jours par terre, s'arrêtant à Florence 2 jours, ce qui veut dire 6.

On joue toujours à la gatta cieca, en Navarre, la reine va être obligée de se jeter dans les bras du parti Mina.

On vous aura appris que Mme Letitia [Bonaparte] est morte le 5 septembre, on ne dit rien encore de son testament. Elle aurait dû donner la propriété aux enfants les plus jeunes de Jérôme et de Lucien, et ne laisser à ces fous que la simple jouissance. Du reste quel beau caractère ! Où est la reine, en Europe, dont le moral se soit élevé à cette hauteur ? Rien de nouveau sur la Caisse d'Escompte. L'embarras de changer en pièces d'or les verghe [lingots] d'or avant le 15 octobre ne doit pas être mince. Je suis comme mon ami de Naples, je vois tout cela bien en noir. Je voudrais que

un appartement au palais Barberini, il a été reçu par le Saint-Père en souverain, il lui a envoyé au-devant des dragons, puis il l'a reçu dans son antichambre avec 10 cardinaux. D. Miguel lui a fait un compliment en portugais. Lauro Dio qui est revenu avec lui faisait l'interprète ; le pape lui a fait demander s'il parlait ou français ou latin, il a répondu qu'il ne savait que le portugais.

« Toute la famille est bien et vous envoie ses amitiés, et moi je vous réitère l'assurance de la sincérité de la mienne. Adieu, cher ami, ne vous ennuyez pas plus qu'on ne le fait à Albano. Adieu, il fait uno caldo bugiarono comme on dit ici. Tout à vous.

« Martini ».

cet ami eût une terre de 30 000 écus en Suisse, ou du moins en Toscane, vers Lucques, pour avoir du pain en cas de tourmente. Les Jacobins furieux mettraient un impôt terrible sur les cent plus riches des villes et couperaient la tête aux 8 ou 10 plus riches pour amener la confiscation. Quod Deus avertat.

Mille compliments à Mme la Comtesse. J'espère qu'elle aura été contente de la fête de Pie di Grotta. Tolède vis-à-vis les Fiorentini est comme les rues Vivienne, Richelieu et St-Honoré à Paris. Je recommande à Mme Julia la tête de Scipion en bronze aux Studj, le Jeune Berger apprenant à jouer de la flûte du Cabinet secret, et le tableau derrière le maître-autel à San Martino.

Jusques à quand jouera-t-on D. Giovanni de Mozart à San-Carlo ? Vers le 15 octobre je pourrai aller passer 8 jours à Naples uniquement pour revoir Don Giovanni et Mlle Angélique. Ne lui dites pas cela. Mais demandez au prince Tor. jusques à quand on donnera D. Giovanni. Mes lettres de Paris du 27 août ne disent rien.

J'espère que les enfants se portent bien.

Horace Smith.

IV

Civita-Vecchia, le 27 sept.

Mon cher Comte,

Je n'ai pas reçu lasc. pa. (1) et c'est tant mieux, le paquet ne pouvait pas aller sur la dilligence, et vous savez que modestement je voyage toujours en diligence. Vos papiers pèsent 70 livres et doivent payer en tout à la Douane 5 écus 60.

Je dois bien des remerciements à vous et à l'aimable Comtesse pour le bon accueil que vous avez bien voulu me faire à Cast. Gand. (2). Je pense que Mariette suit avec scrupule le régime prescrit par le vrai philosophe Carb. J'ai suivi l'indication qu'il m'a donnée. Je demande aux paysans : Combien avez-vous eu d'enfants. On me répond : 9, et 6 sont au ciel. Je comprends que le bon air et l'exercice ne suffisent pas.

J'ai dîné chez les Caet. (3). J'ai vu l'appartement

(1) Laissez-passer.
(2) Castel Gandolfo.
(3) Caetani.

que le colonel (1) se fait arranger ; quant à D. Philippe sa chambre est si commode et si bien adaptée à ses idées que je trouve qu'il a grandement raison de ne pas vouloir changer. Je serais heureux si Castel Gand. n'était qu'à 8 ou 10 milles de Civita-Vecchia ; deux ou trois fois la semaine, j'irais passer la soirée avec la belle Comtesse et perdre une partie d'échecs avec son savant frère qui en sait mille fois plus que moi. La soirée est la partie difficile dans la vie de campagne. J'ai une ressource de plus que la Comtesse, je lis, mais les soirs on n'a pas l'envie de lire et d'ailleurs on se fatigue les yeux. Nous devions avoir une troupe comique, mais, tous les arrangements pris, elle a manqué de parole. Nous avons eu un ténor qui devait chanter à Rome avec la De B. au théâtre Alibert, mais pour ne pas porter dommage à l'admirable compagnie de Valle on les a renvoyés. Je passe donc mes soirées à regarder la mer, en regrettant de n'être pas marié à une jolie femme. Un de nos enfants serait toujours un peu malade, j'appellerais M. Carb. et cela m'amuserait.

M. le Cardinal Gamberini a dit à quelqu'un : Voyez-vous mon crucifix, il y a I. N. R. I., cela veut dire Io Non Rinascero In eterno.

Il y a eu une panique à Civita-Vecchia. On craignait

(1) Don Michele Caetani, frère de Filippo. — Voir la lettre I.

une augmentation d'un tiers sur les tissus et autres objets. Jamais la Douane n'a eu autant de ballots que lundi dernier. Les Juifs de Rome, arrivés en poste dimanche, avaient donné l'alarme. Ils ont envoyé leurs tissus en *transit* à la foire de Viterbe. Les brigands ont *dédouané*.

Adieu, cher Comte, mes respects à votre belle compagne. Mes salutations au joueur d'échecs.

A. L. Capello.

V

Al nobil uomo il signor Conte Cini,
   Palazzo Cini, Piazzia di
     Pietra (1), *Roma.*

Cª Vª le 4 novembre [1834].

Excusez, mon cher Comte, si je vous adresse aussi tard les explications que je vous ai promises sur le drap. Anciennement le drap payait un droit de 3 1/2

---

(1) Au centre de Rome non loin du Corso, la place est bordée d'un côté par la grandiose colonnade du temple de Neptune, où se trouvait en ce temps la douane. Tous les voyageurs venaient là, à leur entrée dans Rome.

écus par aune. Maintenant il ne paye plus que trois pauls par aune environ ; il faut 3 aunes pour faire un manteau, dont l'épargne sur le droit à payer, en achetant le drap à Civita-Vecchia, ne serait que 9 pauls.

Mais les marchands romains ne payent qu'environ 2 pauls par aune au moyen de certains cadeaux. Civita-Vecchia n'a pas de bon tailleur. Quand on veut avoir un bon manteau, il faut aller au *Ghetto* et demander la maison *Cave Rondi*.

Parler à M. Rondi *lui-même* et demander du drap de la maison *Le Jeune Vincent* expressément fabriqué *pour manteau*. Ce drap peut se vendre à Rome 22 fr. l'aune.

J'espère que la santé de Mme la Comtesse se trouve bien de ce temps si beau, et que vous en profiterez pour tuer force alouettes. Ici on a tué trois sangliers magnifiques.

Un voyageur m'a raconté ce matin que M. Beugnot a épousé une Anglaise âgée et est avec sa femme à Alger. Voilà, en vérité, tout ce que je sais de nouveau ; je ne vous parle pas de mon sincère attachement pour vous et toute votre maison, ce n'est plus chose nouvelle.

Croyez-moi tout à vous,

De Beyle.

Bien des choses à D. Philippe et à M. Annibal.

Nous allons entreprendre des fouilles superbes après la première pluie.

VI

(Même adresse).

Civita-Vecchia, le 14 novembre [1834].

Il y a huit ou dix jours, mon cher comte, que j'ai reçu deux paquets d'arrow-root. J'apprends par notre ami Annibal que cet arrow-root vous est destiné.

Lundi prochain, à deux heures moins un quart, envoyez un de vos domestiques hors de la porte *Cavalegieri* sur la route de Civita-Vecchia, à 200 pas hors de la porte, je lui remettrai ces deux paquets.

Je ne prends pas de *lasciar passare*. Rome est menteuse, elle dirait bientôt qu'à chaque voyage je fais pour 1.000 écus de contrebande.

Mille compliments à l'aimable Comtesse.

N'oubliez pas d'envoyer un domestique lundi prochain *à 200 pas en dehors* de la porte *Cavalegieri*. Je passerai entre 2 et 3 h. 1/2. Je lui remettrai les 2 paquets d'arrow-root.

Et j'aurai le plaisir de vous voir le soir.

Tout à vous,

DURAND.

VII

(Même adresse).

De chez M. L...gano,

[Paris] le mardi gras, 3 février, à 10 h.

Cher et aimable Comte,

J'ai su hier que M. L. était à Paris et partait. Toute ma journée du mardi gras a été remplie par une course en voiture avec des fous masqués ; je comptais demain acheter des caricatures et vous écrire une longue lettre. Je vais chez M. L., il m'apprend qu'il part le mercredi des Cendres au matin.

Je n'ai donc que le temps de vous remercier de la charmante lettre que vous m'avez écrite sur le mariage de la princesse Egi.

Voulez-vous encore des caricatures? Voulez-vous Molière illustré, superbe, en 2 vol., 30 ou 40 fr. ?

Je retournerai vers le mois de mars.

Mille amitiés à M. Annibal à qui je comptais écrire.

Comment vont les Cae. ? Enfin j'ai reçu une lettre de D. F. (1).

Mes respects, je vous prie, à la très aimable Comtesse. J'espère que les chaussures de Paris vont bien.

Mille et mille amitiés aux Caetani et à Annibal.

[Adresse :] à M. B., n° 17, rue du Mont-Blanc.

Tout à vous,

D. GRUFFO PAPERA.

VIII

[*Même adresse*].

Mercredi [mars 1836].

Je vous dois mille et mille remerciements, mon cher Comte. Rien ne peut m'intéresser davantage que ce que vous avez la complaisance de me raconter. Oserai-je vous dire que je n'ai point cru qu'un habitant ou natif de [illisible] qui veut voler ou tuer soit assez simple pour ne pas prendre une lampe à pied et 2 ou 3 couteaux.

(1) Toujours les Caetani, — Don Filippo Caetani.

Rappelez-vous cette reine de Lombardie, femme de Joconde, qui belle et jeune faisait l'amour avec un nain difforme. Quand une femme est fort noble et fort riche, elle prend l'âme seule. Quand on a l'âme desséchée par l'orgueil, un domestique vigoureux que l'on peut appeler par un coup de sonnette vaut mieux que M. Malatesta ou M. de Stal dont tout le monde sait l'histoire et qui d'ailleurs peut bavarder et être cru.

Je donnerais 4 écus pour que Mme C. puisse faire prendre une jolie histoire. Mais si ce mauvais bruit a quelque fondement, la voilà dans la dépendance de ses domestiques. L'horreur d'une telle histoire devrait la faire aller à Paris, où le seul crime est ce qui nuit à quelqu'un, c'est-à-dire tuer ou voler. Quant à s'amuser avec son corps, rien de moins nuisible, surtout quand on est séparée d'avec son mari.

Je vous serais bien obligé si vous consentiez à avoir l'extrême bonté de me tenir au courant.

Probablement que M. Thiers nommera un nouveau préfet de police à Paris, auquel j'écrirai pour votre affaire si cela vous convient.

Mille respects à Mme la Comtesse et autant d'amitiés à D. Fi. et Annibal. M. Guglielmi, l'homme le plus riche de Civita-Vecchia, vient de mourir à Rome pour avoir pris froid en allant solliciter de S. S. une dispense pour marier sa fille à un cousin germain imbécile. Son testament est un roman absurde selon moi. Mais vous avez lu cela à Rome. Le consul de

France à Gênes a gagné 8.000 fr. au pharaon ; c'est ce que je vous souhaite et surtout à moi.

D. GRUFFO PAPERA.

IX

[*Même adresse*].

Marseille, 16 mai [1836].

Mon cher Comte,

Je viens de prendre pour vous un beau Gil Blas qui coûte 18 fr. 50 c., environ 3 écus et demi. Ce paquet arrivera à M. Lysimaque (1) à Civita-Vecchia vers le 24 mai. Là, tâchez de le faire prendre. Présentez, je vous prie, mes respectueux hommages à Mme la comtesse Cini et mes compliments les plus affectueux à D. Fi. et à Annib.

La prospérité de Marseille est tellement croissante que la *malle-poste* est arrêtée d'avance pour 6 jours et les diligences pour 4. J'ai retrouvé un ancien ami qui, avec une complaisance extrême, m'en fait partir le 16 au soir. Je suis à vos ordres à Paris. L'éclipse m'a

(1) Voir sur M. Lysimaque la lettre de Donato Bucci, page 236.

paru insignifiante ; il fait plus obscur un jour nuageux d'hiver. Cette circonstance a gâté tout à fait l'éclipse pour moi. Passage superbe de Civita-Vecchia à Livourne, 14 heures par le Pharamond. C'est le bâtiment le plus rapide. De Livourne à Gênes, 9 h. 1/2. De Gênes, après 28 heures de séjour, le passage n'a été que de 22 heures. Les bateaux napolitains, plus commodes, vont plus lentement. Voyage magnifique.

Tout à vous,

Du Boys.

X

[*Même adresse.*]

[Paris] 29 mars [1837].
N° 17.

Vos lettres sont charmantes, mon cher Comte. Rien de plus clair et de plus amusant. Je dicterai un de ces jours une longue lettre, mais un ami partant dans une heure pour Marseille, je veux vous donner signe de vie.

Nous avons eu un temps infâme depuis le 2 septembre jusqu'à ce jour. A cela près, Paris est un séjour divin. Rien ne peut égaler en magnificence le bal des Tuileries. L'enfilade des salons illuminés est longue comme six fois la façade du palais Chigi sur la place.

Quant au prix de la vie :

une chambre superbe avec deux cabinets dans les quartiers à la mode	65 fr.
frais de cirages, bottes, etc	12
dîner	5
déjeuner 2 fr.	2

Mes amours ressemblent beaucoup à Mme Martini qui était à Rome il y a deux ans et me coûtent 120 fr. par mois. Il est vrai que je ne prétends pas à une fidélité miraculeuse.

Le Salon est plat. Il y a 40 tableaux comme le Tasse de M. Perfetti.

M. Delaroche a un fils. Un de ses médiocres tableaux a été acheté 30 000 francs, ce qui veut dire 20 000 par lord Sutherland, je crois. Milles amitiés aux Caet., à Annibal. Je n'ai point reçu sa lettre. Priez-le d'envoyer sa lettre à M. Lysimaque à Civita-Vecchia. Mes lettres m'arrivent en 7 jours de Civita-Vecchia. Mes respects à Mme la Comtesse. Donnez-moi des nouvelles des aimables enfants. M. Gallois va avoir de l'avancement. Donnez-moi des nouvelles des aimables enfants.

Je prie D. Felippe de leur donner des gâteaux en mon nom.

Capeva.

Le mariage est sûr.

Le meilleur journal est celui du *Commerce*.

On vient de publier tous les chefs-d'œuvre de la littérature française en 134 volumes in-18, à 7 sous le volume.

Autre édition à 1 franc.

Voulez-vous une de ces collections ?

XI

[*Même adresse.*]

[Paris] 9 avril [1837].

Je vous demande pardon de ne vous avoir pas parlé dans ma dernière lettre de Mme C. Je n'avais pas eu de réponse.

On m'apprend à l'instant que Mme la Comtesse Cini qui logeait rue Saint-Jacques, n° 13, a été inhumée le 2 avril 1837.

Demain je passerai rue Saint-Jacques et je ferai des questions.

Mais je n'ai pas voulu retarder les nouvelles. Je vous écris de chez l'ami que j'avais chargé de découvrir l'adresse de Mme la Comtesse C.

Mille respects à la véritable et aimable Comtesse, à

D. Annibal, D. Fili et D. Michel. M. Soult va être ministre.

CAPEVA.

XII

[*Même adresse.*]

[Paris] Hôtel Favart, Place des Italiens,
le 28 avril [1837].

Mon cher Comte.

J'étais à la campagne ; à mon retour hier soir j'ai reçu votre lettre. Comment pouvez-vous douter de mon empressement. Je suis allé ce matin à la municipalité du 12° arrondissement, rue Saint-Jacques. Là, j'ai lu sur le registre l'acte de décès de Mme la Comtesse Cini, mariée à M. Canfora. Le décès a eu lieu rue Saint-Jacques, n° 13, le 1er je crois. J'ai demandé un extrait mortuaire que j'aurai et vous enverrai dans trois jours. Un monsieur qui loge rue de Londres a déjà pris trois extraits mortuaires. Mme Cini laisse quelques dettes, un créancier s'est présenté chez M. le juge de paix, n° 119, rue Saint-Jacques, et a dit que Mme C. lui devait 1 500 francs.

Maintenant cette pauvre femme ne fera plus de folies et ne compromettra plus votre nom.

L'heure de la poste me presse. Je ferai avec plaisir et empressement tout ce que vous voudrez.

Je suis ici chargé d'un grand travail pour le Mi[nistère], il faudra plusieurs mois pour le terminer un peu bien. Nous sommes fort tranquilles, on nous fait des contes sur votre pays, et sans doute on vous fait des contes sur Paris.

Mille choses à nos amis. Je vous écrirai dans trois jours par Civita-Vecchia, mais je mets la présente à la poste.

J'ai lu moi-même l'acte de décès. Mme C. logeait n° 13, rue Saint-Jacques. Si M. Canfora veut se charger des dettes, c'est là qu'il faut écrire pour demander les titres.

Mille respects à Mme la Comtesse C. Je n'ai jamais reçu de lettres d'Annibal. Je l'engage à adresser sa lettre à M. Lysimaque à Civita-Vecchia et je me chargerai de toutes les commissions de livres. Ils sont à rien maintenant. Un Voltaire in-8° magnifique, 90 volumes, s'est vendu 160 francs. Il y a une édition à 7 sous le volume, une à 1 franc, une à 4 francs, de tous les chefs-d'œuvre. Mille compliments à M. le comte de Praslin. Je vais lui écrire. Soyez assez bon pour le prier de donner mon adresse à l'ambassade.

XIII

[*Même adresse.*]

Paris, le 11 juillet 1837.
N° 8, rue Caumartin.

Je dicte à mon secrétaire pour que vous puissiez tout lire.

Mon cher Comte,

C'est à mon adresse que je vous prie de me donner vos ordres. J'ai reçu des nouvelles de Naples si terribles que je commence à avoir peur pour vous. Montez sur un bateau à vapeur et venez à Marseille avec l'aimable Comtesse et vos enfants. Si par malheur le choléra pénétrait dans les Etats Romains, les bateaux à vapeur n'iraient plus à Civita-Vecchia, de peur d'être mis en quarantaine à leur retour à Marseille. Il me semble que vous aviez l'idée, il y a deux ans, de faire un voyage d'agrément; pourquoi ne pas aller dans ce moment aux bains de Lucques où règne une fraîcheur charmante ? Si, comme je le désire, le choléra ne vient pas à Rome, vous retournerez à votre palais dans deux mois. Songez que vous vous embarquez à Civita-

Vecchia à 5 heures du soir et qu'à sept heures du matin le lendemain, après une nuit fort agréable dans votre cabine sur le pont, vous vous réveillez dans le port de Livourne. Là, vous prenez une voiture qui, en moins de 4 heures, vous conduit aux bains de Lucques. Songez qu'il n'y a qu'un remède sûr contre le choléra, ce sont les chevaux de poste. Enfin vous êtes sage et prudent, mais comme on vous parle tous les jours du choléra, peut-être vous êtes-vous accoutumé à cette idée, et il n'y en a qu'une de raisonnable, aller jouer au pharaon à Lucques. J'engage l'aimable Comtesse à mettre trois écus sur le 7. Je vous prie de faire lire ma lettre à D. Philippe. On dit que M. R. de M. a pris la fièvre et que M. de San Teodoro est venu mourir à Livourne.

J'espère que vous aurez reçu les deux lettres que je vous ai écrites par la poste ; le notaire Girard, rue de la Harpe, n° 29, dit qu'il n'a point reçu le testament de Mme Cini. Mais songez qu'on croit que cette Mme Cini avait à Rome 100 000 écus que son frère lui retient. Tout le monde ne sait pas comme moi qu'elle n'avait pas cent écus. Peut-être les amis qui ont soigné Mme Canfora sont des anges de vertu et de probité, mais, si ce sont des intrigants, ils épient les démarches de ce frère si riche qui est à Rome. Pour peu que ce frère ne montre pas une profonde indifférence, ils lui présenteront des lettres de change et billets dûment signés par *Mme Canfora Cini* et s'élevant ensemble à 63 500 francs ou bien à 62 200 francs.

A votre place, puisque l'épicier du n° 13, rue Saint-Jacques, a déclaré que les meubles laissés par Mme Cini valaient plus que ce qu'on lui devait, je ne m'occuperais plus de cette affaire.

J'ai donné quatre francs à la personne qui est allée interroger l'épicier, le secrétaire du juge de paix (n° 119, rue Saint-Jacques) et enfin les trois notaires du quartier ; j'avais remis précédemment, je crois, sept francs à la même personne, ce qui fait en tout onze francs que vous me remettrez à Rome dans votre salon vert.

Adieu, cher Comte, faites lire ma lettre à D. Philippe et à Annibal ; quant à D. Michel, en sa qualité de colonel et de prince, il doit prendre le commandement de Rome quand le choléra aura mis tout le monde en fuite. Bien des choses à Giacobini le volé et à Egiste l'heureux mari. Si vous voyez le comte de Praslin, dites-lui que je m'apprête à lui écrire une lettre charmante dans laquelle je lui raconterai l'histoire de la Comtesse d'Aumont, surprise dans un fiacre sur l'esplanade des Invalides, à une heure du matin. Je prie le dit Comte de présenter mes respects à M. et Mme Falconieri qui m'ont donné à dîner à Gênes. J'espère toujours que ce sera M. de Barante qui ira au palais Colonna. Adieu encore une fois.

D. Gruffo Papera.

· [A la suite de cette lettre, ce reçu :] *J'ai reçu en deux fois onze francs de M. Beyle pour une demi-douzaine de courses.*

Paris, le 11 juillet 1837.

A. Bonnaire.

XIV

[*Même adresse*].

[Paris] rue Caumartin, n° 8, le 12 août [1837].

Cher Comte,

Je reçois votre lettre du 24 juillet. Je vais m'occuper de trouver un bon avoué et de le charger de la recherche du deuxième testament de Mme Canfora.

J'ai un travail qui peut-être m'obligera à voyager. Mais comptez sur moi. Mille compliments à nos amis.

D. Gruffo Papera.

Je suis on ne peut plus sensible, madame la Comtesse, aux dix lignes aimables que vous voulez bien m'adresser. Je ne prends intérêt à Rome qu'à cause des maisons Cini et Caetani. Mais cet intérêt est bien vif. On nous alarme ici par des bruits de maladie.

Allez à Lucques pour peu que Rome soit meurtrier. Rappelez mon nom et les gâteaux à vos aimables enfants, et souvenez-vous quelquefois, Madame, du plus respectueux de vos amis.

B.

XV

[*Même adresse.*]

N° 8, rue Caumartin [Paris].
Le 28 septembre [1837].

Mon cher Comte,

Je suis arrivé il y a 6 heures de la Bretagne. Votre lettre de Castello m'a fait le plus vif plaisir. J'ai compris dans ce péril combien profondément je vous suis attaché ainsi qu'à votre aimable famille, à Annibal et aux Caetani. Grâces à Dieu, à l'exception de ce bon Chevreri, aucun homme de mérite n'a péri, mais allez au loin ; gare la recrudescence comme à Paris et à Naples. Je me hâte de vous écrire. L'avocat que j'avais chargé de votre affaire m'a écrit en Bretagne une lettre qui probablement s'est égarée. Envoyez-moi une procuration comme je vous l'avais écrit il y a deux mois.

Il faut une procuration bien en règle devant le notaire de l'ambassade de France (je crois), pour pouvoir prendre une expédition du testament de Mme Cini, femme Canfora.

On dressera un avis à tous les notaires de Paris et des environs. On leur demandera d'avertir M. [en blanc] avocat, rue [en blanc], n° [en blanc], s'ils ont reçu un testament de Mme Canfora. Ces avis coûteront 1 fr. 50 par ligne. Pour six lignes ce sera 9 francs.

Je vous écris à la hâte afin de ne pas perdre de temps.

L'avocat, une fois qu'il aura le testament, vous dira s'il est bon. Si cela est possible, laissez en blanc le nom de l'avocat.

Mes respects à Mme Julia. Le journal français qui ment le moins c'est le journal du *Commerce*.

Les élections se feront le 15 novembre et donneront un quart de nouveaux membres.

La reine Victoria est amoureuse de lord S..... qui est amoureux de milady C... On l'a envoyé à Madras à 300.000 fr. d'appointements.

Envoyez une procuration bien en règle pour prendre expédition des testaments de Mme Cini, femme Canfora.

XVI

A Sua Eccellenza
il signor Conte Cini,
Rome, Etats Romains.

[Paris] Rue Caumartin, n° 8, le 10 octobre [1837].

Votre lettre, mon cher Comte, me fait le plus vif plaisir. Je demande sans cesse de vos nouvelles à M. Lysimaque ; dans les commencements, il me répondait que vous étiez à Naples, puis il a su que vous étiez à Castel Gandolfo. Je suis ravi de vous voir loin de Rome, mais où est Castel Cellere ? Comment adresser ma lettre ? Je suis ravi d'apprendre que l'aimable comtesse n'a point été exposée à voir de près toutes les horreurs du choléra. Mais n'oubliez point que souvent le choléra s'y prend à deux fois pour décimer un pays et la seconde fois il s'adresse surtout aux classes élevées. Il faudrait choisir quelque ville de montagne point trop ennuyeuse. Si le choléra revient à Rome, vous pourriez passer à Florence, ou prendre le bateau à vapeur et venir jusqu'à Marseille. Maintenant, il n'y a plus que deux décès cholériques par jour, ce qui veut dire que dans un mois il n'y aura plus de choléra du tout. Cette ville étrangère serait plus amusante que Florence pour l'aimable comtesse.

J'espère que vous aurez lu la lettre que j'ai envoyée à Lysimaque le jour même de mon retour à Paris. Lorsque je partis, je fis parler à un avocat connu par un de ses amis ; il refusa de se charger de cette affaire trop peu importante. J'allai chez un second avocat, que je ne trouvai point ; il m'a écrit une lettre pour me dire qu'il fallait absolument une procuration d'une personne intéressée, c'est-à-dire du mari ou du frère.

Ce qui m'est resté de mon cours de droit m'avait donné la même idée et je vous demandai une procuration dans le temps.

La lettre que l'avocat m'a écrite en province ne m'est point parvenue parce que j'ai quitté la ville le jour même que sa lettre a dû y arriver.

Envoyez-moi une procuration qui m'autorise à prendre expédition, chez tous les notaires de France, des testaments que Mme Canfora aura pu y faire ou y déposer. Approuvez-vous que l'on fasse insérer dans les journaux un article dont l'objet serait de demander aux notaires de Paris et des environs s'ils ont reçu un testament de Mme Canfora ?

Il me semble que vous pouvez faire cette procuration dans le lieu où vous êtes, faire certifier la signature du notaire par le délégat, envoyer cette pièce au secrétaire d'Etat à Rome par votre homme d'affaires qui la portera ensuite à l'ambassade de France. On m'enverra la procuration, je ferai certifier la signature par le ministre des Affaires étrangères et alors je ferai agir l'avocat (1).

Je suis bien fâché de tous ces retards, mais vous voyez qu'il n'y a pas de ma faute.

Je ne conçois pas, en vérité, pourquoi l'aimable Don Philippe est resté à Rome ; le choléra ne se communique point par le contact, mais, dit-on, par les exhalaisons qui sortent du corps des mourants. Quand vous écrirez à Don Philippe, rappelez-lui, je vous en prie, qu'il est à craindre que le choléra ne vienne une seconde fois à Rome ; alors, comme à Berlin, il commencera ses ravages par les gens qui habitent des palais. Il devrait aller à Florence ou profiter de l'occasion pour venir à Paris ; je lui donnerai une chambre dans mon appartement situé à cent pas du boulevard. Mes affaires à Paris n'étant pas encore terminées, je vais être remplacé jusqu'à mon retour à Civita-Vecchia par M. Doumerc ; c'est le plus ancien des élèves consuls, fort joli garçon, comme ils le sont tous. Il a passé quatre ans à Athènes et ensuite dix mois en Hollande. Il m'a dit qu'il comptait aller voir Venise et arriver à Civita-Vecchia vers la Toussaint. Je prends la liberté de vous le recommander. Vous trou-

(1) Les douze premiers paragraphes de cette lettre, jusqu'au mot *Commerce*, ont été dictés. La fin et toutes les autres lettres sont de la terrible écriture de Stendhal.

verez un jeune homme à petite taille et qui a un ton parfait. Mais je voudrais bien pour vous et non pour M. Doumerc ne pas vous savoir de sitôt à Rome. Souvent, quinze jours après que le choléra a disparu d'un pays, il attaque les imprudents qui y retournent.

J'ai été bien sensible à la mort de l'excellent Chiaveri ; je l'ai apprise par le *Diario* auquel je me suis abonné pour avoir des nouvelles du petit nombre de Romains qui me sont chers, mais ceux-là je les aime infiniment. Dites-le bien, je vous prie, à notre excellent Annibal. Le devoir l'entraîne auprès de son père, mais ne pourrait-il pas persuader à ce vieillard singulier de quitter Rome lors de la seconde édition de la maladie ?

Si vous avez de l'amitié pour moi, achetez des gâteaux au café et dites aux enfants que c'est M. B. qui les leur envoie.

On pense que les élections amèneront cent nouveaux membres à la Chambre et que le ministère s'adjoindra le maréchal Soult.

Le journal intitulé la *Presse* tire 14 000 exemplaires, le *Siècle*, 11 000 ; le *Constitutionnel*, 9 000 ; les *Débats*, 8 000. Le moins menteur des journaux, c'est le *Commerce*.

Je commence à trouver bien longue l'absence qui me sépare de mes amis de Rome. Présentez, je vous prie, à l'aimable Comtesse, l'hommage de la plus sincère affection. Ne m'oubliez pas auprès d'Annibal, de

D. Philippe et de D. Michele. Peut-être vous reverrai-je au mois de février.

Adieu, cher Comte, mille et mille amitiés.

V. ALEX. CONSTANT.

Avez-vous reçu une lettre de moi par Civita-Vecchia il y a dix jours? On n'a plus peur du choléra en France. Il est un peu partout, c'est une nouvelle maladie qui remplace la petite vérole.

XVII

Al nobil uomo il signor Conte Cini,
  Palazzo Cini,
    Piazza di Pietra,
      Roma.

[Paris] 8, Caumartin, 28 novembre 1837.

Cher et aimable Comte, j'ai remis votre affaire à M. Colomb, monsieur fort entendu. Votre lettre est charmante. Ecrivez-moi, je vous prie, beaucoup de détails. Vous vous en acquittez à ravir. Mille amitiés à Don Fi., Annibal, D. Michel, mes respects à l'aimable Comtesse. Songez à décamper si monsieur choléra revient (1).

(1) Ce mot écrit sur une bande de papier accompagnait une lettre, que voici, de Romain Colomb au Comte Cini :

Paris, le 28 novembre 1837.

Monsieur le Comte,

M. Beyle, consul de France à Civita Vecchia, m'a confié la procuration que vous lui avez adressée à l'effet de :

1° Obtenir une expédition authentique du testament de feu Mme Canfora, déposé et ouvert dans le mois d'avril dernier, en l'étude de Me Morisseau, notaire à Paris, rue Richelieu, n° 60.

2° Rechercher si Mme Canfora n'aurait pas fait de dispositions postérieures au testament ci-dessus.

Je viens de déposer la procuration au ministère des affaires étrangères, pour faire légaliser la signature du chargé d'affaires de France à Rome ; sous deux jours cette formalité sera remplie. Il faudra alors remettre la procuration à un interprète assermenté pour la faire traduire en français et lui donner le caractère d'authenticité nécessaire. Après ces préliminaires, je me présenterai à M. Morisseau, notaire, pour obtenir une expédition du testament et j'examinerai s'il réunit les conditions légales.

Quant à ce qui concerne la recherche d'un testament qui aurait pu être fait ultérieurement, le meilleur moyen serait, selon moi, d'insérer, dans trois journaux accrédités, un avis à cet égard. Mais puisque vous répugnez, monsieur le Comte, à l'emploi de ce mode, j'écrirai une lettre circulaire à MM. les notaires de Paris et de la Banlieue. Si donc le testament que vous avez intérêt à trouver a été déposé chez l'un de MM. les notaires du département de la Seine, j'espère le découvrir. Si au contraire ce testament était dans l'étude de quelque notaire hors

XVIII

[*Même adresse.*]

Rue Caumartin, n° 8,
le 24 janvier [1838].

Mon cher Comte,

Je n'ai que le temps de vous dire deux mots. M. Colomb m'a envoyé un paquet énorme. Ce sont des quittances et deux testaments je crois de Mme Canfora. Mais comment vous les faire parvenir? Il faut une occasion. Cela est gros comme 100 numéros du *Diario*.

Vous ne connaissez pas les prix de Paris. Impossible de rien diminuer. Le moindre avocat dans ce cas du département de la Seine, le moyen que j'emploie pour le trouver serait insuffisant.

Enfin, monsieur le Comte, vous jugerez si dans le cas où mes démarches n'amèneraient aucun résultat, il ne vous conviendrait pas d'user d'un moyen de publicité dont l'étendue pourrait être plus favorable à mes recherches, celui des journaux. Je pourrais choisir certains journaux d'affaires fort répandus parmi les gens qui s'occupent spécialement d'affaires et qui très probablement ne vont pas à Rome. Je vous prie d'être eût pris 200 fr. et 3 fr. par c. et il y en a vingt je crois. Je tirerai sur vous une lettre de change de la somme de 250 fr. environ pour débours et honoraires. J'ai la somme exacte dans les papiers. Je remettrai cette traite à M. Flory Herand, qui l'enverra probablement à MM. Laisné, La Rozière et Cie.

Mille tendres amitiés à D. Filipe et D. Michel. Je me recommande au souvenir de la très aimable Comtesse. Je prie D. Filip de donner des gâteaux venant de Paris aux enfants.

J'ai vu M. et Mme de Saint-Aulaire qui se portent bien. Mme de [en blanc], sa fille, a fait une grosse fille. Mlle Vernet (Mme Delaroche) se porte bien et a un fils, mais elle est changée. M. Vernet est toujours le même, et est allé à Constantine et revenu en cinq semaines. Il fait quatre grands tableaux de Constantine. Mes compliments à la famille Potentiani si vous la rencontrez. Nous parlons de vous avec l'aimable comte persuadé que je ne négligerai rien de ce qui pourrait servir vos intérêts.

J'ai l'honneur d'être avec la plus haute considération,
Monsieur le Comte,
Votre très humble et très obéissant serviteur,

R. COLOMB.

Chef du bureau de la comptabilité aux messageries royales, rue Notre-Dame-des-Victoires à Paris.

de Praslin. Mes compliments à M. Falconieri. Son frère va être cardinal, n'est-ce pas? Mille amitiés.

D. Gruffo.

XIX

Mon cher Comte,

La caisse que nous croyons vous appartenir est arrivée à Civita-Vecchia, on l'a ouverte avec soin. Voici les seuls papiers trouvés dedans. Il n'y a pas de lettre à votre adresse. Cela me semble bien bon marché. Quelque autre personne, sans m'avertir, a-t-elle fait venir une caisse d'objets féminins?

Mille amitiés,
Gruffo Papera.

XX

Mon cher Comte,

M. le vicomte D..., un ami de M. Praslin, qui arrive de Rome, me fait une description superbe de la quantité d'étrangers dont vous jouissez. Je vois d'ici l'aimable Comtesse allant au bal deux fois la semaine et je devine qu'elle s'y amuse beaucoup plus qu'il y a trois ans ; elle sera toujours aussi jolie, mais maintenant qu'elle est obligée de jeûner pendant le carême, elle aura perdu une partie de cette timidité qui l'empêchait de s'amuser en voyant les ridicules du monde. Avez-vous toujours ces jeunes barons allemands plus empesés que le col de leurs chemises? Avez-vous eu le bonheur de rencontrer et d'entendre pérorer le plus nigaud des Français, un M. Fulchiron, député, qui était à Rome en novembre? Nous avons ici un temps encore plus abominable qu'à l'ordinaire, je suis enrhumé à fond ainsi que tous mes amis, mais jamais nos soirées ne furent occupées d'une façon plus agréable : il s'agit de savoir si le ministère sera renversé. Chaque jour on fait un pas en avant ou en arrière, et comme ceux qui attaquent ainsi que ceux qui défendent sont gens d'esprit, la dispute est fort amusante. Il y a coalition dans la Chambre des députés, c'est-à-dire qu'on voit réunis M. Guizot, chef de ce qu'on pourrait appeler les ultras tels qu'ils sont possibles après 1830, M. Thiers, l'éloquent représentant des modérés, enfin M. Odilon Barrot, chef de la gauche.

M. Duvergier de Hauranne a publié deux excellentes brochures qui ont expliqué à tout le monde le fond de la question. Nous sommes amusés et intéressés à ce point que le meilleur roman du monde, vînt-il à paraître, semblerait ennuyeux.

Trois voleurs se réunissent pour voler un homme possesseur de ce beau diamant qu'on appelle le pouvoir, une fois l'homme à terre comment s'y prendront-ils pour se partager le diamant?

Vers le 12 janvier il y aura bataille à la Chambre des députés, c'est-à-dire qu'on discutera l'*Adresse*. MM. Guizot, Thiers, Odilon Barrot, Duvergier de Hauranne, Jaubert, Passy attaqueront. MM. Molé, Salvandy, Janvier, Barthe défendront. Les attaquants veulent faire voter par la Chambre une phrase qui blâmera vivement la politique du ministère et pourra l'obliger à donner sa démission. Mais voici le plaisant de l'affaire, et c'est pour vous le faire comprendre que je vous ai raconté cette longue histoire, les attaquants ne peuvent pas dire au ministère : Au lieu de faire ceci vous eussiez dû faire *cela*.

Car s'ils réussissent, le lendemain ils seront ministres, et alors, par leurs discours de la veille, ils seraient obligés à faire *cela*.

Il faudra donc trouver un moyen ingénieux de blâmer outrageusement le ministère sans dire jamais ce qu'il aurait dû faire, autrement les discours de la veille seront excessivement embarrassants le lendemain.

Vous pouvez comprendre maintenant, mon cher Comte, combien cette bataille est amusante pour ce peuple qui a tant d'esprit. Notez que les combattants sont pour l'esprit les premiers hommes de la nation, et d'ailleurs ils parlent de nos affaires les plus intéressantes.

Jamais il n'y eut tant de grands seigneurs étrangers à Paris et ce que je n'avais jamais observé c'est qu'ils prennent autant d'intérêt que nous aux discussions de nos Chambres. Hier et avant-hier, on a fait la vente annuelle en faveur des Polonais. Figurez-vous une fort grande salle située sur le boulevard, dans le plus beau quartier. On établit quinze petites boutiques et chaque boutique est tenue par les quatre plus jolies femmes d'une nation, par exemple les quatre plus jolies Espagnoles présentes à Paris tiennent une boutique, les deux suivantes sont tenues par les huit Anglaises les plus jolies et les plus nobles, viennent ensuite les Françaises, les Allemandes, etc. Au milieu de ces boutiques circulent tous les beaux jeunes gens de toutes les nations, tout ce qui se croit noble, spirituel ou riche. C'est là qu'auraient dû venir Don Philippe et Don Michele avec leur air si noble ; je les ai cherchés en vain.

La Reine et les Princesses ont envoyé beaucoup d'écrans de broderies et autres petits ouvrages faits par elles, vous pouvez penser si l'on s'empresse de les acheter. Un seul député, M. Parent, en a acheté pour mille francs. J'ai acheté, moi, un bouquet de violettes qui m'a coûté cinq francs. Cette réunion, surtout quand j'y étais, est sans doute la plus belle de l'Europe. Les dames marchandes font des agaceries aux passants, jugez des singuliers dialogues qui s'établissent, il faut avoir de la grâce et de l'esprit ou périr, jamais vente n'a été aussi brillante. Avant-hier on a fait 4.900 francs, et la valeur des objets vendus peut bien être 4 ou 500. On a beaucoup ri d'un étranger qui, pour payer dix francs, avait donné un Napoléon d'or, et attendait son reste comme il eût fait dans une boutique de la rue. Remarquez que comme cette salle donne au midi et reçoit le plus beau jour, les femmes âgées se gardent bien d'y paraître, c'est peut-être pour cela que l'on y rencontre beaucoup de gaîté. Don Philippe, passé maître dans l'Art de tourner la tête aux belles Anglaises, verra qu'une matinée passée là avance plus les affaires d'un galant homme que dix soirées ordinaires. A propos de soirées, on va beaucoup cette année à celles de la comtesse Granville, ambassadrice d'Angleterre, il n'y a point de gêne inutile, c'est tout dire en un seul mot.

Mlle Rachel est une pauvre petite mendiante de 18 ans, fort maigre, qui joue la tragédie comme si elle inventait ce qu'elle dit ; elle a fait révolution au Théâtre Français, qui fait six mille francs de recette quand Mlle Rachel joue. Avant elle il faisait 1.500 fr. Le triomphe de Mlle Rachel c'est le rôle d'Hermione dans l'Andromaque de Racine. Elle exprime l'ironie d'une façon sublime. Maintenant elle est à la mode, un homme invité à dîner peut fort bien dire : ce soir-là, je ne puis pas, j'ai un billet pour Mlle Rachel. Cette pauvre petite juive ne gagnera que 26.000 francs cette année, si elle eût su faire son marché elle en aurait eu soixante. Il est vrai qu'elle a une pension viagère de 4.000 francs payable par la Comédie française, Mlle Rachel est fille d'un juif allemand qui jouait des parades dans les foires, elle a un génie qui me confond d'étonnement toutes les fois que je la vois jouer ; il y a deux cents ans que l'on n'a pas vu pareil miracle en France.

Le Préfet de police est le roi de Paris, le roi d'une ville qui a 52 millions de rente et dont les 909 mille habitants consomment six mille bœufs par mois. Le préfet de police qui a fait emprisonner tous les républicains à l'époque heureusement passée des émeutes s'appelle Gisquet; le *Messager*, journal, l'accusa il y a deux mois de faire des cadeaux à ses maîtresses (Mme Foucault et Mlle de Pradel) avec de l'argent appartenant à la Ville de Paris, c'est-à-dire en leur donnant le privilège d'établir une espèce de fiacre nommé omnibus. M. Gisquet aurait dû faire la sourde oreille, au lieu de cela, comme c'est un homme violent, il a attaqué le *Messager* en diffamation, le procès se juge maintenant et, pour le malheur de M. Gisquet, il est à la mode. Dès quatre heures du matin il y a des gens qui gardent les places à la porte de la Cour d'assises, car c'est un jury qui juge ce procès ; par conséquent, il n'y a pas moyen de séduire les maîtresses des juges. Depuis trois jours on en parle pas d'autre chose à Paris, ce procès fait un effet immense dans la garde nationale et dans la petite propriété qui se scandalise à fond. Nous autres, nous savons depuis longtemps ce qu'a fait M. Gisquet et M. de B., le plus célèbre de ses prédécesseurs. L'importance de cette affaire, c'est qu'elle tue la crédulité parmi les petits bourgeois de Paris, d'ordinaire fort bêtes et fort honnêtes, qui composent la garde nationale. Désormais ils vont ajouter foi aux dénonciations des journaux.

Je vous conseille toujours de lire le journal du *Commerce*, c'est le moins menteur de tous. Le *Constitutionel* se vend souvent, le *National* est fou, les *Débats* se vend toujours. Le *Charivari* est fort amusant, il a souvent autant d'esprit que Voltaire, mais je ne sais s'il arrive chez vous.

L'adresse de la Chambre des députés a été lue à la commission le 1er janvier, Son contenu est un grand secret. Hier au soir dans un salon d'ordinaire bien informé on lisait deux phrases de cette adresse (que la Chambre doit présenter au Roi). Si la Chambre adopte ces phrases, les ministres se retireront, mais quels seront les noms des successeurs ? C'est ce que personne ne sait aujourd'hui 2 janvier. Au total, jamais Paris n'a été si amusant : nous avons Mlle Rachel, le procès Gisquet et le changement de ministère.

Si vous voulez, mon cher Comte, me rendre un service auquel je serai fort sensible, rappelez-moi au souvenir de l'aimable Comtesse, dites-lui que je demande de ses nouvelles à tout ce qui vient de Rome. De temps en temps, achetez des gâteaux, donnez-les aux enfants en leur disant que c'est M. B. qui les envoie de Paris.

Je comptais écrire à Don Philippe, à Don Michele qui a eu la bonté de mettre quelques lignes dans une lettre de M. Bu[cci]. Mais je me dis que leur parler de mon amitié ce serait les entretenir d'une chose dont j'espère qu'ils ne doutent pas. Quant aux nouvelles de Paris je ne pourrais que répéter en d'autres termes ce que je viens de vous dire. J'aime mieux leur écrire dans une quinzaine de jours quand il y aura quelque chose de nouveau. Si cette lettre n'est pas ouverte, elle vous parviendra cachetée avec un C. Rappelez-moi je vous prie au souvenir de l'aimable Giacobi. J'espère qu'il n'aura pas été volé une seconde fois. Dans l'occasion, présentez mes respects à l'aimable marquise Potenzi.

On m'a demandé l'autre jour dans une Société savante ce qu'il fallait penser des manuscrits du Tasse qu'un M. Alberti va publier je crois à Turin. Quand j'ai vu M. Alberti, il m'a paru fou et ses manuscrits fabriqués par quelque galérien adroit. Peut-être il en est dupe lui-même. Qu'en pensez-vous? Qu'en pensen Don Michele et Don Philippe? Cachetez, je vous prie, et mettez à la poste les lettres incluses. Donnez-moi beaucoup de détails, infiniment de détails, toujours des détails sur ce qui se passe aux environs de la place Colonna, ce pays que j'admire m'intéresse infiniment, et par les journaux je sais beaucoup mieux ce qui se passe à Philadelphie que ce qui se passe chez vous. A-t-on découvert quelque belle statue ? Quelque nouveau tableau s'est-il fait remarquer ?

Croyez à ma vive et sincère amitié.

2 janvier 1839.

XXI

Sua Eccellenza
Il signor Conte Cini.

Très obligeant ami, .

Je me hâte de vous annoncer que je n'aurai besoin de la *cravate noire* cachant la chemise, que samedi soir. Je la rendrai dimanche. Le peintre (1) ne veut travailler que dimanche matin.

(1) Sodermark. — Son portrait de Stendhal fait maintenant partie de la collection Cheramy. — Ce portrait sera légué au musée de Versailles.

Je reçois ces tristes nouvelles sur le choléra :
Marseille, 89 décès en tout.
Toulon, 1.020.
Nice, 5 en ville.
Bagne de Villefranche, 20 décès.

      Mille compliments,

         Pabos.

XXII

Al nobil uomo il signor Conte Cini,
  Palazzo Cini,
    Piazza di Pietra,
      Roma.

Mon cher Comte,

Quand vous parlez d'écus à un Parisien, il faut traduire la valeur. Par exemple, là où il y a 7.000 écus, mettre entre parenthèses (38.000 fr.), là où il y a 200 écus (1.060 fr.), autrement le Parisien croit qu'il s'agit d'écus de 3 fr.

Peu importe, penserez-vous peut-être. Mais comme nous avons affaire à un nouveau Figaro il pourrait dire qu'on a voulu tromper le Parisien. Vous savez que d'après les derniers cours, l'écu romain vaut, si je ne me trompe, 5 fr. 45.

Voilà ce que j'ai oublié de vous dire ce soir. Mille amitiés.

De Beyle.

XXIII

Madame,
Madame la Comtesse Cini,
 Palazzo Cini,
  Rome.

Je n'ai reçu qu'aujourd'hui un paquet adressé à la plus aimable des Comtesses. Le voyageur qui s'en était chargé l'a bravement laissé il y a trois jours à la *grande Europe*. J'ai un *lascia passare* applicable à M. de L. qui passera vers le 1ᵉʳ décembre et sera porteur du paquet de *klispo* pour la Piazza di Pietra.

Mille compliments à l'aimable famille et à mes excellents amis D. Fil. Boutade à D. Miguel le brillant époux.

De Beyle.

Civita-Vecchia, 29 novembre, 1839.

XXIV

*Al n. u. il signor Conte Cini,
    Piazza di Pietra,
        Roma.*

1 avril [1840].

Votre lettre, mon aimable Comte, m'a fait à peu près l'effet du chant du coq sur feu saint Pierre. J'ai cru que vous alliez me parler des *flacons plats* d'eau de Cologne. J'allai chez le marchand le lendemain de mon arrivée, il était absent, je n'y ai plus pensé, j'y retournerai demain.

Il n'y a rien de nouveau pour l'affaire des bœufs ; seulement j'ai su ces jours derniers qu'on en avait acheté 3 000 en Sardaigne. La Sardaigne étant un pays encore plus sauvage que les environs de Civita-Vecchia, je suppose que les bœufs y sont à meilleur marché. Dès qu'il sera question d'achats, j'écrirai par la poste à vous et au ministre de Piansano. Dieu sait si la poste va à Piansano.

M. Horace Vernet sera à Rome en même temps que ma lettre ; il a fait la joie des habitants de Civita-Vecchia, grands et petits, en paraissant dans les rues vêtu en Bédouin ou en Turc, je ne sais lequel, ayant peu de pratique des modes orientales.

J'ai eu des nouvelles de Calcutta. Toute l'Inde Anglaise est occupée des préparatifs de l'expédition contre la Chine. Il y aura trois divisions anglaises : la première partira de Calcutta, la seconde de [en blanc], la troisième de Ceylan.

Mes lettres de Paris me font penser que la bataille des *fonds secrets* qui a dû se livrer le 24 mars aura fini à l'avantage des hommes d'esprit, MM. Thiers, Rémusat, Jaubert et Cubière.

On dit que Monseigneur Cioja, duc du Saint-Esprit, va être fait car. (1), il serait remplacé par M. Piati, missionnaire. Vous devez savoir cela mieux que moi.

Je regarde les canons sous mes fenêtres avec amour depuis que je sais le plaisir qu'ils font à M. Pepino. Nous avons eu un joli exercice à feu en l'honneur du cardinal de Angelis ; j'ai dîné à côté de ce prince et l'ai trouvé fort poli ; il a été ambassadeur avec le duc de Montebello dans les temps de l'espion *Conseil*. J'espère que M. Pepino se porte bien ainsi que mon amie Mlle Virginie. S'ils se portent bien, leur aimable mère se porte bien aussi, et les amis du soir sont heureux et satisfaits. J'ai chassé hier 5 heures sans m'asseoir pour tâcher de me donner cette passion. Mais il faut de l'espérance (2) comme en amour, c'est là ce qui

(1) Cardinal.
(2) On peut lire aussi : expérience.

manque ; il faudrait savoir lancer un coup de fusil aussi bien que vous. Je ne tue rien de plus gros que des alouettes.

Adieu, bien des choses à tous les amis du soir et à leur aimable présidente.

J'ai fait tous les efforts possibles pour être lisible.

Tout à vous.

Cte DU TONNEAU.

XXV

Compiègne, le 25 février 1842.

Mon cher Comte,

Je reçois votre lettre du 6 février. C'est avec un sensible plaisir que j'apprends que Mme la Comtesse jouit d'une excellente santé et ne s'est retirée qu'à 5 heures du matin de la fête brillante donnée par notre Ambassadeur.

Je reçus, en effet, dans les premiers jours de janvier et au Havre où j'étais à la chasse, la lettre que vous me chargiez de remettre. Je ne suis revenu à Paris qu'il y a une vingtaine de jours. Arrivé vers midi, je suis reparti pour Compiègne à 6 heures du soir. Je suis allé d'abord m'informer de l'adresse de la personne qui loge rue de l'Université, n° 43. J'y suis allé vers les 2 heures, elle n'y était pas ; j'y suis retourné en partant à la nuit, je n'ai pas été plus heureux. Alors comme je pensais rester peut-être une quinzaine de jours à la campagne, j'ai cru devoir mettre votre lettre à la poste, ainsi je n'ai pas fait votre commission exactement comme vous le désiriez. J'en ai été d'autant plus fâché qu'un hasard imprévu m'a fait revenir à Paris, avec la famille que j'avais suivie à la campagne, 4 ou 5 jours après.

Je ne puis pas vous offrir de remettre une nouvelle lettre en mains propres, car j'ai presque le projet d'aller passer quelques jours à Londres vers le milieu du mois de mars.

En France, on peut charger une lettre. Dans ce cas la personne qui la reçoit est obligée d'en donner reçu sur un registre. Il est possible que la poste de Rome reçoive les lettres *chargées* pour Paris. Lysimaque peut prier M. Fansin de Marseille de charger une lettre pour Paris. Vous aurez vu dans les journaux que le comte Pozzo di Borgo est mort il y a peu de jours dans son hôtel rue de l'Université, n° 43. Je suis fâché, mon cher Comte, de n'avoir pas mieux fait votre commission.

J'ai pensé bien souvent à vous étant à la chasse dans les belles forêts des environs de Compiègne. Une dame de mes amies, qui avait un mari fort âgé et grand chasseur, a perdu cet époux, les formalités nécessaires l'ont obligée à aller habiter son château. Elle a prié ses amis de venir lui faire compagnie dans cette triste circonstance. En ma qualité de chasseur, j'ai hérité d'une chasse superbe, cinq jours par semaine au moins je faisais 5 ou 6 lieues avec des chasseurs du voisinage qui sont bien vite devenus mes amis. Pourriez-vous le croire? j'ai souvent regretté les solitudes de Civita-Vecchia, la politesse m'obligeait à faire presque continuellement la belle conversation avec ces chasseurs et je ne pouvais me livrer aux pensées que j'aurais eu tant de plaisir à trouver dans ces forêts magnifiques. Pour comble de misère, sous peine de passer pour fier, j'étais obligé d'écouter la conversation amusante de trois valets de chasse du feu maître de la maison, auxquels je donnais cinq francs par jour toutes les fois que je tuais quelque chose ; je tirais en général de 5 à 10 pièces. J'aurais été charmé de pouvoir payer 10 francs et rester maître de ne jamais dire un mot ; mais je me serais acquis une réputation abominable auprès de Mesdames les femmes de chambre de la maison et des huit ou dix domestiques qui nous avaient suivis. Un autre malheur, c'est qu'il n'était guère possible d'assister au dîner sans faire toilette. Comme le maître de la maison, défunt, avait 35 ans de plus que la jeune veuve, il avait été décidé que, malgré sa douleur et pour ne pas trop attrister les amis qui étaient venus de Paris pour lui faire compagnie, elle pouvait donner à dîner aux dames des environs ; malgré les routes abominables on venait à ses dîners de 3 lieues de distance ; je vous avouerai même que ces dîners étaient d'une gaîté qui nous enbarrassait. Enfin il est question de revenir sinon à la chasse, du moins à la campagne aux premiers jours de mars. Notre hiver jusqu'ici a été fort beau, nous avons un beau soleil deux fois par semaine, à peine avons-nous vu la neige ; je vois dans les journaux que Bologne en a été accablé ; et vous à Rome, avez-vous été contents ? Pardonnez-moi cette longue lettre; je suis si paresseux pour écrire que je profite avec empressement de cette bonne occasion de faire une longue conversation avec vous.

Trouvez ici, je vous prie, mon cher Comte, l'assurance renouvelée de mes meilleurs sentiments et de ma considération la plus distinguée.

B.

Ces lettres ont été publiées dans la *Revue Blanche*, d'après les originaux.

FRAGMENTS BIOGRAPHIQUES INÉDITS

APPENDICE A LA NOTICE BIOGRAPHIQUE DE R. COLOMB

(Document inédit copié sur l'original.)

Le 25 janvier 1854, le volume des œuvres de Beyle contenant ma notice fut mis en vente.

Cette notice contient tout ce qu'il m'a paru convenable de dire au public, sur mon ami. Mais il n'est guère d'existence dont quelques parties ne doivent rester secrètes ou, au moins, dans l'oubli ; soit parce qu'elles manquent d'intérêt, soit parce que leur divulgation pourrait nuire à la réputation de celui qu'on veut montrer sous un jour favorable sans jamais s'écarter, toutefois, de la vérité, qu'un biographe ne saurait trop respecter.

Je vais donc relater ici de petits faits qui pourraient

s'effacer de ma mémoire ; ils compléteront la biographie de Beyle. Vus à distance, ces petits faits intéressent quelquefois plus que les grands événements ; attendu qu'on connaît ces derniers et que les autres sont une nouveauté. Voici, à l'appui de mon opinion, ce que disait M. Sainte-Beuve dans le *Constitutionnel* du 1er décembre 1851.

« Lorsque les mémoires de M. de Motteville parurent pour la première fois en 1723, les journalistes et critiques du temps, en y louant le ton de sincérité, jugèrent qu'il y avait trop de détails minutieux, trop de petits faits... Aujourd'hui, nous ne pensons plus ainsi. Ces petits faits, qui appartiennent à un ancien monde disparu, et qui nous le représentent dans une entière vérité, nous plaisent et nous attachent ; à une distance médiocre, ils pouvaient sembler surabondants et superflus, à une distance plus grande, ils sont redevenus intéressants et neufs.

Il ajoute :

« Mme de Motteville, cette personne rare, cette honnête femme de tant de jugement et d'esprit, née vers 1621, mourut en décembre 1683, vers l'âge de 68 ans. »

Afin que ces articles supplémentaires conservent leur place chronologique, j'indique en tête de chacun d'eux la page et le paragraphe de la notice auxquels ils font suite.

Page 41, fin du 1ᵉʳ paragraphe :

... n'avait pas de chance de succès. Peut-être aussi l'amour eut-il une grande part dans sa détermination de ne pas s'éloigner de Milan, lors du retour de l'île d'Elbe, circonstance cependant si décisive en faveur de ses opinions alors complètement Bonapartistes.

Page 50, à placer entre le 3ᵉ et le 4ᵉ paragraphe :

Plusieurs tentatives, pour obtenir un emploi quelconque, n'avaient produit aucun résultat. Un moment, je pus croire qu'il allait être placé à la bibliothèque royale ; la chose était même arrêtée lorsqu'un des fonctionnaires de cet établissement fit observer à ses confrères que recevoir parmi eux un homme d'humeur si bizarre serait introduire le loup dans la bergerie et inaugurer le désordre dans la bibliothèque. Les choses en restèrent donc là et Beyle en ressentit une vive peine.

Le 12 juillet 1828, son ancien ami M. Amédé de Pastoret (1) (sénateur en 1853), alors conseiller d'Etat et commissaire du Roi, près la commission du sceau, fit conférer à Beyle le titre de *Vérificateur-adjoint des armoiries* près cette commission. Cela ne rapportait rien pour le moment, mais pouvait mener à quelque chose, par la suite. Comme ce titre ne lui imposait aucune fonction, il n'a jamais paru dans les bureaux du sceau et l'affaire n'a pas eu de suite.

(1) Mort à Paris, le 13 mai 1857 (R. C.)

Page 62, à placer entre le 3° et le 4° paragraphe :

Pendant le séjour que Beyle fit à Paris, de mars 1836 à juin 1839, il fut présenté à Mme la comtesse de Montijo par M. Mérimée. Cette dame vivait alors à Paris rue d'Astorg avec son mari et ses deux jeunes filles, Mlles Eugénie et Paca. Ces dames avaient dans leur société habituelle quelques hommes d'esprit ; on y faisait souvent de bonne musique et chaque assistant se retirait toujours fort satisfait de sa soirée. C'est bien ma faute si je n'ai pas fait partie de ce cercle aimable, car Beyle m'offrit plusieurs fois, et avec instances, de m'y introduire ; mais peu disposé à faire de nouvelles connaissances, je refusai toujours. Nous ne pouvions guère alors prévoir, ni l'un ni l'autre, la haute fortune réservée à Mlle Eugénie.

Les rapports de Beyle avec Mme de Montijo ne se bornèrent point à de simples visites qu'on fait ou qu'on reçoit, pour passer le temps ; il en résulta des deux côtés une véritable amitié. J'en ai trouvé la preuve dans des lettres adressées à Beyle par Mme de Montijo et par ses deux filles (1). Elles l'invitaient (en décembre 1840), dans les termes les plus pressants et les plus affectueux à venir les visiter à Madrid ; c'est chez la comtesse qu'il logerait ; accompagnée de ses deux filles, elle irait l'attendre au bureau où descend la diligence.

(1) Voir plus haut, p. 201-203.

On trouve, page 289 du 2ᵉ volume de la correspondance de Beyle, la lettre qu'il écrivit le 10 août 1840 à Mˡˡᵉ Eugénie de Montijo. S'il eût été encore de ce monde le 29 janvier 1853, jour où elle devint Impératrice des Français par son mariage avec Napoléon III, nul doute que Beyle n'eût reçu quelque témoignage de son affection.

M. le comte de Montijo mourut en 1839. En août 1808, il se battait avec les Espagnols contre les armées du roi Joseph. Plus tard il se rallia et servit la cause française en Espagne, comme colonel d'artillerie. En 1814, lors de la défense de Paris, Napoléon plaça M. de Montijo à la tête des élèves de l'Ecole polytechnique, à la position des buttes Saint-Chaumont.

Page 62, à placer au dernier paragraphe :

Un jour cependant, succombant à l'ennui qui l'obsédait dans sa triste résidence, Beyle prit sérieusement la résolution de se marier : c'était en 1835. Comme cette époque est la seule de sa vie où cette intention ait eu un commencement d'exécution, il me paraît opportun d'en conserver le souvenir, d'autant plus que le fait fut accompagné de circonstances qui ne manquent pas d'un certain intérêt.

Il y avait à Civita-Vecchia une famille qui, de père en fils, avait occupé le consulat de France dans cette ville jusqu'à la révolution de 1789 ; mais cette famille était bien déchue de son ancienne position depuis la mort de Jean-Baptiste Vidau, le dernier de ses membres investi de la dignité de consul à Civita-Vecchia, Paul Vidau, son fils, marié à une blanchisseuse, vivotait tant du produit des locations d'une maisonnette que de la modique pension que lui faisait son frère. Ce dernier, ancien commissaire des guerres au service de l'Angleterre, avait amassé une petite fortune ; mais, célibataire, dégoûté du monde, porté vers la vie ascétique, il s'était retiré dans un couvent en Piémont où, sans avoir endossé le froc, il partageait les exercices religieux des moines.

La famille de Paul Vidau à Civita-Vecchia, outre sa femme, se composait uniquement d'une fille de vingt ans, sur laquelle Beyle jeta son dévolu. D'une taille au-dessus de la moyenne, la jeune personne avait des traits communs. Somme toute, elle était plutôt laide que jolie et n'avait reçu aucune éducation. Sa mise se ressentait du modique revenu de ses parents ; elle ne portait même pas le chapeau, ce qui la rejetait dans la classe de la petite bourgeoisie, pour ne rien dire de plus.

Un ami de Beyle, l'excellent M. Bucci, s'entremit pour la négociation de l'hymen, il enfla un peu la fortune du soupirant et retarda sa naissance de quelques années ; de telle sorte que la mère de la jeune fille, éblouie des avantages de ce *Matrimonio consolare*, obtint le consentement de son mari ainsi que celui de sa fille.

Beyle, très flatté de l'empressement que montrait une jeune personne pour s'unir à lui, faisait assidûment sa cour ; il entendait exactement la messe le dimanche et, pendant son séjour à Rome, entretenait une correspondance suivie avec le négociateur à Civita-Vecchia. D'autre part, les papiers nécessaires, demandés à Grenoble sous la forme la plus mystérieuse, étant arrivés, il ne restait plus qu'à procéder à la célébration du mariage.

Cependant, avant de passer outre, le père Vidau, qui ne perdait pas de vue l'héritage de son frère, pensa qu'il était convenable de lui communiquer les projets d'établissement pour sa fille. Il lui énuméra donc minutieusement, dans une longue lettre, les avantages de toute nature que l'union projetée assurait à sa famille.

Au reçu de cette lettre, le semi-moine en adressa une à un de ses amis, prêtre à Grenoble, à l'effet de se procurer quelques renseignements sur le futur neveu. Ceux qu'on lui envoya n'étaient guère de nature à le satisfaire. On lui peignait l'auteur de *Le Rouge et le Noir* sous les couleurs les plus défavorables et comme une sorte d'antéchrist. Il s'empressa de les transmettre à son frère, ajoutant que si, après cela, il persistait à marier sa nièce à un tel homme, il en était bien le maître ; mais que si cette union avait lieu, il ne devait plus compter sur la pension ni sur l'héritage.

L'arrivée d'une semblable lettre, venant d'un couvent peu éloigné du lieu de naissance de Beyle, produisit l'effet de la foudre dans le ménage Vidau. Le père furieux s'en prit à sa femme : celle-ci, retrouvant les locutions de son ancienne profession, repoussa énergiquement les reproches qui lui étaient adressés ; la fille fondait en larmes ; tous trois s'écriaient avec désespoir : *Nous sommes ruinés !*

Quand un peu de calme fut enfin revenu, l'infortuné trio délibéra sur les mesures à prendre pour donner entière satisfaction au semi-moine, dont la pension et l'héritage à venir composaient, à peu de choses près, la fortune présente et future de la famille Vidau. Avec le plus de ménagements possibles, on signifia à Beyle de ne plus remettre les pieds dans la maison. Ce préalable rempli, on raconta complaisamment à tous les désœuvrés de la ville les circonstances qui avaient amené la rupture du mariage, dont le projet était à la connaissance de tout le monde.

L'oncle irrité ayant obtenu pleine satisfaction continua la pension, maintint ses dispositions testamentaires et mourut peu d'années après, laissant à ses heureux héritiers de Civita-Vecchia un capital d'environ soixante mille francs.

La promise de Beyle épousa, en 1845, un nommé Stechetti, inspecteur et directeur de l'administration des *Sels et Tabacs*, à Viterbe.

Beyle avait gardé cette anecdote bien secrète ; ce

n'est qu'après sa mort qu'elle m'a été contée par M. Lysimaque Tavernier, chancelier du consulat de Civita-Vecchia.

Page 67, à placer entre le 3⁰ et le 4⁰ paragraphe.

Quinze jours avant sa mort, Beyle pensait sérieusement à se porter candidat à l'Académie française. Il me communiqua ce projet un matin en déjeunant, (5 ou 6 mars 1842). L'idée, me dit-il, appartient à Mᵐᵉ Ancelot ; elle pense pouvoir m'aider et croit mon élection possible.

Fort étonné de semblable ouverture, je ne pus m'empêcher de lui rappeler qu'il s'était si souvent et si rudement moqué de tout ce qui portait le nom d'académie et d'académicien, qu'il me semblait fort douteux qu'aucun d'eux consentît jamais à lui donner sa voix.

Beyle ne voyait pas là un obstacle insurmontable, et, chaque jour, il priait notre ami Di Fiore de solliciter, dans l'objet, l'appui de M. le Comte Molé. Ce qui le séduisait réellement dans l'élection à l'Académie française, c'était le petit revenu attaché à ce titre. Cet accroissement d'aisance lui aurait permis de vivre à Paris, à peu près indépendant, et c'était son vœu le plus ardent.

Page 69, à placer entre les 3ᵉ et 4ᵉ paragraphes :

Parmi ses nombreuses bizarreries, il en est une qui lui était toute particulière. A la nouvelle de la perte d'un ami, Beyle affectait, assez ordinairement, la plus complète indifférence. Mais cette insensibilité apparente n'existait pas plus chez lui que chez le célèbre abbé Galiani (1), ayant le même travers. Galiani resta inconsolable de la mort de Mme d'Epinay ; il refusa même l'offre de Mme du Bocage de remplacer auprès de lui Mme d'Epinay, comme correspondante.

Page 76, à placer après le 4° paragraphe :
Je me suis borné dans ma notice à faire savoir que Carpani avait vivement réclamé contre le vol de ses *Haydine*, mais dans l'intérêt de la mémoire de Beyle, je me suis abstenu de tous détails, bien que je connusse à fond ceux concernant la querelle entre les deux écrivains. Toutefois, il peut être intéressant d'en conserver quelques-uns.

Joseph Carpani, né dans la Brianza (Lombardie) en 1752, mort à Vienne (Autriche) le 22 janvier 1725, y avait publié ses *Haydine* en 1812, chez le libraire Bucinelli. Elles eurent beaucoup de succès, notamment en Italie. En 1823, Carpani en donna à Padoue une seconde édition augmentée, et dans laquelle il dénonça son plagiaire à tout l'univers.

Beyle publia les vies de *Haydn*, de *Mozart*, etc., en 1814, datant de 1808 ses lettres sur Haydn. A ce compte, c'était Carpani qui, aux yeux du public, pou-

(1) Né le 2 décembre 1728, mort à Naples le 30 octobre 1787 (V. le *Constitutionnel* du 26 août 1850). (R. C.)

vait passer pour être le plagiaire. Singulière situation !

A l'apparition du volume de Beyle, Carpani met à le lire un empressement bien naturel et reconnaît, dès les premières lignes, que tout ce qui concerne Haydn lui a été *volé ;* mais que le voleur, pour dissimuler son larcin, a omis des fragments, altéré des passages, intercalé ses propres réflexions et, en un mot, n'a négligé aucun moyen pour faire croire que l'ouvrage était sien.

Qu'on juge de la surprise que put causer à Carpani semblable découverte ! — Furieux, transporté de colère, il écrivit de Vienne, les 18 et 20 août 1815, deux lettres adressées à : M. Louis-Alexandre-César Bombet, français, soi-disant auteur des *Haydine*.

Ces lettres parurent à Padoue dans le cahier bimensuel de janvier et février 1816, tome X de la seconde série du *Giornale dell' Italiana letteratura*.

Carpani épuise dans ses lettres le vocabulaire de l'injure, de l'ironie, du mépris, etc. envers Beyle; il dément la plupart de ses assertions et ne lui laisse, je dois l'avouer, aucune issue pour se mettre à l'abri de ses attaques : ce sont des coups de massue, sous lesquels il n'y a qu'à succomber.

Beyle dit qu'en 1808 il a assisté, à Vienne, à la seconde exécution, en italien, de la *Création* de Haydn, dans la maison de Lobkowitz, en présence de 500 personnes. Or, c'est dans la salle de l'Université que cette solennité eut lieu et l'assistance se composait de plus de 1500 personnes.

Beyle dit qu'en 1793, une messe de Haydn le guérit d'une fièvre contractée à Vienne même; le fait appartient à Carpani. D'autre part, à cette époque, Beyle ne s'était pas encore éloigné de sa ville natale.

Dans ses lettres sur Haydn, Beyle dit que Falieri, Weigl, Frieberth, Griesinger et Mlle Marianne Kuszbeck lui ont fourni des notes sur Haydn. Cependant ces mêmes personnes, dans un acte authentique, déposé à Vienne entre les mains du maëstro Salieri, portant la date du 2 août 1815 et imprimé dans la même revue que les deux lettres précitées, déclarent :

« Qu'elles n'ont jamais vu ni connu M. Louis-Alexandre-César Bombet, qu'elles lui ont d'autant moins fourni ces lettres, qu'elles attestent les avoir données à M. Carpani, quand il écrivait ses *Haydine*, et ont signé. »

A une attaque aussi vigoureuse et appuyée de telles preuves, il n'y avait aucune réplique possible; c'est le parti que Beyle adopta. Il habitait alors Milan, où quelques éclaboussures l'atteignirent, mais légèrement, car peu de personnes le reconnurent sous le nom de Bombet (1).

Page 82, fin de l'article sur *De l'amour* :

Malgré la froideur du public pour ce livre, Beyle le

---

(1) Voir plus haut : les *Dossiers de Stendhal*, I, 1.

considéra toujours pour son œuvre principale. On le voit s'en occuper jusqu'à sa mort, avec une affection toute particulière. Ainsi, j'ai trouvé parmi ses papiers plusieurs morceaux imprimés dans l'édition Michel Lévy. On les voit pages x à xxiii ; 222 à 226 ; 227 ; 311 à 367.

Page 94, fin de l'article sur les *Mémoires d'un Touriste* :

Cet ouvrage a obtenu un honneur bien inattendu, celui de paraître en allemand. Des libraires de Leipzig ont publié, en 1846, un volume in-12 de 264 pages, portant le même titre que l'ouvrage de Beyle, mais n'en étant réellement qu'un extrait. On est tout étonné de voir des Allemands se complaire à la lecture d'un livre dont le style si vif et souvent si saccadé semble faire un tel contraste avec la nature habituellement si flegmatique de leur esprit.

Page 100, à placer entre *Le Coffre et le Philtre* :
La *Revue de Paris*, du 11 mars 1832, tome XXXVI, contient un article de Beyle sur la *Vision de Prina*, par Th. Grossi. — Dans le même tome, page 209, Beyle a inséré un article sur Rome et le Pape, en 1832.

Page 101, à placer entre le 2ᵉ et le 3ᵉ paragraphes :
Du 1ᵉʳ janvier au 31 décembre 1822, on a publié

à Paris une revue mensuelle dont le titre était : *Paris Monthly Review*. Beyle y a inséré quelques articles signés *Alceste*, et probablement traduits en anglais par M. Stricht, comme ceux envoyés plus tard à Colburn.

Avant d'écrire la *Vie de Rossini*, Beyle en avait donné le canevas au public, dans le *Monthly Review*, n° du 1er janvier 1822 ; c'est un article étendu sur Rossini, ses compositions, ses succès dans le monde, etc.

La même feuille contient, en outre, des articles de Beyle sur : les *chefs-d'œuvre des théâtres étrangers ;* il y passe en revue : Foscolo (1), Manzoni, Pellico. — *Pensées sur la Philosophie d'Helvétius.* — *Exposition de peinture au Louvre.*

Quelques-uns de ces articles sont signés : D. K. N.

R. Colomb.

---

(1) Foscolo (Hugo), quand il était capitaine dans l'armée italienne, donna *Ajax*; cette tragédie fut sifflée à Milan et l'auteur exilé à Florence par la police impériale, qui considéra la pièce comme dirigée contre le gouvernement autrichien. Foscolo, né à Zante vers 1777, mort le 10 septembre 1827 dans les environs de Londres (voir le *Globe* du 6 octobre 1827). (Note de R. Colomb).

IV

UNE SÉANCE DU CLUB

UNE SÉANCE DU CLUB

A mon cher Bélugou.

A bout de conversation, je songeai à mes deux grands cartons d'autographes. Ce n'est pas une collection factice, c'est toute la correspondance adressée pendant plus de trente ans à Letronne, membre de l'Institut, mort en 1847.

— Letronne? me dit mon ami.

— Oui, Letronne, dont parle Stendhal dans les *Mémoires d'un Touriste* et dans la *Vie de Henri Brulard*. Beyle le compare à son grand-père, cet excellent Dr Gagnon. « Par surcroît de bonheur, dit-il, il se moquait fort des pédants (les Lerminier, les Salvandy d'aujourd'hui), il avait un esprit dans le genre de M. Letronne qui vient de détrôner Memnon. » L'éloge a quelque valeur quand on pense au savoir aussi grand que modeste de Letronne, trop oublié aujourd'hui.

Et j'ouvris le carton presque au hasard.

— De qui cette jolie lettre, écrite d'une main si aristocratique?

— De la princesse Belgiojoso.

— Princesse Belgiojoso?

Mon ami, qui pourtant sait beaucoup, avait l'humeur interrogative ce soir-là.

— Lisons d'abord la lettre, vous verrez à qui vous avez affaire. Et, du même coup, vous trouverez dans ces trois petites pages un jugement sur Letronne, nullement en désaccord avec celui que nous donne Stendhal :

« Monsieur,

« Je viens de recevoir votre mémoire sur la civilisation égyptienne, et je ne veux pas tarder davantage à vous remercier d'avoir songé à moi d'abord, et ensuite de m'avoir jugé (*sic*) digne d'apprécier tout ce qu'il y a de clarté, de pureté et de sagacité dans ce travail dont le sujet m'est si complètement étranger. On croirait en effet, à voir la facilité avec laquelle vous circulez dans les catacombes, que l'on y marche par des routes larges, régulières et éclairées. On le croirait, si l'on ne savait confusément combien s'y sont perdus, et si l'on prenait soin de ne pas ouvrir les autres livres écrits par d'autres auteurs sur de pareilles matières.

« Merci donc, Monsieur, de m'avoir procuré un plaisir assez rare aujourd'hui ; celui d'admirer avec sécurité.

« Je serais charmée que le souvenir que vous avez bien voulu garder de moi fût assez puissant pour vous faire gravir la rue de Courcelles. Mon ami Thierry s'en réjouirait autant que moi. Si vous aviez une soirée à nous donner, vous nous trouveriez ensemble et entourés d'un petit nombre d'amis ; car c'est pendant la soirée qu'il se permet la conversation, et il en jouit comme de la seule distraction qui lui reste.

« Agréez, Monsieur, la nouvelle assurance de ma haute considération.

« Trivulce, P^{sse} de Belgiojoso.

« 36, Rue de Courcelles, 23 Mai 1845. »

Mon ami, qui est bon pédagogue à ses heures, fut ravi de ce petit morceau. Il en loua surtout les deux premiers paragraphes et m'en détailla les finesses. *Admirer avec sécurité* lui plut. L'expression a des airs de cliché, c'est dommage, elle est pourtant neuve. Les détails sur Augustin Thierry le rendirent un peu ironique. — Antigone le fit sourire.

Et alors je lui contais quelques anecdotes sur la Princesse.

On l'appelait la femme verte, tant son visage avait l'aspect cadavérique. Elle était longue et diaphane comme un cierge, et se fit dire par un paysan spirituel des environs de Paris : « Est-elle assez feignante, elle ne se donne même pas la peine de se faire enterrer ! »

C'était, sous une autre forme, les célèbres strophes que Musset intitula : Sur une morte (*Elle était belle si la nuit...*), et qui furent inspirées par cette Italienne (1).

(1) Voir plus haut, *Dessins de Romantiques*, I, 8.

Comme M^mo Swetchine, la princesse Belgiojoso avait eu sa crise théologique — c'était une des *Mères de l'Eglise* — une des *commères de l'Eglise*, disait le spirituel curé de la Madeleine, l'abbé Deguerry, impatienté du zèle encombrant de ces grandes dames. Daniel Stern, dans ses *Souvenirs* où il n'est pas assez question de Liszt et de certain voyage de Genève, n'est guère indulgente pour la Princesse, qui avait eu le tort de vouloir la convertir. Elle nous la montre à son prie-Dieu, dans son oratoire, sous le rayon orangé d'un vitrail gothique, entre de poudreux in-folio, la tête de mort à ses pieds. « Avant que d'arriver à l'oratoire, dit-elle, on avait traversé une chambre à coucher tendue de blanc, avec un lit de parade rehaussé d'argent mat, tout semblable au catafalque d'une vierge... Jamais femme, à l'égal de la princesse Belgiojoso, n'exerça l'art de l'*effet*. Elle le cherchait, elle le trouvait dans tout ; aujourd'hui dans un nègre et dans la théologie ; demain dans un Arabe qu'elle couchait dans sa calèche pour ébahir les promeneurs du Bois ; hier dans les conspirations, dans l'exil, dans les coquilles d'œufs de l'omelette qu'elle retournait elle-même sur son feu, le jour qu'il lui plaisait de paraître ruinée. »

Je n'allais pas plus loin, ces petites méchancetés de femme impatientaient mon ami. Il voulut relire la lettre qui lui en disait beaucoup plus long que les papotages de M^mo d'Agoult. Il déclara sans emphase — à la manière beylique — que la princesse était une femme supérieure, nullement moulée à la Strindberg.

Là-dessus je lui tendis une lettre de Libri ; je n'eus rien à lui apprendre sur cet homme, qui fit couler autant d'encre que le *Courrier de Lyon*. L'écriture minuscule et fuyante de Libri est *mauvaise* au point de vue graphologique, mais nous ne nous arrêtâmes point à ce détail. J'étais pressé de faire lire à mon ami ce qui suit :

« Jeudi soir, 3 Avril.

« Monsieur et très honoré confrère,

« Nous venons d'organiser à la *Revue des Deux-Mondes* un petit impromptu auquel je serais bien charmé que vous eussiez la bonté de prendre part. Quelques-uns de nos amis (parmi lesquels je citerai MM. Buloz, Labitte, Sainte-Beuve et Mérimée) veulent bien me faire l'honneur de venir goûter d'un macaroni qui sera fait suivant les règles, demain (*vendredi*), chez un restaurant (*sic*) italien. Auriez-vous la bonté de me faire l'honneur de venir juger si ce macaroni est bien fait ? Je vous en serais très reconnaissant. Je le répète : c'est un impromptu et non pas un dîner. Le rendez-vous est pris chez M. Buloz, rue des Beaux-Arts, n° 10, demain à six heures et un quart. De là nous partirons tous ensemble pour aller chercher ce macaroni. Si vous pouvez venir, vous nous ferez grand plaisir et honneur à tous.

« Ne répondez pas, et venez : ce sera la plus aimable

réponse. Agréez, Monsieur et cher confrère, l'hommage affectueux de ma haute considération.

« G. LIBRI.

« *P.-S.* — Je ne pourrai vous envoyer cette lettre que demain matin : mais le rendez-vous est pour *demain vendredi* 4 avril à 6 h. 1/4, rue des Beaux-Arts, 10. »

— On ne s'embêtait pas à la *Revue des Deux-Mondes*, dans ce temps-là! Mais peut-on être aussi prolixe que ce Libri! Et ce post-scriptum! Cela me rappelle le monsieur qui réclame son parapluie à un ami, et qui rouvre sa lettre pour ajouter : « Je l'ai retrouvé. »

— Décidément, dis-je, nous sommes voués aux étrangers ce soir, voici Meyerbeer qui, après ce français-italien, va nous offrir un spécimen de français-juif. Letronne était un grand mélomane, et avait reçu à ses mercredis le futur auteur des HUGUENOTS.

« Monsieur,

« Veuillez me permettre d'introduire près de vous M. Munk, savant orientaliste, dont les articles sur la littérature orientale dans le *Temps* et autres journaux sont certainement connus de vous. M. Munk était un ami intime de feu mon frère, et l'est de toute notre famille. Je désirerais donc pouvoir contribuer à l'accomplissement de son désir de faire la connaissance de M. Letronne, le plus grand philologue de notre époque, désir qu'il nourrissait depuis longtemps.

« M. Munk a en outre une requête toute scientifique à vous présenter, dont votre haute position pourrait lui obtenir le but. (*Je relus deux fois la phrase, sur l'ordre de mon ami.*)

« La bienveillance dont vous avez toujours daigné honorer mes frères et moi, me fait espérer que vous me pardonnerez de vous importuner de cette lettre. Au reste, un grand homme comme vous, Monsieur, est le protecteur né de tous les gens de mérite, et certes M. Munk est de ce nombre.

« Agréez, Monsieur, l'expression de mes sentiments les plus distingués.

« Meyerbeer. »

« Ce 22 mars 36. »

Enfin, je fus heureux de mettre la main sur un simple petit billet, très académique celui-là, et très français. Letronne était alors directeur de la Bibliothèque royale :

« Monsieur,

« Mgr le Duc et Mme la Duchesse d'Orléans se proposent de visiter demain mercredi, à 1 h. 1/2, la bibliothèque royale. Je m'y trouverai moi-même à midi et demi. Veuillez prendre toutes les mesures nécessaires pour que

L. L. A. A. R. R. soient reçues d'une façon conforme *à leur rang et à nos sentiments*.

« Recevez, Monsieur, etc.

« SALVANDY. »

Ce *conforme à leur rang et à nos sentiments* enchanta mon ami — et lui fit mieux comprendre toute l'antipathie qu'inspirait à Stendhal le ministre-académicien.

Je tenais encore toute une liasse d'autographes : Arago, le Dr Koreff, ce véritable ami de Beyle, Humboldt, Champollion, Niebuhr, Daru, Mickiewicz, etc., mais il se faisait tard. Nous les retrouverons à une prochaine séance — si nous sommes las de causer, et si nous nous apercevons que nous sommes sur le point d'enfreindre ce principe de beylisme : ne pas parler pour ne rien dire.

C. S.

FIN

TABLE DES MATIERES

—

AVANT-PROPOS   v

I

COMMENT STENDHAL TRAVAILLAIT

1. LES DOSSIERS DE STENDHAL   3
2. LA DUCHESSE DE BÉRULLE, BANTI ET BURRHUS .   27
3. LES SOURCES DU « ROUGE ET NOIR »   61
4. DEUX ROMANS   95
5. DEUX CHAPITRES INÉDITS DE LA CHARTREUSE DE PARME   101
6. LA CERTOSA DI PARMA   121
7. SUORA SCOLASTICA   127
8. DESSINS DE ROMANTIQUES   143
9. LA GLOIRE ET LA BOSSE   165

II

LES AMIS

1. CORRESPONDANCE AVEC MÉRIMÉE. 177
2. EUGÉNIE DE MONTIJO 197
3. LES SALONS DE LA RESTAURATION 205
4. DONATO BUCCI 235

III

LA CORRESPONDANCE

1. COMMENT FUT ÉDITÉE LA CORRESPONDANCE DE BEYLE. 251
2. LETTRES INÉDITES 259
3. AVIS AUX TÊTES LÉGÈRES QUI VONT EN ITALIE . 267
4. VINGT-CINQ LETTRES AU COMTE CINI 273
5. FRAGMENTS BIOGRAPHIQUES INÉDITS. 327

IV

UNE SÉANCE DU CLUB. 343

Imprimerie BUSSIÈRE. — Saint-Amand (Cher).

EXTRAIT DU CATALOGUE
DES ÉDITIONS DV MERCVRE DE FRANCE

Histoire — Critique — Littérature

PIERRE D'ALHEIM

Ioussorgski.	3.50
Sur les pointes (mœurs russes).	3.50

J. BARBEY D'AUREVILLY

Lettres à Léon Bloy.	3.50

ANDRE BEAUNIER

La Poésie Nouvelle.	3.50

DIMITRI DE BENCKENDORFF

La Favorite d'un Tzar.	3.50

PATERNE BERRICHON

La Vie de Jean-Arthur Rimbaud.	3.50

AD. VAN BEVER ET PAUL LÉAUTAUD

Poètes d'aujourd'hui, 1880-1900. Morceaux choisis.	3.50

AD. VAN BEVER ET ED. SANSOT-ORLAND

Œuvres galantes des Conteurs italiens.	3.50
Œuvres galantes des Conteurs italiens, IIe série.	3.50

LÉON BLOY

La Chevalière de la Mort.	2 »
Les Dernières Colonnes de l'Eglise.	3.50
Exégèse des Lieux Communs.	3.50
Le Fils de Louis XVI.	3.50
Mon Journal (pour faire suite au *Mendiant Ingrat*).	3.50

CONSTANTIN CHRISTOMANOS

Elisabeth de Bavière, impératrice d'Autriche.	3.50

JULES DELASSUS

Les Incubes et les Succubes.	1 »

HENRY DETOUCHE

De Montmartre à Montserrat (*illustré*).	3.50

GEORGES DUVIQUET

Héliogabale.	3.50

ANDRÉ GIDE

Prétextes, *Réflexions sur quelques points de Littérature et de Morale*.	3.50

REMY DE GOURMONT

Le Chemin de Velours. *Nouvelles Dissociations d'idées*.	3.50
La Culture des Idées.	3.50
Epilogues. *Réflexions sur la vie* (1895-1898).	3.50
Epilogues. *Réflexions sur la vie*. IIe série (1899-1901).	3.50
Esthétique de la langue française.	3.50
Le Livre des Masques, *Portraits symbolistes*.	3.50
Le IIe Livre des Masques.	3.50
Le Problème du Style.	3.50
Promenades littéraires.	3.50

A.-FERDINAND HEROLD

Le Livre de la Naissance, de la Vie et de la Mort de la Bienheureuse Vierge Marie.	6

ROBERT D'HUMIÈRES

L'Ile et l'Empire de Grande-Bretagne.	3.50

VIRGILE JOSZ

Fragonard, *Mœurs du XVIIIe siècle*.	3.50
Watteau, *Mœurs du XVIIIe siècle*.	3.50

RUDYARD KIPLING

Lettres du Japon.	3.50

LACLOS
Lettres inédites.............. 3.5o

JULES LAFORGUE
Mélanges posthumes. Portrait de l'auteur par Théo van Rysselberghe............... 3.5o

LOYSON-BRIDET
Mœurs des Diurnales. *Traité de Journalisme*........... 3.5o

RENÉ MARTINEAU
Tristan Corbière.............. 3 »

FERDINAND DE MARTINO
Anthologie de l'amour arabe... 3.5o

CAMILLE MAUCLAIR
Jules Laforgue............... 2.5o

GEORGE MEREDITH
Essai sur la Comédie.......... 2 »

ADRIEN MITHOUARD
Le Tourment de l'Unité........ 3.5o

ALBERT MOCKEL
Charles van Lerberghe........ 3.5o
Un Héros : Stéphane Mallarmé. 1 »
Émile Verhaeren.............. 2 »
Propos de Littérature......... 3 »

JACQUES MORLAND
Enquête sur l'Influence allemande................... 3.5o

GÉRARD DE NERVAL
Pages choisies............... 3.5o

HENRI DE RÉGNIER
Figures et Caractères......... 3.5o

RÉTIF DE LA BRETONNE
Pages choisies............... 3.5o

ARTHUR RIMBAUD
Lettres de Jean-Arthur Rimbaud.................... 3.5o

JOHN RUSKIN
La Bible d'Amiens............ 3.5o

SAINTE-BEUVE
Lettres inédites à M. et Mme Juste Olivier.............. 3.5o

MARCEL SCHWOB
Spicilège.................... 3.5o

LÉON SÉCHÉ
Sainte-Beuve. I. Son Esprit, ses Idées.................... 3.5o
Sainte-Beuve. II. Ses Mœurs... 3.5o

ROBERT DE SOUZA
La Poésie populaire et le Lyrisme sentimental............ 3.5o

CASIMIR STRYIENSKI
Soirées du Stendhal-Club...... 3.5o

ARCHAG TCHOBANIAN
L'Arménie, son Histoire, sa Littérature, son rôle en Orient.. 1 »

E. VIGIÉ-LECOCQ
La Poésie contemporaine, 1884-1896..................... 3.5o

Collection de Romans

CLAIRE ALBANE
L'amour tout simple.......... 3.5o

ANONYME
Lettres d'amour d'une Anglaise. 3.5o

MARCEL BATILLIAT
La Beauté................... 3.5o
Chair mystique............... 3.5o
Versailles-aux-Fantômes....... 3.5o

MAURICE BEAUBOURG
La rue Amoureuse............ 3.5o

ALOYSIUS BERTRAND
Gaspard de la Nuit........... 3.5o

G. BINET-VALMER
Le Gamin tendre............. 3.5o
Le Sphinx de Plâtre.......... 3.5o

LÉON BLOY
La Femme pauvre.............. 3.50

HENRY BOURGEREL
Les pierres qui pleurent 3.50

E.-A. BUTTI
L'Automate................... 3.50

JUDITH CLADEL
Confessions d'une Amante...... 3.50

MRS W. K. CLIFFORD
Lettres d'amour d'une Femme du monde.................. 3.50

J.-A. COULANGHEON
Le Béguin de Gô 3.50
L'Inversion sentimentale....... 3.50
Les Jeux de la Préfecture..... 3.50

JEAN CYRANE
Le Château de félicité......... 3.50

GASTON DANVILLE
L'Amour Magicien............ 3.50
Contes d'Au-delà............. 6 »
Les Reflets du Miroir......... 3.50

ALBERT DELACOUR
L'Evangile de Jacques Clément. 3.50
Le Pape rouge................ 3.50
Le Roy....................... 3.50

LOUIS DELATTRE
La Loi de Péché.............. 3.50

EUGÈNE DEMOLDER
L'Agonie d'Albion............ 3 »
L'Arche de M. Cheunus....... 2 »
Le Cœur des Pauvres........ 3.50
Le Jardinier de la Pompadour.. 3.50
Les Patins de la Reine de Hollande...................... 3.50
La Route d'Emeraude......... 3.50

ÉDOUARD DUCOTÉ
Aventures.................... 3.50

ÉDOUARD DUJARDIN
L'Initiation au Péché et à l'Amour........................ 3.50
Les Lauriers sont coupés...... 3.50

LOUIS DUMUR
Un Coco de génie............. 3.50
Pauline ou la liberté de l'amour. 3.50

GEORGES EEKHOUD
L'Autre Vue.................. 3.50
Le Cycle patibulaire.......... 3.50
Escal-Vigor.................. 3.50
La Faneuse d'amour.......... 3.50
Mes Communions............. 3.50

GABRIEL FAURE
La dernière Journée de Sappho. 3.50

ANDRÉ FONTAINAS
L'Indécis.................... 3.50
L'Ornement de la Solitude..... 2 »

ANDRÉ GIDE
L'Immoraliste................ 3.50
Les Nourritures Terrestres.... 3.50
Le Prométhée mal enchaîné... 2 »
Le Voyage d'Urien, suivi de Paludes....................... 3.50

MAXIME GORKI
L'Angoisse................... 3.50
Les Déchus.................. 3.50
Les Vagabonds............... 3.50
Varenka Olessova............. 3.50

REMY DE GOURMONT
Les Chevaux de Diomède...... 3.50
Lilith....................... 3.50
D'un Pays Lointain........... 3.50
Le Pèlerin du Silence........ 3.50
Le Songe d'une femme........ 3.50

THOMAS HARDY
Barbara..................... 3.50

FRANK HARRIS
Montès le Matador........... 3.50

A.-FERDINAND HEROLD
L'Abbaye de Sainte-Aphrodise.. 2 »
Les Contes du Vampire....... 3.50

CHARLES-HENRY HIRSCH
La Possession................ 3.50
La Vierge aux tulipes 3.50

EDMOND JALOUX
L'Agonie de l'Amour.......... 3.5
Les Sangsues................. 3.5

FRANCIS JAMMES
Almaïde d'Etremont........... 2
Clara d'Ellébeuse............. 2
Pomme d'Anis................ 2
Le Roman du Lièvre.......... 3.5

ALFRED JARRY
Les Jours et les Nuits......... 3.50

ALBERT JUHELLÉ
La Crise virile................ 3.50

GUSTAVE KAHN
Le Conte de l'Or et du Silence.. 3.50

RUDYARD KIPLING
Les Bâtisseurs de Ponts....... 3.50
L'Homme qui voulut être roi... 3.50
Kim........................... 3.50
Le Livre de la Jungle.......... 3.50
Le Second Livre de la Jungle... 3.50
La plus belle Histoire du monde. 3.50
Stalky et Cie................. 3.50
Sur le Mur de la Ville......... 3.50

HUBERT KRAINS
Amours rustiques 3.50
Le Pain noir.................. 3.50

LACLOS
Les Liaisons dangereuses (édition collationnée sur le manuscrit).................... 3.50

A. LACOIN DE VILLEMORIN ET Dr KHALIL-KHAN
Le Jardin des Délices......... 3.50

JULES LAFORGUE
Moralités légendaires, suivies des *Deux Pigeons*.......... 3.50

CAMILLE LEMONNIER
La Petite Femme de la Mer.... 3.50

PAUL LÉAUTAUD
Le Petit Ami.................. 3.50

JEAN LORRAIN
Contes pour lire à la chandelle.. 2 »

RAYMOND MARIVAL
Chair d'Ambre................ 3.50
Le Çof, *Mœurs Kabyles*....... 3.50

CHARLES MERKI
Margot d'Eté.................. 3.50

EUGÈNE MOREL
Les Boers..................... 2 »

JEAN MORÉAS
Contes de la Vieille France..... 3.50

ALAIN MORSANG ET JEAN BESLIÈRE
La Mouette.................... 3.50

MARIE ET JACQUES NERVAT
Célina Landrot................ 3.50

WALTER PATER
Portraits Imaginaires 3.50

JOSÉPHIN PÉLADAN
Modestie et Vanité............ 3.50
Pérégrine et Pérégrin......... 3.50

PIERRE DE QUERLON
Les Joues d'Hélène............ 3.50
La Liaison fâcheuse........... 3.50
La Maison de la Petite Livia.... 3.50

PIERRE DE QUERLON ET CHARLES VERRIER
Les Amours de Leucippe et de Clitophon................... 3.50

PIERRE QUILLARD
Les Mimes d'Hérondas........ 2 »

THOMAS DE QUINCEY
De l'Assassinat considéré comme un des Beaux-Arts......... 3.50

RACHILDE
Contes et Nouvelles........... 3.50
Le Dessous................... 3.50
L'Heure Sexuelle............. 3.50
Les Hors Nature.............. 3.50
L'Imitation de la Mort........ 3.50
La Jongleuse................. 3.50
La Sanglante Ironie........... 3.50
La Tour d'Amour 3.50

HUGUES REBELL
Baisers d'Ennemis............ 3.50

HENRI DE REGNIER
Les Amants Singuliers........ 3.50
Le Bon Plaisir................ 3.50
La Canne de Jaspe............ 3.50
La Double Maîtresse.......... 3.50
Le Mariage de Minuit.......... 3.50
Les Rencontres de M. de Bréot. 3.50
Le Trèfle Blanc............... 2 »
Les Vacances d'un Jeune Homme sage..................... 3.50

JULES RENARD
Le Vigneron dans sa Vigne.... 3.50

WILLIAM RITTER
Fillette slovaque............. 3.50
Leurs Lys et leurs Roses...... 3.50
La Passante des Quatre Saisons. 3.50

J.-H. ROSNY
Les Xipéhuz.................. 2 »

JEAN RODES
Adolescents.................. 3.50

EUGÈNE ROUART
La Villa sans Maître......... 3.50

SAINT-POL-ROUX
La Rose et les Epines du Chemin............................. 3.50

ALBERT SAMAIN
Contes....................... 3.50

ROBERT SCHEFFER
Le Péché mutuel.............. 3.50

MARCEL SCHWOB
La Lampe de Psyché........... 3.50

R.-L. STEVENSON
La Flèche noire.............. 3.50

IVAN STRANNIK
L'Appel de l'Eau............. 3.50

AUGUSTE STRINDBERG
Axel Borg.................... 3.50
Inferno...................... 3.50

JEAN DE TINAN
Aimienne ou le Détournement de mineure................... 3.50
L'Exemple de Ninon de Lenclos amoureuse.................... 3.50
Penses-tu réussir ?.......... 3.50

P.-J. TOULET
Les Tendres Ménages.......... 3.50

MARK TWAIN
Contes choisis............... 3.50
Exploits de Tom Sawyer détective et autres nouvelles..... 3.50

EUGÈNE VERNON
Gisèle Chevreuse............. 3.50

JEAN VIOLLIS
Petit Cœur................... 2 »

A. GILBERT DE VOISINS
La Petite Angoisse........... 3.50

H.-G. WELLS
L'Amour et M. Lewisham....... 3.50
La Guerre des Mondes......... 3.50
Une Histoire des Temps à venir. 3.50
L'Ile du Docteur Moreau...... 3.50
La Machine à explorer le Temps. 3.50
La Merveilleuse Visite....... 3.50
Les Pirates de la Mer........ 3.50
Les Premiers Hommes dans la Lune........................ 3.50

WILLY
Claudine en ménage........... 3.50

Poésie

MARIE DAUGUET
Par l'Amour.................. 3.50

ÉDOUARD DUCOTÉ
La Prairie en fleurs......... 3.50
Renaissance.................. 3.50

MAX ELSKAMP
La Louange de la Vie......... 3.50

ANDRÉ FONTAINAS
Crépuscules.................. 3.50

PAUL FORT
L'Amour marin................ 3.50
Ballades Françaises.......... 3.50
Les Hymnes de feu, précédés de Lucienne.................. 3.50
Idylles antiques............. 3.50
Montagne..................... 3.50
Paris Sentimental ou le Roman de nos vingt ans............. 3.50
Le Roman de Louis XI......... 3.50

PAUL GÉRARDY
Roseaux...................... 3.50

HENRI GHÉON
Solitude de l'Eté............ 3.5o

CHARLES GUÉRIN
Cœur solitaire............. 3.5o
Semeur de Cendres......... 3.5o

A.-FERDINAND HEROLD
Au hasard des chemins........ 2 »
Images tendres et merveilleuses. 3.5o

ROBERT D'HUMIÈRES
Du Désir aux Destinées........ 3.5o

FRANCIS JAMMES
De l'Angelus de l'Aube à l'Angelus du Soir.................. 3.5o
De Deuil des Primevères...... 3.5o
De Triomphe de la Vie......... 3.5o

GUSTAVE KAHN
Le Livre d'Images............. 3.5o
Premiers Poèmes............. 3.5o

KLINGSOR
Schéhérazade................ 3.5o

MARC LAFARGUE
L'Age d'Or................... 3.5o

JULES LAFORGUE
Poésies complètes............ 3 5o

LOUIS LE CARDONNEL
Poèmes...................... 3.5o

SÉBASTIEN-CHARLES LECONTE
La Tentation de l'Homme...... 3 5o

CHARLES VAN LERBERGHE
La Chanson d'Eve............ 3.5o
Entrevisions................. 3.5o

STUART MERRILL
Poèmes, 1887-1897........... 3.5o
Les Quatre Saisons........... 3.5o

ADRIEN MITHOUARD
Les impossibles noces......... 2.5o
Le Pauvre Pêcheur........... 3.5o

ALBERT MOCKEL
Clartés...................... 3 »

MAURICE POTTECHER
Le Chemin du Repos........... 3 »

PIERRE QUILLARD
La Lyre héroïque et dolente.... 3.5o

HUGUES REBELL
Chants de la Pluie et du Soleil. 3.5o

HENRI DE RÉGNIER
La Cité des Eaux............. 3.5o
Les Jeux rustiques et divins... 3.5o
Les Médailles d'Argile........ 3.5o
Poèmes, 1887-1892........... 3.5o
Premiers Poèmes............. 3 5o

LIONEL DES RIEUX
Le Chœur des Muses.......... 2 5o

ARTHUR RIMBAUD
Œuvres de Jean-Arthur Rimbaud...................... 3.5o

P.-N. ROINARD
La Mort du Rêve............. 3 5o

ALBERT SAMAIN
Le Chariot d'Or.............. 3.5o
Aux Flancs du Vase, suivi de Polyphème et de Poèmes inachevés..................... 3.5o
Au Jardin de l'Infante........ 3.5o

PAUL SOUCHON
La Beauté de Paris........... 3.5o

LAURENT TAILHADE
Poèmes aristophanesques...... 3.5o

R.-H. DE VANDELBOURG
La Chaîne des Heures......... 3.5o

ÉMILE VERHAEREN
Les Forces tumultueuses...... 3.5o
Poèmes (3e édition).......... 3.5o
Poèmes, nouvelle série........ 3.5o
Poèmes, IIIe série............ 3.5o
Les Villes Tentaculaires, précédées des Campagnes Hallucinées........................ 3.5o

FRANCIS VIELE-GRIFFIN
Clarté de Vie................ 3.5o
La Légende ailée de Wieland le Forgeron.................. 3 5o
Phocas le Jardinier........... 3.5o
Poèmes et Poésies............ **3.5o**

Théâtre

HENRY BATAILLE
Ton Sang, précédé de La Lépreuse.................. 3.50

PAUL CLAUDEL
L'Agamemnon d'Eschyle....... 2 »
L'Arbre..................... 3.50

MARCEL COLLIÈRE
Les Syracusaines............ 1 »

ÉDOUARD DUJARDIN
Antonia..................... 3.50

ANDRÉ GIDE
Saül. Le Roi Candaule........ 3.50

MAXIME GORKI
Dans les Bas-Fonds........... 3.50
Les Petits Bourgeois......... 3.50

GERHART HAUPTMANN
La Cloche engloutie.......... 3.50

A.-FERDINAND HEROLD
L'Anneau de Çakuntalâ....... 3 »
Sâvitri..................... 1 »
Une jeune femme bien gardée.. 1 »

ALFRED JARRY ET CLAUDE TERRASSE
Ubu Roi, texte et musique..... 5 »

VIRGILE JOSZ ET LOUIS DUMUR
Rembrandt................... 3.50

JEAN LORRAIN ET A.-FERDINAND HEROLD
Prométhée................... 1 »

CHARLES VAN LERBERGHE
Les Flaireurs............... 1 »

EMERICH MADACH
La Tragédie de l'Homme...... 3.50

JEAN MORÉAS
Iphigénie, tragédie en 5 actes... 3.50

PÉLADAN
Œdipe et le Sphinx........... 1 »
Sémiramis................... 1 »

RENÉ PETER
La Tragédie de la Mort....... 1 »

GEORGES POLTI
Les Cuirs de Bœuf............ 3.50

RACHILDE
Théâtre..................... 3.50

PAUL RANSON
L'Abbé Prout, *Guignol pour les vieux enfants*. Préface de Georges Aucey. Illustrations de Paul Ranson........... 3.50

SAINT-POL-ROUX
La Dame à la faulx........... 3.50

ÉMILE VERHAEREN
Philippe II.................. 3.50

Philosophie — Science — Sociologie

EDMOND BARTHÉLEMY
Thomas Carlyle.............. 3.50

H.-B. BREWSTER
L'Ame païenne............... 3.50

THOMAS CARLYLE
Sartor Resartus.............. 3.50

JULES DE GAULTIER
Le Bovarysme................ 3.50
La Fiction universelle....... 3.50
De Kant à Nietzsche......... 3.50
Nietzsche et la Réforme philosophique..................... 3.50

REMY DE GOURMONT
Physique de l'amour. *Essai sur l'instinct sexuel*........... 3.50

PIERRE LASSERRE
La Morale de Nietzsche...... 3.50

MAURICE MAETERLINCK
Le Trésor des Humbles....... 3.50

MULTATULI
Pages choisies.............. 3.50

FRÉDÉRIC NIETZSCHE
Ainsi parlait Zarathoustra... 3.50
Aurore...................... 3.50

e Crépuscule des Idoles, le Cas Wagner, Nietzsche contre Wagner, l'Antéchrist........ 3.5o
e Gai savoir................. 3.5o
a Généalogie de la Morale.... 3.5o
Humain, trop Humain (1re partie)........................ 3.5o
'Origine de la Tragédie...... 3.5o
ages choisies................ 3.5o
ar delà le bien et le mal...... 3.5o
a Volonté de Puissance, 2 volumes...................... 7 »

Le Voyageur et son Ombre (*Humain, trop Humain*, 2e partie)....................... 3.5o

PÉLADAN
Supplique à S. S. le Pape Pie X pour la réforme des canons en matière de divorce.......... 1 »

H.-G. WELLS
Anticipations................. 3.5o
La Découverte de l'Avenir..... 1 »

Envoi franco, sur demande,

du Catalogue complet

des Éditions du Mercure de France

www.ingramcontent.com/pod-product-compliance
Lightning Source LLC
Chambersburg PA
CBHW050535170426
43201CB00011B/1433